번역철학

윤성우 지음

이 저서는 2017년 대한민국 교육부의 재원으로 한국연구재단의 지원을 받아 수행된 연구임
(NRF-2017S1A6A4A01020695)

HU:iNE

Philosophy of Translation

번역철학

윤성우 지음

서문

번역은 우리에게 무엇이었고 그리고 무엇이어야 하는가?

온라인이건 오프라인이건 우리가 서점을 방문하면, 어김없이 신간 서적들이 눈에 띄고 그것을 클릭하거나 집어 들게 마련이다. 이런 흔한 일상의 경험에서 가장 덜 주목받는 것 중의 하나는 책의 크기나 디자인, 가격이 아니라 바로 그 책이 '번역'된 책이라는 점이다. 얼핏 보아도 온라인 서점의 첫 페이지를 장식하는 책의 절반 이상은 번역서들이다. 그것이 누군가에 의해 번역되었다는 것은 부인할 수 없는 사실임에도 어디엔가 꼭꼭 숨어버린다. 우리 문학이 노벨문학상에서 여러 차례 물을 먹고 나서야 누가 어떻게 번역했는지 겨우(?) 관심을 가질 뿐이며, 심지어 한미FTA 같은 국가 경제의 명운을 가르는 조약의 진행 과정에서도 정작 번역이 쟁점으로 떠올랐지만 누가 어떤 과정을 거쳐 그 중요한 조항을 옮겼는지 묻지 않는다. 우리의 시선은 번역자에 잠시 머무는 둥 마는 둥 하고 바로 원전과 원저자에로 나아간다. 이는 번역이라는 고도로 인문적인 활동에 대한 자각을 가로막는다.

왜 우리는 번역자와 번역활동 자체를 주제적으로 주목하지 않는가? 이는 국내 독자만의 잘못도, 학계나 출판계의 오랜 번역(자) 홀대 관행 때문만도 아니다. 그것은 번역 행위 자체에, 그리고 이를 이론적으로 성찰해온 짧지 않은 학문적 시선 안에 이분법, 아니 근원적인 이원성이 존재하기 때문이다. 번역을 진지하게 수행하는 사람이라면 누구나 절감하는 이원성, 번역 실무와 관행을 이론적으로 성찰하는 번역연구자들이 피할 수 없이 마주하는 이원성의 물음이 존재한다.

번역자에게는 독자를 우선시하며 보다 자유롭게 번역할 것인가, 원전의 언어적 형식에 충실한 번역을 할 것인가라는 이원성이 있다. 즉 내용 대 형식, 의미(관념) 대 문자, 독자(또는 번역자) 대 저자, 번역본 중심 대 원전 중심, 심지어는 번역가능성 대 번역불가능성이라는 이원성이 바로 그것이다. 이를 플라톤적 이원성이라고 불러도 좋으리라. 물론 이때 "플라톤적"이라 함은 플라톤 형이상학에 대한 특정한 해석에 기반을 둔 것이긴 하다.

이제 우리는 비가시성을 좀 더 잘 설명해줄 수 있을지 모르겠다. 번역 현장은 물론이고 번역연구에는 언어 간의 근원적 차이와 특이성으로 인해 도대체 번역할 수 있겠냐는 물음에서부터 출발해 언어의 내용이나 의미 또는 관념을 중심으로 번역해야 하느냐, 아니면 원전에 충실하게 그 언어적 형태나 문자에 맞게 옮겨야 하느냐는 물음이 아포리아처럼 버티고 서 있는 것이다. 또한 아무리 훌륭한 번역이라 하더라도 원전을 대체하거나 그것과 같을 수는 없다는 직관과 판단이 자리 잡고 있어서 결국 번역이란 아무리 잘해도 원전의 모방에 불과하다는 인상과 평가가 떠나지 않게 되는 것이다.

이런 형국에서 아무리 번역자의 노고와 악조건, 심지어 탁월한 부지런함을 읊은들 원저자의 권위나 가치에 비할 바가 못 된다. 번역자가 저자임은 분명하지만, 그는 원자저의 존재론적 우위를 넘어설 수 없는 운명에 처해 있는 것이다. 실상 모든 원전이 그 자체로 더 훌륭한 것은 아니고, 마찬가지로 모든 번역본이 그 자체로 더 못한 것도 아닌데 말이다. 번역과 번역자의 비가시성을 극복하려면 원전과 저자의 신화를 전복할 새로운 번역의 철학이 요구된다.

번역과 번역자의 비가시성에 대한 문제 제기와 진단이 이루어졌다면, 그 가시성을 높이는 길을 찾아야 할 것이다. 관건은 외국어의 문제에 가려 그 독자성과 중요성이 은폐된 번역(및 번역자)의 문제를 주제화하는 일이다. 다시 물어보자. 외국어를 잘하면 번역도 잘할 수 있는가. 도대체 이 둘 사이의 관계는 무엇인가. 영어를 잘 구사하고 영어 의사소통 능력도 뛰어나지만, 영어 텍스트를 주고 우리말 번역을 시키면 그다지 훌륭한 결과를 얻지 못하는 경우가 있다. 더구나 이는 구어와 문어의 차이의 문제는 아니다. 외국어 능력과 번역 능력 사이에는 어느 정도 외연이 겹치는 측면이 없지 않지만, 이 둘이 일치하지는 않는다.

어떤 점들이 번역능력을 구별시켜 주는가. 논점과 방향에 따라 여러 가지 답이 가능하지만, 외국어 능력이 의사소통을 직접적 목적으로 삼는 데 비해 번역 능력은 소통을 포괄하되 그 이상의 차원을 염두에 둔다. 번역 능력에는 하나의 원문을 놓고서 도착 언어로 현실화될 수 있는 어휘나 문장들의 잠재적인 복수의 대안들을 구성할 수 있는 능력이 포함되어야 하고, 더 나아가 이들 잠재적인 대안 중에서 가장 적합하다고 판단되는 하나를 선택하고 결정하는 능력을 반드시 포함하여야 한다. 실상 번역은 복수의 대안 중 하나를 선정하는 지난한 과정이다. 그 결정의 핵심적 조건은 단어는 문장을, 문장은 텍스트 전체를, 텍스트의 번역은 출발어는 물론이고 도착어의 시대 및 문화 전반에 대한 선(先)이해를 요구한다는 점이다.

외국어 능력과 번역 능력의 문제가 혼동되어 번역에 대한 자의식이 결핍되었던 시기가 우리의 짧은 번역사에도 존재했었다. 한자가 지식인과 관료의 언어와 문자로 자리 잡은 조선 왕조에서 번역문제는 진정으로 제기되었다고 볼 수 없을 것이다. 그 이유는 한자와 고전 텍스트가 우리의 전통과 문화로 인식되었기 때문이다. 번역의 문제는 오히려 해방 이후 한글전용 세대에서 우리 고전에 대한 새로운 복권의 문제가 등장하면서 제기되었다고 봐야 한다. 한글세대에게 한자와 한문 텍스트는 생활한자의 맥락을 벗어난다면 정녕 외국어의 문제이자 동시에 번역의 문제를 일으킨다. 결국 낯선 한자와 한문 텍스트의 문제는 소통을 넘어서서 이해해야 할 하나의 세계의 문제를 제기한다.

일제 점령기의 지식인과 관료의 언어는 당연히 일본어였다. 그러나 한자와 한문과는 달리 점령의 언어였던 일본어에 대해서는 독자적인 근대화의 한(恨)을 지녔던 식민지 조선의 지식인들이 나름의 자각과 인식을 하고 있었다. 식민 초·중반기의 김억이나 최남선, 양주동, 비교적 최근의 김수영에 이르기까지 일본어와 외국문학을 통한 지식의 창출과 새로운 문학의 소개가 이루어진 것은 부인할 수 없는 사실이다. 하지만 이것은 선각자적인 몇몇 지식인들이 제기한 실존적 문제 제기였을 뿐 우리 중 누구도 그들을 번역자로 기억하지 않는다. 이는 일본이 명치 시대에 서구 근대화에 대한 적극적인 대응책으로 국가적인 번역을 지속해서 수행했던 것과는 규모나 차원에서 비교할 수 없다. 서구에 대해 일본이 나름의 번역적 자의식을 가지고 번역의 정치학을 구사했던 반면, 우리는 그럴 처지도 능력도 준비도 할 수 없었다.

해방 이후 지식인의 언어는 당연히 영어였고 오늘날까지도 그렇다. 실상 1960~70년대에 이루어진 세계문학의 번역을 보면 일본어 번역본을 통한 중역이 많았지만, 2000년대 들어 국내의 유수 출판사들은 제3 세계의 문학과 우리 문학을 일부 포함하되, 세계문학의 중요 정전을 중역에 의존하지 않고 출발언어인 영어에서 바로 번역하는 움직임을 보여 왔다. 이는 서양 문학뿐만 아니라 서양철학에서도 유사한 경향이 나타났다.

철학의 경우 독일어와 프랑스어도 바로 번역된다. 데카르트, 칸트, 니체, 하이데거, 비트겐슈타인, 푸코 등 중요 철학자들의 원전이 해당 전공자들에 의해 재번역되고 있다. 이런 움직임이 단지 오역이나 일본어의 중역 문제에서만 비롯된 것은 아니다. 그 근저에는 명시적이든 아니든 새로운 지식의 창출과 형성에 번역이 결정적인 역할과 공헌을 한다는 의식이 자리 잡고 있다. 더구나 지식이 학자 개인과 그가 속한 좁은 공동체를 벗어나 대중성과 공공성을 확보하고 나아가 그것이 한 문화의 토대와 저변에 이르는 확산성을 지니려면 제대로 된 번역의 관문을 통하지 않고서는 어렵다는 전반적인 인식이 생겨났다. 희망적으로 말하자면 이는 우리말과 글로 학문을 하는 것의 궁극적인 필요조건으로서 번역에 대한 자의식과 번역자의 중요성에 대한 자각이 싹트기 시작했음을 뜻하는 것이다.

제대로 된 단계를 밟아 쌓은 근대성과 근대적 자아 형성의 기회를 강탈당하고서 변형과 착종을 거듭한 우리에게 이제 와서 일본처럼 우리만의 번역의 정치학을 새롭게 구상하고 기획하는 것이 얼마나 가능할지, 그리고 그것이 얼마나 효과적일지 의문일 수 있다. 하지만 이르건 늦건 번역의 정치학은 여전히 유효하고 필요하다. 이와 더불어 외국어와 그것의 번역이 외부세계에 대응하는 우리의 인식과 판단 그리고 태도에 영향을 미친다는 근본적인 인식론적 자각이 필요하다. 이는 번역의 문제를 외국어의 문제와 구분하지 못하고 단지 언어의 문제 또는 소통의 문제라고 축소해버리는 태도와의 인식론적 단절을 전제하는 것이다.

이는 번역이 우리 인식의 전부를 형성한다는 말은 아니다. 몸이 행위의 도구이고 개념과 언어가 우리 사유의 도구이듯 번역이 우리의 세계 이해, 특히 낯선 언어로 된 외부세계에 대한 이해, 착상 그리고 수용의 도구라는 점을 말하려는 것이다. 이 비유를 잘 들여다보아야 한다. 이때 "도구"는 망치가 못 박는 도구라는 의미와는 근본적으로 다르다. 못 박는 데 망치는 대부분 유효하지만, 필연적인 것은 아니어서 망치는 언제든지 다른 것으로 대체될 수 있다.

몸, 언어, 번역은 대체 불가능하다는 점에서 필연적이다. "(내) 언어의 한계가 (내) 세계의 한계"라고 한 천재적인 철학자가 말한 적이 있다. 그가 오스트리아 출신이고 주로 영국서 학문 활동을 했기에 그가 말한 그 "언어"는 영어이거나 아니면 독일어임이 틀림없다. 보편자로서의 언어란 자연 세계에는 존재하지 않기에, 이를 번역의 자각과 그 중요성에 비추어 우리말로 바꿔보자면 이런 게 아닐까. "(내가) 번역한 언어의 한계가 (내) 세계의 한계"를 구성한다고…. 우리가 낯선 타자의 언어를 접할 때마다, 이를 이해하려는 모든 우리의 표상에는 우리말과 글로의 번역이 동반된다고 말한다면 이는 과장된 패러디일까? 이론(異論)의 여지는 없어 보인다. 심지어 우리는 우리말과 우리글도 아주 종종 번역하고 있으니 말이다.

이 책은 크게 두 부분으로 구성되어 있다. 전반부는 '번역철학'이라 불릴 수 있는 영역의 몇몇 주제와 테마를 담은 것이고, 후반부는 근현대에서 번역을 다룬 중요 철학자들의 번역론을 담은 것이다. 모든 것을 다루거나 담을 수는 없었다. 전반부에 누락된 주제들이 없지 않다. 예를 들어, 재번역(retranslaton)의 문제나 자기 번역(auto-translation), 번역과 식민지의 문제, 번역과 권력의 문제 등이다. 후반부에서도 마찬가지다. 콰인(Quine)이나 데리다, 라드미랄(Ladmiral) 같은 저자들의 번역론이 주제적으로 다뤄지지 않았다. 출판에 주어진 제한된 시간의 압박도 있었지만 내 손은 게으르고 내 눈은 좀 더디었다. 끝으로 이 책을 구성하는 각 부분의 많은 핵심적인 내용은 국내 일간지 기고의 형태로, 국내와 국외의 전문학술지에 게재된 바 있다. 특히 공동연구자의 흔쾌한 동의를 얻어 국외전문학술지에 실린 몇몇 논문은 내가 우리말로 옮겨 손을 보았다.

2022년 4월

목차

1부

제1장.

언어와 번역: 언어철학과 번역철학

우리는 인간으로서 여러 가지 근본적인 경험을 하기 마련이다. 그런 경험들의 대표적인 축적의 형태로서 우리는 예술, 과학, 종교, 정치 등을 제시할 수 있을 것이다. 그것이 근본적인 이유는 경험의 깊이나 폭을 감안할 때 결단코 파생적이거나 단편적이라 할 수 없을 정도의 양적이고 질적인 저변을 확보한 경험들이기 때문이다. 철학은 무엇보다 그런 경험들에 대한 반성의 작업으로서 예술철학의 형태로, 종교철학의 형태로, 과학철학의 형태로, 또 정치철학의 형태로 그런 경험들을 풀어낸다. 이런 의미에서 번역의 경험이나 번역의 체험도 그만큼이나 근본적이고 또 철학이 풀어낼 만큼의 축적을 가진 경험들인가를 우리는 물어야만 한다. 우리는 앞으로 그런 물음에 긍정적으로 답하려고 한다. 물론 그런 긍정적 답변의 시도가 그냥 쉽게 주어지지는 않을 것이다.

번역의 경험이나 현상에서 가장 두드러진 요소는 번역이 언어 혹은 언어들과 직접적으로 관여한다는 점이다. 이 사실은 굳이 이론적 설명이 요구되지 않을 정도로 직관적으로 명백하다. 그렇다 하더라도 언어에 대한 본성적 탐구로서의 언어철학으로부터 번역에 대한 본성적 탐구인 번역철학이 저절로 연역되지는 않는다. 그 이유는 두 분과가 언어를 대상으로 성찰을 이끌어 간다는 점은 비슷해 보여도, 즉 언어라는 공통의 분모와 관계하는 것은 분명해 보여도, 언어철학에서 언어는 특정한 자연언어가 아니라, 언어 일반을 지칭하는 것이며, 자연 언어들의 구체적인 다수성이나 복잡성에 직접적으로 개입하지는 않는다. 그냥 언어철학이지, 영어철학이나, 한국어철학이나 프랑스어철학이라 불리지 않는다. 마찬가지로 언어철학의 중요한 쟁점도 일반으로서의 언어와 그 대상 및 세계와의 정합성, 대응성, 즉 사태라 불리는 것에 언어가 맺는 박진(迫眞)성에 초점이 주어진다. 반면, 번역철학에서 문제가 되는 언어는 지구상에 존재했었거나, 존재하고 있는 언어, 누군가에 의해 매일, 매 순간 사용되는 '자연언어들'이다. 따라서 '번역'은 그런 자연언어들 간의 관계 그 자체라고도 말할 수 있고, 그런 관계의 본질적인 특징이라고도 말할 수 있을 것이다. 그래서 원작의 언어(출발 언어)-그 사태 사이의 관계에 대한 파악은 물론이겠지만, 번역문의 언어(도착 언어)-(도착 언어로 표현된) 사태 사이의 관계도 그만큼이나 중요하다. 번역에서는 사태, 실재(현실), 세계와의 관련성은 이중적으로 문제시된다.

우리는 현대철학에서 언어의 문제와 언어철학에서 결정적인 기여와 공헌을 한 유럽의 세 사상가를 중심으로 언어와 번역, 언어철학과 번역철학의 문제를 입문적 차원에서 열어나가 보도록 하겠다.

1. 비트겐슈타인의 언어, 대상 그리고 번역

비트겐슈타인은 언어에 대한 철학적 탐구로 단숨에 현대 철학의 지평을 열어젖힌 천재로 알려져 있다. 많은 후학들은 비트겐슈타인의 철학을 초기와 후기 철학으로 나눈다. 전기는 언어와 세계가 직접적으로 대응한다는 입장을 취하는 반면, 후기에 가서는 언어가 고정된 지시 대상을 가진다는 초기 입장을 수정하여 언어는 그 사용맥락과 환경에 따라 달리 그 의미가 규정된다는 입장을 보인다.

특히 초기에 러셀과 비트겐슈타인이 공유했던 생각, "세계는 우리가 그것에 대해 어떻게 생각하기로 작정하든 그 자체로서 존재하는 사실을 포함하고 있다." 한 마디로 말해 이때 언어는 과연 어떤 역할을 할 수 있을까? 언어(문장)는 실재의 그림(picture)이나 기술(description)이어야 한다는 것이다. 비트겐슈타인이 자신의 초기 입장을 서술한 『논리-철학 논고』(*Tractatus Logico-philosophicus*, 1922)는 러셀의 입장과 상당 부분 겹치기 때문이다. 러셀은 이렇게 자신의 철학적 입장을 명쾌히 말한 적이 있다. 그렇다면 언어는 사진과도 같이 사물을 그대로 담아내고 잘 드러내 주기만 하면 된단 말인가? 우리 언어가 우리가 느끼고 체험하는 것을 얼마나 잘 그려내 주기에 그렇게까지 이름을 붙여준다는 말인가? 결국 세계는 최종적으로 검증될 수 있는 감각적 대상과 데이터(data)로 환원되어야 하고 언어는 이를 논리적 구조를 가지고 담아낸다는 것이 러셀의 기술이론의 기본 골격인데 이런 입장을 근본적으로 유지하면서도 기술이론이 적용되는 명제들의 종류를 자연과학의 명제로 제시하고 또 그 이론의 한계를 스스로 밝힘으로써 더 한층 업그레이드시킨 이가 바로 비트겐슈타인이다.

언어는 실재의 반영이라고 믿은 전기 비트겐슈타인은 "이름은 대상을 지시한다. 대상은 그 지시체이다"라고 말함으로써 세계와 언어의 최종적 및 근본적 대응관계를 확정한다. 다시 말해 사태를 기술하거나 또는 이 사태의 존재인 사실을 정확히 기술하는 것이 언어의 본질적 기능이다. 이것은 언어가 지시하는 대상이 그 언어의 의미를 결정한다는 입장이다. 반대로 말해 지시 대상

(또는 지시체)을 갖지 않는 언어란 의미를 갖지 않게 되는 것이다. 비트겐슈타인이 보기에 자연과학의 명제들만이 이런 지시 대상을 갖는 명제들이 분명하다고 믿었기에 그는 "참인 명제의 총체는 자연과학의 총체"라고 자연스럽게 언명한다.

하지만, 과연 세계의 그림이 되지 못하는 언어들의 운명이란 어떻게 된다는 말인가? 그런데 이런 비트겐슈타인의 입장에서 언어란 (경험 가능한) 세계 속에 그것이 지칭하는 것이—최소한이라도—있어야 하며, 그 사물이 바로 그 이름의 의미라고 강하게 주장하는 것이 아니겠는가? 하지만 시골 할아버지에게 고성능 노트북이나 Mp3를 보여주고 그것을 가리켜 "노트북"이나 " Mp3"라는 이름을 말하는 것으로 그것들의 의미가 충분히 밝혀진다고 말할 수 있는가? 그 이름들을 통하여 그 무엇이 지칭 대상이 단적으로 드러난다고는 분명 말할 수는 있어도 이를 통해 촌로(村老)가 그것들의 의미를 안다고 말할 수는 없지 않을까?

또한 모든 언어가 단순한 대상을 갖지 않는다는, 혹은 경험적 지칭 사물을 갖지 않는다는 보다 원론적 반론도 가능하다. 또한 지칭 대상은 물리적 및 수적으로 동일하지만 그 이름이 상이함으로 의미 또한 달라지는 예들도 허다하다. 프레게(G. Frege) 같은 철학자들의 지적처럼, "샛별"(morning star)과 "저녁 별"(evening star)은 둘 다 "금성"(金星)이라는 수적으로 하나인 동일한 지시 대상으로 갖지만 그 의미는 판이하게 다르다. 또한 "and", "or", "to", "before" 등등에서도 보듯 언어에서 큰 역할을 하는 접속사나 전치사가 있지만, 그런 것들이 대응적 대상을 갖는 것을 갖지 않는 것은 분명하다.

적어도 이 시기의 초기 비트겐슈타인은 언어가 그 화자에게 대상을 떠올리며(표상시키며), 가리키는 기호로 간주하는 것임에 틀림없다. 하지만 대상을 직접 표상시키지도 지칭하지도 않는 언어 기호들도 많이 있는 것이다. 약속이나 합의 또는 명령에 의해서 그 의미가 결정되는 언어들의 부분들이 현존하기 마련이다. 하지만 늘 언어는 대상 및 세계 의존적으로 일대일 대응해야 하며, 이를 통해 그 이름의 의미를 알기에, 새로운 사태를 묘사하는 (이해 가능한) 새로운 문장이나 명제들을 무한히 생산 가능하다는 입장은 언어는 세계를 그리는 "상형 문자적" 성격을 갖는 것에 불과하다고 보는 입장으로 보인다. 실재를 최대한 닮아야 하는 것이 그런 성격을 가진 언어의 운명일 것이다. 이런 점에서 "언어의 경계가 세계의 경계"이다. 그런데 이렇게 끝까지 밀고 가면 언어-세계라는 블록으로 잘 짜인 정연한 퍼즐과도 같은 구조물을 만나게 되겠지만, 이것이 좀 과격한 입장이 아닌가 하는 의구심이 드는 사람들이 있을지도 모른다. 철학의 역사는 이런 의심하는 사람들의 편에 종종 서 있곤 한다.

비트겐슈타인이 생전에 자신의 명백한 의사로 출간한 책은 『논고』가 유일하며 나머지 저작들은 사후에 발간되었다. 그 대표적인 사후 저작이 『철학적 탐구』(Philosophical Investigations, 1954)이다. 그런데 전기(前期) 비트겐슈타인에 비해 분명 달라진 내용과 입장이 『탐구』에서 등장한다. 다시 말해 자연과학의 총체만이 의미 있는 언명의 총체라는 입장을 보인 『논고』에서와는 달리 언어라는 것이 고정된 지시 대상을 갖는 측면도 있지만 언어가 사용되는 구체적인 환경과 상황에 따라 동일한 언어가 전혀 상이한 의미를 가질 수 있다는 생각을 가지게 된다는 점이다. 비트겐슈타인의 전기와 후기 사이의 차별성과 구분을 강조하는 관점에서는 분명 두드러지는 차이점이기는 하다. 그런데 흥미로운 점은 『논고』에서 이미 비트겐슈타인은 언어의 본질이 세계에 대한 기술과 묘사에 있다는 첨예한 자신의 입장—특히 이런 입장은 근대 독일의 사변 중심의 형이상학에 첨예한 대립과 비판으로 받아들여졌다는 것이 통상적이다—과 동시에 그 명백한 한계까지 언급하고 있다는 점이다. 특히 초기 입장의 한계에 대한 언급이 『논고』의 결말(『논고』 7: "말할 수 없는 것에 대해서는 침묵해야만 한다.")을 장식하고 있다. 그렇다면 언어의 의미가 더 이상 대상의 실증성에 좌지우지되지 않는다면 어떻게 되는 걸까?

사실 바로 여기서 언어의 의미 그리고 번역의 문제가 개입할 여지가 생길지 모른다. 그렇다면 이제 언어의 의미는 삶의 형식(forms of life)이 결정한다. 따라서 살인하는 칼과 요리하는 칼은 지칭 대상의 관점에서는 동일한 하나의 칼이지만 그 의미가 다르다. 어쨌든 비트겐슈타인이 『탐구』에서 논하는 요지는 "언어에는 본질적인 특징과 같은 것이 있는 것이 아니라 단지 여러 가지 언어 사용(use)과 용례에서 드러나는 것과 같은 가족 유사성(family resemblance)" 만이 있을 뿐이라는 것이다.[1] 언어는 이제 그림이나 사진이 아니라—따라서 이

---

1 가족 유사성(Family Resemblance)이란 비트겐슈타인의 독특한 개념인데, 한 가족의 구성원들이 한 가지의 유일한 특징이나 공통점으로 이해되기보다는 "체구"에서는 아버지와 아들이, "눈매"에서는 엄마와 아들이, "기질"은 엄마와 딸이, "걸음걸이"는 아버지와 딸이 유사성을 보이는 점에 따온 개념이다. 마찬가지로 언어가 대상 지칭(지시)적이라는 하나의 유일한 기준으로 평가되던 종래의 입장을 버리고, 상황

제는 그 의미가 사물 및 대상 의존적이지 않을 것이다—모종의 게임(놀이)과 같다는 것이다. 비록 그 게임의 규칙이 아무리 엄격하더라도 모든 게임들이 하나의 일의적(一義的) 규칙으로 규정되지 않는 게임이라고 이해된다. 다양한 언어게임이 있게 마련이며 그 게임의 규칙이 어떻게 해석되고 적용되느냐는 그 언어(게임)의 사용자의 "삶의 형식"(forms of life)에 의존하는 것이다. 이제 언어가 불변적인 일정한 의미를 지닌다는 소위 "언어적 본질주의의 종언"이 선언됨에 따라 언어는 그것이 사용되는 상황, 즉 "삶의 형식"에 따라 달라진다는 것이다. 따라서 이런 입장에서라면 언어의 의미를 안다고 말하는 것은 그것이 가리키는 대상을 안다기보다는 "그 언어가 지닌 삶의 문맥 안에서 역할"이 무엇인지를 아는 것이다. "칼"이나 "벽돌"이라는 말은 그것이 가리키는 대상에 의존해서 그 의미가 드러나는 것이 아니라 그 말이 사용되는 상황과 그 속에서의 역할에 의존한다는 것이다. 강도와 칼이 접속하면 살인이 일어나겠지만, 일식요리사와 칼이 접속하면 생선회가 생산되는 것이 아닐까? 이렇게 된다면 언어뿐만 아니라 자연의 사물조차도 그것이 기하는 문학적·사회적 문맥에 따라 달라진다고 보는 것이 가능하지 않을까? 개 또는 개고기의 의미가 삶의 형식이 서로 다른 한국과 프랑스에서 동일한 의미를 지니기가 어렵다면 그것을

과 맥락에 따라 여러 가지 기능과 역할을 한다는 점을 부각시키는 개념으로 비트겐슈타인이 내놓은 개념이다. 예를 들어, "벽돌"이라는 단어나 이름은 공사현장에서는 "벽돌을 주라"든지 "벽돌을 가지고 가라" 등으로 벽돌을 가지고 그 사용자가 수행할 수 있는 행위나 작업을 가리킨다. 하지만 건축자재 전시회에서 "벽돌"이라는 푯말이나 이름표는 바로 밑에 있는 실제 벽돌을 즉물적으로 지시하는 역할을 한다는 것이다.

둘러싼 논쟁은 어떻게 마무리 되어야 옳은가? 결국 언어-세계와의 관계 그리고 언어의 의미가 더 이상 검증의 관계가 아니라 문맥과 사용 그리고 삶의 문법이라 이해되는 형태/형식에 따라 결정되는 것이라면 번역의 문제도 삶의 형식, 문법, 규칙을 들여다봐야만 하는 문제의 영역으로 들어오는 것이다. 대상과 그 세계와의 검증을 주장하는 것이라면 그것은 지칭 대상과 이름 사이의 존재론적, 구조적 물음의 영역이지만, 그 구조가 삶의 형식과 맥락에 따라 정해지는 것이라면 의미본질주의의 종언이라 불러도 좋고, 삶의 형식들의 총체라 불리는 각 문화권의 특징에 따라 언어와 그 의미가 규정되어야 하는 일반적 원칙의 천명이 가능해지는 것이다. 자연 언어들 간의 관계로서의 번역은 각 언어가 그 안에서 읽혀지고 판독되고 해석되는 구체적 삶의 형식이나 형태들에 주목할 수밖에 없다. 오히려 번역자의 과제는 한 언어에서 다른 언어에로의 전이 또는 옮김의 과정에서 한 삶의 형식을 또 다른 삶의 형식으로 드러내는 것일 수도 있는 것이다.

삶의 형식의 문화적인 국면을 보여주는 가장 두드러진 사례를 우리는 비트겐슈타인의 오리-토끼의 형상에 관한 논의에서 발견할 수 있다. 비트겐슈타인의 오리-토끼 형상을 하나의 형태 변환(gestalt shift)의 한 예로 논의하고 있는데, 그는 그 예로서 어떤 현상을 지각하며 그것을 조직하여 보는 방식이 어떤 성질의 것인가를 보여주려고 한다. 동일한 형상이 우리가 어떻게 보느냐에 따라 토끼의 머리로도, 오리의 머리로도 보인다. 토끼-오리 형상을 보는 것은 그 형상이 망막에 나타난 사진을 보는 것이 아니다. 즉 눈이 보는 것이 아니라 눈을 통해서 사람이 보는 것이다. 보는 것은 조직화를 포함한다. 그것은 시야에 놓인 하나의 사물이 아니라 시야에 놓여 있는 사물들이 보여지는 방식이다. 실제가 어떤 것인가는 보는 방식, 더 정확히는 그 사물을 조직화하는 방식을 통해 드러난다. 삶의 형식은 일정한 문화적 틀 안에서 창안된 사물을 보고 판단하는 방식이다. 따라서 아무런 수식이 붙지 않는 '언어'라는 보편적 이름이 문제되는 것이 아니라, 사물을 조직화하는 방식을 내재화하고 그것을 전통의 방식으로 대대로 물려주고 물려받는 개별적 자연 언어들이 문제가 되는 상황에서라면 각 언어의 의미는 각 문화 내에서 그 언어가 사용되며 그 주변에 사물들이 조직되는 방식, 즉 삶의 형식을 더 주목해 보는 번역의 방식이 논의되는 것이 마땅한 것이다. 개괄의 오류를 무릅쓰고 말한다면, 비트겐슈타인을 포함해서 현대 언어철학의 흐름에서 '언어'는 자연 언어들의 복수적이고 다면적인 양상들이 어느 정도 제거된 보편화된 차원의 '언어' 일반이며, 이것이 관계 맺는 '사물'이나 '대상'도 마찬가지로 특정 자연언어에서의 그것들을 굳이 가리키지 않는다. 반면 번역에 대한 철학, 번역철학에서 다루는 언어는 지구상에 존재하는 자연 언어들을 다루되, 그것들 사이에 있을 수 있는 관계 맺음의 본질—번역은 서로 등가한 낱말이나 용어를 찾는 일인가? 자연 언어들은 서로 다르되 어떻게 번역되고 이해되는 일이 일어나는가? 왜 같은 텍스트에 대한 재번역이 가능한가? 등—을 다룬다. 그렇다고 해서 출발 언어와 도착 언어가 드러내 주고 가리키는 사물이나 대상의 모습을 도외시하지는 않는다.

2. 소쉬르, 언어 기호의 자의성 그리고 번역

흔히 소쉬르[2]를 두고서 이 사람을 이해하지 못하고서는 20세기 인문학을 논할 수 없다는 말을 하기도 한다.[3] 소쉬르(Ferdinand de Saussure, 1857-1913)는 스위스 제네바 출생의 언어학자, 구조주의 언어학파의 창시자로 종종 알려져 있다. 소쉬르가 제네바대학에서 행한 강의를 학생들이 필기한 노트와 그의 초고를 대조하면서 두 제자가 편찬한 것이 『일반언어학 강의』(1916)이다. 아마 언어철학과 번역철학을 다루는 데 언어학, 그것도 유럽 현대 언어학의 창시자인 소쉬르에 대해 언급하는 것에 다소 이의를 제기할 독자들이 있을지도 모른다. 하지만 언어의 본질과 의미에 대한 반성과 성찰이 일부 철학자들의 전유물이라고 생각할 이유도 없으며 그렇게 생각해서도 안 된다. 더구나 그가 주장한 핵심적인 테제 중의 하나인 언어기호의 자의성은 번역철학의 핵심적 논제인 자연언어의 다양성과 번역의 (불)가능성의 문제와 직결되기 때문이다. 결국 중

---

2 소쉬르(Ferdinand de Saussure, 1857-1913)는 스위스 제네바 출생의 언어학자, 구조주의 언어학파의 창시자로 종종 알려져 있다. 라이프치히대학 재학 중인 21세 때 『인도유럽어 원시 모음체계에 관한 논문』(1879)을 저술하여 당시 학계에서 지극히 어려운 것으로 되어 있던 이 문제를 해결한 것으로 유명하다. 소쉬르가 제네바대학에서 행한 강의를 학생들이 필기한 노트와 그의 초고를 대조하면서 두 제자인 샤를 바이와 알베르 세시에가 편찬한 것이 『일반언어학 강의』(1916)이다. 그는 여기에서 추상적인 차원의 말인 랑그(langue)와 이것을 개인이 사용하여 발음되는 구체적인 차원의 말인 빠롤(parole)로 나누고, '랑그'를 언어 대상으로 삼았다.

3 20세기의 또 다른 언어학의 거장인 촘스키의 변형생성문법도 분명 언어를 사유하는 또 다른 길로 거론되어야 마땅하다. 전기 비트겐슈타인은 언어의 보편적인 논리적 구조가 실재세계의 그것에 의존한다고 주장하는 반면 촘스키는 언어의 보편적 구조를 인간 마음에 본유 하는 선천적 규칙들에서 찾고자 하는 점이다. 철학사적으로 보아 데카르트나 라이프니츠, 칸트와 같은 합리론 계열의 철학자들이 인간의 마음을 이미 나름의 결을 가지고 있는 "대리석 판"(block of marble)으로 보고 인간은 자신의 매부에 본유적으로 가능한 개념의 형식들을 가진다는 노선을 대체로 따른다. 촘스키는 당연 후자의 노선에 기울어져 있음에 틀림없다. "본유적"(innate)이라는 꼬리표는 20세기 미국 언어학의 새로운 연구프로그램을 알리는 새로운 징표의 역할을 하고 있다.

요한 소쉬르의 공언과 화두는 무엇일까? 비트겐슈타인이 언어와 대상 세계와의 관련성을 복원시키고 있다면 소쉬르는 언어를 세계와의 관계에서 보는 것이 아니라 언어를 언어 그 자체 내에서 바라본다. 다시 말해 언어를 언어 내재적으로, 언어 내부적 관점과 전망에서 언어를 바라보기 시작한 최초의 인물이 바로 소쉬르이다. 따라서 언어 내부에 존재하는 언어 현상의 고유한 규칙과 법칙이 탐구 대상이 되며, 의미의 문제도 당연 언어 내부적으로 해결하려는 경향이 생기게 마련이다. 단적으로 말해 소쉬르는 언어 사용자인 인간이 그 언어의 의미를 부여한다든지, 아니면 그 언어가 가리키는 사물적 지칭 대상이 그 언어의 의미를 부여한다든지 하는 생각을 하지 않는다. 그렇다면 언어의 의미는 어떻게 규정될까?

우리가 외국어를 배우는 데 왜 그렇게 많은 시간과 노력, 게다가 돈까지 들이는가? 취직, 승진, 유학, 능력의 상징 등등. 이유는 많을 것이다. 다만 언어학의 내재적인 논리에 보자면, 우리 인류가 동일한 하나의 언어 기호체계를 가지지 않았기 때문이다. 이것이 늘 번역담론에서 문제가 되는 (자연)언어의 다양성, 복수성의 문제이다. 실물인 "사과"는 한국어에서는 "사과"라고 읽고 쓰면 되지만 영어에서는 "apple", 불어에서는 "pomme"이라고 읽고 써야만 한다. 그것도 반드시. 단어는 문장을 끌어들이고, 문장은 텍스트 전체를, 텍스트는 자신이 생산된 문화적 장(場)과 세계를 전제하기에 외국어를 배운다는 것은 단어 하나에 대한 이해에 머무는 작업은 아니다. 동일한 지칭 대상을 두고 왜 그토록 다른, 다양한 언어 기호가 결합되어 있는가? 이는 다양한 문화들을 가로지르며 확인되는 생물학적 인간의 유전적 통일성에 비해 그토록 많은 언어들이 지구상에 왜 존재하는가 하는 물음과도 직결된다. 번역의 필요성은 물론이고 번역의 수고스러움을 굳이 감내할 만큼 우리 인간들 사이에 유전학적 차이가 크지 않음에도 불구하고 왜 그토록 많은 언어들이 지구상에 존재하는가?

모든 언어가 어떤 의미를 전달하기 위해 한 가지의 언어 기호(말소리와 글자)를 사용하는 것은 아니다. 바벨(Babel) 이전의 언어에서는 인류에게 하나의 보편적 언어 기호와 의미체계가 존재했을지도 모르나, 이런 사유는 오히려 신화적 수준의 사유로서 보편적 소통체계를 갈망하는 염원의 한 표현이라고 보는 것이 옳다.

"곰"(熊)과 "검"(劍)이라는 단어를 주목해 보자. 영어에 더 친숙한 독자라면, "bad"('나쁜'의 뜻)와 "bed"('침대'라는 뜻)라는 단어가 있다고 해 보자. 이때 한 언어 기호의 의미는 그 기호 체계의 사회적, 지리적 및 역사적 차이성에도 불구하고 어떻게 결정되어지는가? 아마 플라톤 같으면 곰의 이데아(형상)와 검의 이데아가 있어서 현상계에 가시적인 모든 곰과 검의 의미를 부여한다는 입장일 것이다. 한마디로 이데아와 형상이 의미의 결정자인 것이다. 하지만 사물을 초월하는 이데아 때문만이 아니라, "검"(劍)이라는 단어는 실물적인 칼이 있기 때문에 그 의미가 정해진다고 보는 입장이 가능하다. 다시 말해 단어나 언어 기호의 토대와 근거는 이미 자연과 세계 속에 있다는 것이다. 이런 생각은 실상 20세기 초반의 논리실증주의의 근본 주장과 그렇게 멀리 떨어져 있지 않다.

이와는 달리 문화권 및 언어권 마다 실물적인 사물인 칼이 동일한 의미를 지니지만, 서로 다르게 지칭되는 현상을 두고서 자연적 사물에는 언어의 의미 기반이 존재하지 않는다고 보는 이들도 있었다. 소쉬르는 그의 유고 『일반 언어학 강의』에서 언어적 기호와 사물간의 자의성을 밝혔다고 말했으며, 이는 결국 협약설을 따르는 것이다. 협약(脅約)이라고 해서 아테네 민주정치의 그것과도 같이 광장에 모여 이 사물과 그 의미에는 이런 언어기호를 사용하자고 투표하거나 토론해서 결정한다는 것은 아니다. 더 느슨한 의미의 관습이나 약속으로서 이해하면 될 것이다. 하지만 문제는 이것으로 끝나는 것이 아니다. 동일한 실물적 사물을 두고 전혀 딴판의 이름들[4]이 관습에 따라 존재하는 것이라면, 그 언어 기호의 의미는 어떻게 정해지는가? 언어 기호의 자의성, 다시 말해 언어 기호의 다양성이야말로, 그 언어의 의미에 대한 소쉬르식의 언어철학적 함의가 생기지는 지점이기도 하고, 번역철학적 관점에서 언어의 의미는 각 언어공동체 내의 문제가 되는 지점이기도 하다.

언어 기호가 자연적 사물과 필연적인 관계를 맺는 것이 아님이 드러나게 되자 소쉬르와 같은 언어학자들은 그 언어 기호의 의미가 언어외재적인 실재,

4 소쉬르적인 개념에 따르자면 언어 기호가 말소리와 글자로 이루어져 있는데, 둘 다를 가리켜 시니피앙(Signifiant) 또는 기표(記標)라고도 한다. 반면 그 언어 기호의 의미는 소쉬르적인 관용어로는 시니피에(Signifié) 또는 기의(記意)라고도 한다. 아마 고등학교 국어 시간이나 문법 시간에 한번 쯤 들어보았음직한 개념들이다. 적어도 유럽 철학의 맥락이나 현대 프랑스 철학의 흐름에서 이 소쉬르 개념에 대한 정확한 이해가 없이는 논의에 대한 진전이 어려운 점이 없지 않다. 시니피앙은 "언어(적) 표현"으로, 시니피에는 그 표현의 "언어(적) 의미(뜻)" 정도로 파악해 보자. 예를 들어 "나무"라는 뜻이나 의미, 즉 시니피에를 전달하기 한자문화권에서는 "木", 영어권에서는 "tree", 불어권에서는 "arbre"라는 서로 다른 문자와 소리를 갖는 표현, 즉 시니피앙을 갖는 것이다.

즉 (자연의) 사물과는 관계없이 언어내재적인 구조와 법칙에 따라 정해진다는 믿음을 가지게 된다. 너무나 당연한 논리적 추론이다. 자연의 사물은 한 종류인데, 예를 들어 사과, 바다, 구름 등등인데 이를 부르는 자연언어들이 다양하다면 그 사물이 그 언어 기호의 운명과 의미를 결정짓고 조건 짓는데 그다지 지대한 영향을 주는 것이 아니라 다른 그 무엇이 있다는 생각으로 가기 마련이다.

논리실증주의나 초기 비트겐슈타인에 따르면 언어의 의미는 실재 세계의 검증 가능한 그 무엇이 결정한다는 입장이다. 그런데 자연 언어들의 상이함을 넘어서 언어의 본질을 탐구하는 철학자들에게서 언어의 의미는 즉자적 실물에 준거점을 마련하는 것이 자연스러울지 모르나, 언어학자들은 자연 언어들의 다양성을 존중하고 언어 기호들 자체의 체계의 중요성과 언어학적 분절성(分節性)[5]에 의존하여 의미를 구성하게 하는 절차나 법칙을 탐구하는 쪽으로 가게 마련이다.

그래서 그런 언어학자들에게 의미란 언어적 기호의 사용자들이나 집단

---

5 앙드레 마르티네(André Martinet)라는 언어학자가 제창한 개념으로 언어라고 불리는 모든 것은 1차 분절과 2차 분절로 나누어서 분절될 수 있어야 한다고 주장한 것. 예를 들어, "나는 학교에 간다"라는 문장에서 보다 쉽게 변별되는 단어들(나, 학교, 간다)보다 더 작은 단위(대개 의미를 가진 최소 언어학적 단위라는 의미에서 형태소, 形態素라 불림)로 1차 분절(나, 는, 학, 교, 에 등등)되어야 하고, 그 다음에 소리를 구성하는 음소(音素) 단위(나=ㄴ+ㅏ, 는=ㄴ+ㅡ+ㄴ, 학=ㅎ+ㅏ+ㄱ 등등)로 2차 분절 될 수 있어야 언어로 규정될 수 있다는 것이다. 다르게 말해 보면 소수의 자음과 모음 체계인 음소들을 결합하여, 수많은 형태소나 단어를 만들고 더 나아가서 한없는 문장을 만들 수 있다는 것이다. 더 나아가서 언어의 이런 분절성은 외부 세계를 단어나 개념으로 끊어서 표현할 때도 등장한다. 언어는 연속적인 세계를 불연속적인 것으로 분절하여 표현한다. 예를 들어 무지개는 색깔들 사이의 경계가 애매모호한데도 우리는 그것을 7색깔로 분절하여 부른다.

이 외부에 부여할 수 있는 정신적이거나 사회적 및 물리적인 실체가 아니다. 물론 그들도 그 언어적 기호의 실현방식은 심리적이거나 담화적인 상황 속에서라는 것을 모르지 않았겠지만 그 구체적인 언어 기호의 사용의 측면들은 비본질적인 것으로 취급되었다. 마침내 소쉬르를 선두로 많은 구조적 언어학자들은 언어적 기호의 의미가 언어 체계의 내부에서 결정지어진다는 테제를 주장하게 된다. 예를 들어 "곰"(熊) 이라는 단어와 "검"(劍)이라는 단어는 이 언어적 기호 외부에 존재하는 자연적 사물들이 아니라, "곰"이나 "검"이라는 시니피에를 구성하는 언어학적 최소단위, 즉 음소(音素)들의 내재적인 결합 및 의존관계에 따라 그 시니피에가 규정된다는 것이다. 다시 말해, "곰"이라는 시니피에는 ㄱ+ㅗ+ㅁ이라는 한글의 음소들 간의 결합으로, "검"은 ㄱ+ㅓ+ㅁ 이라는 음소로 결합되는데, 이때 이 시니피에들을 구성하는 음소들 중에 차이나는 요소가 눈에 들어온다. 바로 모음들(ㅗ, ㅓ)의 차이인데, 이것을 소쉬르는 "변별적(辨別的) 대립"이라고 부르는데, 바로 이 차이가 "곰"(熊)이라는 단어와 "검"(劍)이라는 단어의 의미들, 즉 시니피에들과 그 차이들을 결정짓는다는 것이다. 랑그의 많은 하위 종류들—음소, 형태소, 어휘소 등등—인 중의 하나인 음소는 그 어떤 외부적으로 고정된 물리적(사물적) 실체를 가지고 있는 것이 아니라, 다른 음소들과의 대립과 차이를 통해서만이 정의되는 것이다. 이와 동일한 방식으로 하나의 의미란 음소 체계에 내재하는 하나의 차이로 정의되는 것이다.

좀 더 논의의 주제나 방향을 모아보자. 여러분 자신도 스스로가 가진 내재적인 성격이나 인격성이 아니라 여러분이 존재하는 삶의 환경을 이루는 타자들과의 관계에서 여러분이 하나의 차이로서만 여러분 자신의 의미를 가진다고 추측해본다면 어떨까? 어머니의 의미는 그 자체로 주어지는 것일까? 소쉬르에게서 언어가 세계와 구조적으로 존재론적으로 대응하는 것도 아니고, 언어의 의미가 사물과의 즉물적 대응에 있지도 않다면, 그것은 언어 안에서 찾아져야만 했기에 그를 의미의 언어내재주의자라고 불러야 할지도 모른다. 하지만 번역철학적 관점에서 보자면 언어와 그 의미는 각 언어권, 각 문화권 내의 공동체 구성원의 삶의 형식이나 형태에 의존하는 것이다. 그렇다고 해서 언어와 그 의미가 문화마다 다르거나 다양하다고 해서 번역이 불가능하거나 너무 상대적이어서 의사소통이 되지 않는 것은 아니다. 기호의 차이와 의미의 소통 사이의 간극에 대한 번역철학적 공백이 소쉬르에게서 발견되는 것도 사실이다. 다시 말해 언어 기호의 자의성을 통해 자연언어의 다양성이라는 번역철학적 테마에 대한 언어학적 토대를 마련한 점은 소쉬르의 기여임에는 틀림없지만, 그 자의성이나 다양성이 번역을 완전히 불가능하게도 언어들 간의 의사소통이나 의미 전달을 막는 것이 아닌 만큼, 이런 번역의 여지와 가능성을 살리는 언어철학과 번역철학의 상관성에 대한 폭넓은 논의의 장이 열린 것은 분명하다.

3. 언어철학, 번역철학 그리고 해석학

아마도 우리는 비트겐슈타인, 소쉬르에 이어, 해석학이라는 학문의 유형과 형태에서 언어와 번역, 언어와 해석, 결국 언어철학과 번역철학에 대한 가장 근사(近事)한 유형의 사유를 만나게 될지 모른다.

영국과 미국을 중심으로 전개된 언어 분석철학의 핵심적인 관심은 언어가 실재와 관련성을 갖되 반드시 언어의 의미가 실재와의 검증 절차를 통해 획득되는 쪽이었다. 그래서 18-19세기의 근대 독일의 사변 형이상학적 이론들과 언어들에 반기를 든 것은 물론이고 다양한 신화적 및 종교적 발언과 진술에까지 적대적인 태도를 보였다. "자연과학의 명제들만이 유의미한 명제"라고까지 (초기) 비트겐슈타인이 말한 것을 보면 알 수 있다. 물론 말할 수 없는 영역과 삶의 신비한 지평에 대한 입장에서 논리 실증주의와 (초기) 비트겐슈타인이 이견이 없는 것은 아니지만 실증적 검증 위주의 언어관이 폐기되었다고 볼 수는 없다. 다만 언어의 보다 넓은 지평을 수용하기 위해 일상 언어들의 다양한 용례와 사용에서 언어의 유의미성을 확대해 나갔다고 보는 것이 옳을지도 모른다. 적어도 후기의 '삶의 형식' 개념이 등장하기 전까지 세계나 실재에 대응하는 '언어'는 번역학이나 번역담론에서 이야기하는 자연언어들이라기보다는 보편적 의미의 언어, 대표 단수로서의 언어이다. 맥락이나 상황에 따른 말이나 이름의 쓰임이나 용례가 의미를 결정짓는다는 것은 하나의 동일한 사태가 동일한 지칭이나 이름을 가진다 해도 언어별로 문화권별로 다른 의미나 다른 (번역된)이름으로 표현된다는 것까지도 함의하게 되는 것이다.

소쉬르는 언어 기호의 자의성과 언어에 내재하는 고유한 언어학적 요소와 인자(因子)들을 준별해 냄으로써 언어를 인간의 사유를 담아내는 표현 수

단만으로 간주하던 전통적 시각을 극복함과 동시에, 사물과의 대질만으로써 언어의 의미와 유용성을 획득하려는 실증주의적 태도와 거리를 두게 된다. 하지만 언어 기호의 자의성이 표면적이거나 일차적인 의미나 시니피앙 차원에서는 분명 드러나지만 언어 기호가 가지는 이중적 또는 다의적 차원의 의미 층위나 차원들의 연관성을 밝히는 데는 주목하지 않았다. 그토록 유구(遺構)하면서도 창조적인 의미의 저장라고 알려진 신화의 언어들, 꿈의 언어들, 시나 소설의 언어들에 대한 언어학적 조명과 그에 걸맞은 배려를 하지는 못했다.

그런 사정은 러셀이나 비트겐슈타인에게도 마찬가지라고 봐야 하지 않을까? 언어나 명제의 진리치를 검증 가능성이나 반증 가능성[6]에만 둔다면 구체적인 지시체를 가지지 않는 소설의 언어들은 어떻게 자신만의 유의미성이나 소설적 진리치를 담보할 수 있단 말인가? 특히나 압축적이면서도 상징적인 언어를 요구하는 시(詩)의 분야에서는 사정이 더 어렵지는 않을까? 따라서 이중적이거나 복수적인 의미를 가진 언어들에 대한 해석이 중요해진다. 이런 이중적이거나 다중적인 의미를 지닌 모든 언어적 기호들(텍스트, 종교적, 시적 및 꿈의 상징, 인간 행위)을 연구 대상으로 하는 분야를 해석학[7]이라 부른다. 또한

---

6 많은 이들이 하나의 이론이 어떤 조건에서 "과학적"이게 되는지를 고민한다. 칼 포퍼(Karl Popper, 1902-1994) 같은 이는 언어나 명제가 실재와의 관계에서 검증된다는 것만으로는 "과학적" 이론의 지위를 획득하기는 어렵다고 본다. 하나의 이론이 과학적 지위를 획득하게 되는 것은 그 이론이 검증된다는 것에 있기보다는 오히려 반증(反證) 가능성(falsifiability)에 있다고 포퍼는 본다. 다시 말해 하나의 이론을 부정하고 반박하고 반증할 수 있는 실험적인 테스트에 저항하고 견디어 냈을 때 과학적일 수 있다는 것이다. 왜 그럴까? 아마도 자연은 결코 절대적이고 결정적인 방식으로 "그렇다"라고 긍정하지 않기 때문이 아닐까?

7 여기서 해석학(解釋學, hermeneutics, herméneutique, hermeneutik)이란 법률 조항이나 성경 구절의 해석

해석학은 해석될 수 있는 기호들의 집합체에 대한 해석을 지배하는 규칙들의 이론을 의미하기도 한다. 특히 언어 의미의 검증이나 언어 기호의 자의성과는 다른 방향과 관점에서 언어의 풍부한 의미의 층위들이나 결을 드러내고자 하는 분야가 바로 해석학이다. 텍스트의 의미가 읽혀지고 드러날 수 있는 다양한 언어의 형태들—흔히 책으로 부르는 것뿐만 아니라 상징, 은유, 신화, 이야기—에 관심을 가지는 분야가 해석학이다. 이런 해석학의 입장은 번역철학적 관점에서 한 언어의 내재적인 해석적 역량이나 깊이를 길러내야 함은 물론이고, 이것이 다른 언어로 번역될 때, 그 역량이나 깊이가 중층화되거나 배가됨을 의미한다. 해석의 복수성이나 다원성의 여지를 열어주는 해석학적 언어철학을 가지고 있다면, 번역의 다원성에 대해서도 환대하는 번역철학적 지향성을 가지게 됨은 분명하다.

에서 출발한 분과로서 지금은 이중적이거나 복수적인 의미 해석이 가능한 모든 언어적 기호들(텍스트, 종교적, 시적 및 꿈의 상징, 인간 행위)을 연구 대상으로 하는 분야. 대표적 학자들로서는 슐라이어마허, 딜타이, 하이데거, 가다머, 리쾨르 등이 있다. 원래 heměneia(해석하다), herměneuin(해석)의 의미 기원은 헤르메스(hermes) 신(神)과 연관이 있다. 인간 이해를 초월하는 것을 인간이 이해하는 데 도달하도록 헤르메스가 돕는다. 헤르메스가 전달의 도구인 언어를 시인들과 신탁의 사제들에게 메시지를 맡김으로 해서 가능해진다. 그 메시지는 운명의 메시지로서 무엇인가를 밖으로 내어놓는 일을 한다.

제2장.

'해석'과 '번역': 번역(철)학과 해석학

'해석하다'의 희랍어 어원인 'hermēneuein'을 풀이하면서 『해석학이란 무엇인가』의 저자 리차드 E. 팔머는 그 세 번째 의미가 '번역하다'(to translate)라고 밝히고 있다. 그렇지만 정작, 해석학이나 해석학자들에게서 번역에 대한 해석학적 차원에 대한 진지하고 명시적인 논의를 찾기란 쉽지 않다. 특히나 해석과 번역의 상관성을 체계적으로 정리한 작업은 극히 드물다. 많은 경우 하나의 텍스트를 만나게 될 때, 번역이 반드시 모종의 해석을 전제한다는 점에서, 반면 후자가 반드시 전자를 포함하거나 산출하는 것은 아니라는 점에서 해석과 번역은 동일한 대상을 두고서도 상이한 지향성을 갖는다는 점에 주목할 필요가 있다. 해석은 해당 언어(텍스트)-해당 사태(세계) 관계를 문제 삼는 반면, 번역의 경우 번역 언어-(번역 언어로 표현될) 사태(세계) 관계까지도 반드시 문제 삼는다는 점에서, 번역은 독특한 이중적 구조를 갖는다. 해석학자로서 동시에 번역철학자로서 베르만과 리쾨르를 본격적으로 비교하면서 해석-번역 상관성을 보다 심도 있게 다루게 될 것이다.

리쾨르와 베르만은 각각 현대 해석학과 번역학(혹은 번역철학)을 대표하는 학자들로 알려져 있다. 그런데 리쾨르의 경우, 의미의 문제, 텍스트 해석의 문제, 자기-타자의 문제를 통해 번역을 자기 철학의 마지막 주제로 삼았다는 점에서 넓은 의미에서 번역학자라 할 수 있다. 한편 베르만은 슐라이어마허, 벤야민, 하이데거, 데리다 등 다양한 철학자들의 번역에 대한 사유를 현재의 번역학적 담론 안으로 끌어와 번역학의 새로운 연구 방향과 영역을 제안했다는 점에서 번역학에 대한 철학적 성찰, 즉 번역철학의 형태로 개진시켰다고 볼 수 있다. 서로 별개의 영역에서 번역학과 해석학에 매진해온 두 학자가 번역의 영역에서 만나게 된 것이다. 두 학자의 만남은 각기 자신의 주저에서 서로를 꾸준히 인용하고 참조하는 방식으로 구체화된다. 베르만은 자신의 주저에서 리쾨르의 해석학을 끝없이 참조하고 있으며, 리쾨르 역시 자신의 지적 여정의 마지막 주제로 '번역'의 문제를 다룰 때 베르만을 중점적으로 언급하고 있다.[1]

무엇이 이들 두 분야의 대가들이 서로를 참조하게 만들었는가? 두 저자의 개별적 사상세계를 독립적으로 조망하는 것은 본 연구의 목적이 아니다. 그보다는 오히려 베르만과 리쾨르의 성찰들의 접점에 위치한 몇 가지 테마들을 살펴보는 일에 초점을 맞추고자 한다. 보다 구체적으로는 텍스트를 바라보는 두 사람의 입장과 관점이 번역과 해석의 차원에서 어느 지점에서 수렴하고 어느 지점에서 서로 차이를 보이는지를 성찰해 보고자 한다.

1. 해석과 번역, 해석학과 번역학, 그 수렴점들

1.1. 해석학과 번역학은 '혼질적'이고, '과학 지향적이지 않다'(non-scientific)

베르만과 리쾨르는 공히 번역학과 해석학에서의 인식(또는 앎)이 어떠한

---

1 베르만이 리쾨르를 인용한 주저들은 아래와 같다. A. Berman, *L'épreuve de l'étranger: Culture et traduction dans l'Allemagne romantique*, Gallimard, 1984; *Pour une critique des traductions,* Gallimard 1995; 'La traduction et ses discours', *Meta* 34(4), 1989: 676-679. 한편 리쾨르는 P. Ricoeur, *Sur la traduction*, Bayard, 2004에서 베르만을 여러 차례에 걸쳐 인용한다. 베르만의 첫 주저는 『낯선 것으로부터 오는 시련: 독일 낭만주의 문화와 번역』(윤성우·이향 옮김, 철학과현실사, 2009)이라는 이름으로 번역되었고, 리쾨르의 저서는 『번역론: 번역에 관한 철학적 성찰』(윤성우·이향 옮김, 철학과현실사, 2006) 이라는 이름으로 번역되었다.

성격의 것이어야 하는지에 대한 명백하고 분명한 입장을 피력한다. 우선 베르만을 살펴보자. 베르만은 번역학을 '텍스트 번역이라는 독특한 체험에 대한 반성적 작업'으로 정의한다.[2] 이러한 반성적(reflexive) 번역학은 기술공학과 정보과학에 근거한 번역론을 구축하고자 하는 번역과학(traductique)과 대비되는 개념으로 읽힌다. 소위 'scientific'하고자 하는 번역과학은 번역 체험에 대한 고유한 반성을 간과하기 때문이다. 베르만은 예를 들어 한 문화가 다른 문화와 번역을 통하여 만나고 이를 통해 스스로 고양되고자 하는 충동을 번역과학만으로 해명하거나 기술할 수 없다고 믿는다. 따라서 베르만은 번역학이 복수적이고 혼질적인 번역체험을 모두를 하나의 무엇으로 통합 불가능한(non unifiable) 것이어야 한다고 믿으며 "번역활동을 전체적으로 다루는 유일한(globale et unique) 이론이 가능하다고 상정하는 것은 번역의 공간이 결정적으로 복수적(pluriel)이고, 다질적(heterogene)이며, 통합불가능하다는 점을 간과하는 것이다"라고 설명한다.[3] 오직 번역이라는 체험을 통해서만 드러나는 텍스트의 진리와 가치를 객관적이고 과학적인 접근을 통해 분석해 내기는 어렵다는 사실을 환기시키는 이러한 베르만의 주장은 자칫 경험주의적, 과학주의적 담론으로 치우칠 위험을 내포하고 있는 오늘날의 번역담론에 대한 엄중한 경고로 읽힌다.

그런데 이러한 베르만의 입장은 해석에 대한 리쾨르의 입장과 놀라우리만치 유사하다. 리쾨르 역시 해석에 대한 일반적이고 전반적인 규칙들을 세우

---

2 Berman, 'La traduction et ses discours', p. 676.

3 *Idem.*

는 것은 불가능하다고 설명한다. 리쾨르에 따르면 "보편적인 해석학이란 없으며 주석을 위한 보편적인 기준도 없다. 다만 해석의 규칙들에 관한 이질적이고 상반된 해석학들이 있을 뿐이다. 우리가 그 외연의 모습을 다루고 있는 해석학이라는 분야는 내재적으로 자신 안에 다양한 분지를 가지고 있다"고 말한다.[4]

한마디로 베르만과 리쾨르는 공히 번역학이나 해석학이 'scientific'이어야 한다고 생각하지 않는다. 물론 과학성을 지향하지 않는다는 것이 그 자체로 반과학적, 주관적, 편파적인 것을 지향한다는 의미는 아니다.[5] 그보다는, 철학이나 해석학에서의 '해석'이, 그리고 번역학에서의 '번역'이 경험과학이나 실험과학에서 실험을 하거나 검증하는 작업과 다르며, 따라서 해석학이나 번역학은 엄밀한 의미에서 '과학적'일수도, 또 그럴 필요도 없다는 의미로 이해해야 할 것이다.

1.2. 해석과 번역에서 우회(detour) 없는 텍스트 읽기는 불가능하다

그렇다면 감히 자신들이 속한 담론들의 분야가 "과학적"이지 않다고 주

---

4 P. Ricoeur, *Freud and Philosophy: An essay on Interpretation*, tr. D. Savage, Yale University Press, 1970, pp. 26-27, 55. 물론 이런 리쾨르의 주장은 (종교적) 상징 언어의 다양한 층위를 논하는 『악의 상징』(*La Symbolique du mal*, 1960)에서, 그리고 프로이트 정신분석학에 등장하는 욕망의 상징 언어를 다루는 『해석에 대하여』(*De l'interprétation: essai sur Freud*, 1965)에서 주로 등장하는 입장이긴 하다. 상징 언어들에 대한 해석을 넘어서서 텍스트 해석을 논하는 『텍스트에서 행동으로』(*Du texte à l'action: essai d'herméneutique II*, 1986)에서는 여러 해석들 간의 갈등이나 투쟁은 드러나지 않는다는 점만 언급하고 지나가자. 이런 맥락에서 볼 때 1969년에 나온 리쾨르의 주저 중 하나인 『해석의 갈등』(*Le conflit des interpretations*)은 그 제목만으로도 시사하는 바가 크다.

5 특히 리쾨르가 갈등하는 해석들을 중재하거나 타협시키는 일반적인 해석이론체계가 없다고 주장한다고 해서, 그런 해석을 통해 발견된 '의미'가 아무런 진리치나 가치가 없다고 말하는 것으로 오해해서는 안 될 것이다.

장하는 리쾨르와 베르만의 주장이 함의하는 것은 무엇인가? 이 질문에 답하기 위해서는 리쾨르와 베르만이 번역의 대상이자 해석의 대상인 텍스트를 어떠한 시선으로 바라보는가를 이해해야 할 것이다. 분명한 것은 베르만은 텍스트가 그 텍스트를 다루는 주체(여기서는 해석자/해석주체 혹은 번역자/번역주체)와 별개로 존재하는 객관적(혹은 즉자적) 대상이라고 믿지 않는다는 점이다. 읽는 자, 번역하는 자, 해석하는 자와 무관하게 독립적으로 존재하는 텍스트, 혹은 읽기와 번역과 해석에 닫혀 있는 텍스트는 번역학과 해석학의 대상이 되지 못하며, 읽거나 번역하거나 해석하는 '주체와의 관계하에서' 그 진정한 의미를 드러내는 텍스트들이야말로 번역과 해석의 대상이 된다고 믿는다. 바로 이러한 이유로, 앞서 언급한 바와 같이 해석학과 번역학은 혼질적, 비-과학적 성격의 담론이 될 수밖에 없는 것이다.

두 저자는 텍스트의 번역 및 해석 작업이 단순한 의미의 포착을 넘어서는 어떤 것으로 상정한다. 베르만이 "번역가는 자신을 분석대상으로 놓고, 자신의 번역실천을 위협하며 자신의 언어적 및 문헌적 선택에 무의식적으로 영향을 끼치는 왜곡체계(systematique de la deformation)들을 식별해 내야 한다"고 말할 때, 그리고 그러한 왜곡체계를 분석해 내는 작업을 일종의 분석론(Analytique de la traduction)이라 말할 때, 번역가의 눈앞에 놓인 텍스트는 단순한 의미포착의 대상이 아니다.[6]

6 A. Berman, *The Experience of the Foreign: Culture and translation in Romantic Germany*, State University of New York Press, 1992, p. 5; *La traduction et la lettre ou l'auberge du lointain*, Seuil,

여기서의 핵심은 독자가 텍스트를 일정한 우회를 통해 접근함으로써, 텍스트에 대한 소박하고(naïve) 도그마적인 태도로부터 벗어날 수 있다는 의미인데, 이러한 우회의 개념은 리쾨르 역시 상징의 해석에서 텍스트의 해석에까지 이르는 학문적 여정에서 텍스트에 대한 '비판적 계기'라는 이름으로 시종일관 사용하였다. 다시 말해, 상징 언어의 의미를 순수하게 그리고 아무런 입장을 전제하지 않고 무구(無垢)하게 읽을 수 없다는 것이다.[7] 상징 언어에서 텍스트 차원으로의 분명한 전이를 보여준 『텍스트에서 행동으로』(1986)에서는 훨씬 더 명백하게 우회를 통한 텍스트 해석의 전략을 천명한다. 이 전략은 텍스트를 이해하는 데 있어 설명(explication)의 방법을 도입하는 것인데 이와 관련하여 리쾨르는 "expliquer plus, c'est comprendre mieux"(더 많이 설명할수록, 더 잘 이해한다)라고 까지 말한다.[8] 리쾨르는 여기서의 "설명"이 자연과학적 의미에서의 설명이 아니라, 언어학적 설명, "구조적 설명"(explication structurale)이라고 규정한다.[9] 즉 하나의 대상을 그것을 구성하는 요소와 그 요소들간의 특징적 관계와 성격을 통해 설명하는 것이다.

물론 베르만과 리쾨르가 텍스트에 접근하는 방법들을 위와 같이 단순히

1993, p. 49.

7 리쾨르는 『악의 상징』(1960)에서 주로 이중적 의미가 담긴 언어 표현인 상징 언어를 '성스러운 것의 드러남'이라는 하나의 방향에서만 읽는 태도를 고수하였으나 『해석에 대하여』(1965)에서는 상징을 해석하는 경향들 간의 "갈등", 또는 각각의 이론적 경향들 내에서의 "파편화"(fragmentation)를 언급한다.

8 P. Ricoeur, *Du texte à l'action: essai d'herméneutique II*, Seuil, 1986, p. 22. 영역본에서는 해당 문단이 번역에서 누락되어 있다. tr. K. Blamey & J. B. Thompson, *From text to action*, Northwestern University press, 1991, p. 9.

9 Ricoeur, *Du texte à l'action*, p. 123; *From text to action*, p. 112.

비교하는 데에는 몇 가지 한계가 있다. 우선 두 저자에게 있어서 텍스트의 범주가 서로 다를 수 있다. 베르만에게 있어서 텍스트란 원전뿐 아니라 원전에 대한 다양한 번역본을 포함한다. 따라서 여기서의 텍스트 읽기는 원전의 읽기와 다시 읽기, 원전 안에서 "문체론적 모범사례의 선정"(selection d'exemples stylistiques), 번역본의 읽기까지도 포함한다.[10] 리쾨르의 경우, 주로 성경이나 프로이트 같은 정전과 고전의 위치를 점한 텍스트에 대한 해석의 문제를 다루는 것이 사실이다. 또한 리쾨르가 제안한 '구조적 설명'이라는 것도, 저자의 의도를 파악하는 것으로 만족하는 텍스트 해석의 경향을 넘어서기 위한 리쾨르의 "방법적 해석학"(hermeneutique methodique)의 중요한 계기인 것은 사실이다. 그러나 리쾨르가 이러한 객관적 설명을 텍스트 해석의 전부로 간주하지 않음은 자명하다. 예를 들어 신화의 경우, 신화소(mythème)의 배치, 정렬 관계 등이 중요한 것은 사실이나, 그렇다고 해서 신화의 철학적이거나 실존론적 중요성을 간과해서는 안 된다는 것 또한 리쾨르의 입장이다.

결론적으로 리쾨르와 베르만은 번역과 해석의 장(場)에서 우회 없는 텍스트 읽기가 불가능하다는 데에 공감한다. 그렇다면 우회하는 읽기는 어떻게 가능한 것인가? 그것은 '비판적' 매개나 중재를 통하여 가능하다. '비판적'으로 원전 텍스트를 접근한다 함은 보다 의식적이고 성찰적인 읽기를 의미한다. 다른 번역, 다른 해석에 대한 참조 없이, 그리고 번역과 해석의 대상이 되는 텍

10 Berman, *Pour une critique des traductions*, p. 70.

스트의 내재적 구조나 형식에 대한 참조 없이 타당한 번역이나 해석은 불가능하다는 것이다.

1.3. 번역과 해석의 대상은 "의미"만이 아니다

이제 우리는 번역과 해석의 영역 안으로 보다 깊이 들어왔다. 번역과 해석의 대상(objet) 문제, 다시 말해 무엇을 번역 혹은 해석할 것인가의 문제에 대한 두 철학자의 입장에서 우리는 또 하나의 수렴점을 발견하게 된다.

번역의 대상이 원문 텍스트에 담겨있는 '의미'라는 믿음은 번역이 원문을 모르는 독자들을 위해 존재한다는 믿음만큼이나 널리 받아들여지고 있다. 그런데 베르만은 벤야민을 계승하며 '의미의 포착'에 집착하는 번역론을 여러 차원에서 비판한다.[11] 베르만은 번역의 대상이 의미에 국한되지 않는다고 믿는다. 그렇다면 무엇을 번역해야 하는가? 벤야민과의 유비가 한 번 더 발생한다. 벤야민이 진정한 번역이란 '형식의 복원'이자,[12] '단어, 이미지, 톤(word image and tone)까지 옮기는 것'이라고 말했다면,[13] 베르만은 번역이 "시니피앙들 간의 놀이(jeu des signifiants)에 주의를 기울이는 일",[14] 다시 말해 문자 번역

---

11 Berman, *La traduction et la lettre ou l'auberge du lointain*, p. 34. 의미의 포착에 집착하는 번역에 대한 비판으로는 발터 벤야민의 다음 논문을 참조한다. W. Benjamin, 'The task of the translator'. In Laurence Venuti ed., *The translsation Studies Reader*, Routledge, 2000: 15-25.

12 Benjamin, 'The task of the translator'. p. 21.

13 *Ibid.*, p. 22.

14 Berman, *La traduction et la lettre ou l'auberge du lointain*, p. 14.

(traduction-de-la-lettre)이어야 한다고 주장한다.[15] 문제는 의미를 넘어서서 번역의 대상으로 떠오른 문자(letter)가 무엇인가에 대해 베르만이 친절하고 상세하게 설명하지 않는다는 점이다. 다만 베르만은 단지 문자 번역을 방해하는 부정적 요소들을 언급함으로써 번역의 대상으로서의 문자가 무엇인지를 우회적으로 설명하고 있을 뿐이다.[16]

베르만이 언어의 살과 몸을 문자라 말할 때,[17] 우리는 베르만이 문자를 언어의 본질로 간주하는 것처럼 느껴지기도 한다. 문자에 대한 보다 명료하고 명시적인 정의와 예들의 발굴은 앞으로 좀 더 진전되어야 할 일로 보인다.

리쾨르의 해석학 역시 언어의 장에서 이루어지는 작업인 만큼 의미에 대한 논의들을 떠나서 생각하기 어렵다. 그러나 리쾨르 또한 텍스트 해석의 대상을 텍스트의 '의미'를 밝히는 것에 한정 짓지는 않았다. 욕망의 의미론에 기반을 둔 상징 언어의 '의미'를 드러내는 해석을 공공연히 주장했을 때조차, '의미'(sens)는 해석 이론가들(theoriciens de sens)이 말하듯 단순히 하나의 문장에서 '탈언어화'(deverbalise)되어 드러나는 것은 아니었다. 여기서 우리는 하나의 질문을 던져볼 수 있다. 베르만의 문자에 해당하는 무엇인가를 리쾨르에게서 발견할 수 있는가? 이 질문에 답하기 위하여 우리는 리쾨르의 '담론의 형태' 개념을 살펴보고자 한다. 리쾨르에게서 텍스트 해석은 그 텍스트를 구성

---

15 *Ibid.*, p. 25.

16 *Ibid.*, pp. 49-53.

17 A. Berman, 'L'essence platonicienne de la traduction', *Revue d'esthétique*, 12, 1986: 63-73.

하는 "담론의 형태"(formes du discours)에 대한 해명 없이는 이루어질 수 없다. 리쾨르는 프로이트 텍스트들을 해석할 때에도 "프로이트 담론의 구조 또는 일관성"(the texture or structure of Freudian discourse, la consistance du discours freudien)"이 자신의 중요한 관심사라고 말했고,[18] 본질적으로 프로이트의 담론이 힘의 언어(langage de la force)와 의미의 언어(langage du sens) 사이에 혼합된(mixed discourse) 담론임을 주장하고 있다.[19] 리쾨르는 "담론 형태들에 대한 구조적 설명이라는 긴 우회로를 거치지 않고서는 의미들(significations)들을 해석하는 것은 불가능하다"고 설명한다.[20] 예를 들어 성경이 어떤 담화형태(잠언, 시, 산문, 역사 등등)를 가지느냐에 따라 야훼의 존재나 성경의 메시지의 의미가 달라진다는 것이다.

한쪽에는 문자가 또 다른 쪽에는 담화의 형태들이 번역과 해석의 대상으로 자리 잡는다. 그렇다면, 문자의 번역과 담화 형태의 해석을 거치면서 번역과 해석이 궁극적으로 지향하는 곳은 어디인가?

1.4. 번역과 해석은 '의미'를 넘어서서 하나의 '세계'로 우리를 이끈다

번역과 해석이 궁극적으로 이르게 되는 지점은 (작품의 혹은 텍스트의) '세계'(monde)라는 지점이다. 사실 작품의 '세계'라는 것은 독자가 작품을 읽기 이

18 Ricoeur, *Freud and Philosophy*, p. xii.
19 *Ibid.*, p. 65.
20 Ricoeur, *From text to action*, p. 93.

전에, 그리고 번역과 해석이라는 활동 이전에 그 자체로 존재하는 것이 사실이다. 그러나 번역과 해석의 개입이 없다면 결코 드러나지 않았을 텍스트의 어떤 양상이나 측면이 존재한다는 것 역시 부정할 수 없다. 번역과 해석의 작업이 없다면, 우리가 '텍스트의 세계'라 부르는 측면은 '잠재성'의 상태로 존재할 뿐인 것이다. 이 세계는 한편에서는 번역의 수고로움을 거치지 않고서는 출발어의 원전을 읽는 것만으로는 드러나지 않으며, 또 다른 한편에서는 객관적 설명의 계기들을 요구하는 해석의 작업 없이는 드러나지 않는다.

베르만에 따르면, "작품은 어떤 세계에 대한 체험을 열어주며",[21] "작품 안에서는 하나의 세계가 그 전체 속에서 매번 다르게[22] 드러난다."[23] 베르만이 세계의 드러남을 작품의 핵심으로 정의함에 따라, 번역은 (작품 세계의) '드러남을 드러낸 것'(manifestation d'une manifestation)으로 규정된다.[24] 텍스트 세계와 관련하여 베르만의 번역관은 분명하다. 즉, 원문을 원문의 언어로 읽을 때와 달리, 번역만이 드러내 주는 어떤 텍스트의 양상, 즉 '동일한 텍스트의 또 다른 이면'(The other side of the text)이 존재한다는 것이다.[25]

리쾨르의 저작들에 친숙한 독자들이라면 베르만이 말하는 번역을 통한 작품 세계의 드러남이 리쾨르가 말한 '텍스트의 세계', 또는 그가 가다머의 말

---

21 Berman, *La traduction et la lettre ou l'auberge du lointain*, p. 70.

22 여기서 '매번 다르게'는 무엇을 의미하는가? 어떻게 세계가 매번 다르게 나타나는가? '매번'이라 함은 '번역할 때마다'인가? 아니면 '해석할 때마다'인가? 이 문제와 관련하여서는 추가적 고찰이 필요하겠다.

23 *Ibid.*, p. 76.

24 *Idem*.

25 Berman, *The Experience of the Foreign*, p. 7.

을 빌어 표현한 '텍스트의 사태'(la chose du texte)와 같은 것이 아닌가 하는 의문을 가지게 될 것이다. 1970년대에 이르러 '텍스트의 의미론적 자율성' 개념을 이야기하면서부터, 리쾨르는 텍스트의 '의미' 혹은 저자의 '의도' 같은 개념들을 강도 높게 비판하기 시작한다. 언어학의 구조주의적 방법론의 결과로서 구조적 설명의 계기를 받아들이면서도, 리쾨르는 '의미'에 대한 논의가, 음소나 형태소, 의미소 등에서 벗어나 보다 상위의 언어 단위인 문장이나 텍스트 차원으로 옮겨가야 한다고 주장하면서 '의미'라는 말 대신 '텍스트의 세계'라는 표현을 더 즐겨 사용하기 시작한다. 리쾨르는 여러 번에 걸쳐 텍스트의 세계를 다양한 방식으로 정의한다. '텍스트가 열어주는 의미의 제안'(proposals of meaning the text unfolds),[26] '텍스트가 열어주고 발견케 하는 세계',[27] '조작 가능한(manipulable) 대상들의 총체로서가 아니라 우리 삶과 우리의 기획의 지평으로서의 세계',[28] '내가 그 안에서 거주하며 나의 가장 고유한 가능성들 중의 하나를 기획투사하게끔 제안된 그런 세계'(proposed world that I could inhabit and wherein I could project one of my own most possibilities)[29] 등이 그것이다.

리쾨르는 텍스트에 대한 구조적 설명, 즉 담화형태의 분석을 통해 해석이 '텍스트의 세계'를 발견하고 우리에게 그것을 보여주어야 한다고 말한다. 이런 측면에서 볼 때, 리쾨르에게 있어서 해석의 지향은 결국 텍스트 세계의 발

26 Ricoeur, *From text to action*, p. 37

27 *Ibid.*, p. 52.

28 *Idem.*

29 *Ibid.*, p. 86.

견이다.

번역과 해석이 언어(language)의 중요한 층위인 텍스트와 본질적으로 관계하는 만큼, 베르만과 리쾨르가 비슷한 관점을 가지고 있는 것은 어찌 보면 그리 놀라운 일은 아니다. 베르만이나 리쾨르는 공히 언어(특히 텍스트)가 자기 충족적 영역에 갇혀 있지 않고, 자신을 넘어서 어딘가를 향해 움직이고 있다고 확신하고 있는 것처럼 보인다. 다시 말해 두 철학자 모두 언어를 본질적으로 지향적인(intentionel) 것으로 보고 있다. 가시적 방식으로건 그렇지 않건, 언어는 끊임없이 무엇인가에 대해 이야기하고, 말한다는 것이 이들의 입장이다. 텍스트는 번역과 해석을 통해서만이 드러낼 어떤 자신만의 '세계'를 품고 있음에 틀림없다. 번역과 해석을 통해 각각 발견된 이 세계가 과연 동일한 것이지는 또 다른 문제이다.

2. 번역과 해석, 그 수렴점을 넘어서서

두 철학자가 해석학과 번역학의 교집합인 번역이라는 공통의 영역에서 서로를 참조한 것은 분명해 보인다. 그러나 이들이 각각 서로 다른 학문 영역에서 자신들의 이론을 전개해 온 만큼, 어떻게 보면 수렴점보다 분기점들에 대한 논의가 훨씬 다양한 방식으로 전개될 수 있을 것이다. 따라서 필자가 앞으로 언급하게 될 몇 가지 분기점들은 절대 포괄적임을 자임하지 않으며, 앞서 논의한 수렴점들과의 상관관계하에서 논의될 만한 차이점들을 어느 정도 자의적으로 선택한 것임을 미리 밝혀 둔다.

2.1. 번역과 해석에서 번역주체와 해석주체

리쾨르 철학에서 주체의 문제는 그의 철학적 여정의 중심적 주제이다. 특히 상징 해석이나 텍스트 해석을 말할 때 리쾨르는 '해석하는 주체'의 문제를 중점적으로 언급하지 않은 적이 없었다. 그런데 베르만의 경우, 적어도 그의 주저에서 번역주체의 문제가 깊이 있게 다루어졌다고 보기는 어렵다. 베르만은 번역 활동을 하는 주체가 번역가라는 사실을 망각하지는 않으나, 그보다는 오히려 번역주체가 만들어내는 번역(혹은 그 과정)을 통해 하나의 문학이, 하나의 언어가, 하나의 문화가, 어떻게 다른 문학, 다른 언어, 다른 문화와 관계 맺는지에 대해 더 관심을 가진다. 그가 독일 낭만주의에서 가져온 Bildung 개념은 본래 한 주체의 세계관적 인식의 고양과 확장을 지칭하는 개념이지만, 베르만은 오히려 한 언어와 문화의 Bildung에 방점을 두고 있다. 역시 그가 강조하는 괴테의 "세계문학" 개념, 횔덜린의 무한한 넘나듦(infinite versability) 역시 번역을 통한, 언어 간 문화 간의 만남을 본질을 밝혀내기 위한 개념들이다. 클로소프스키, 횔덜린 등 구체적 저자들이 수행한 실제 번역들을 분석할 때에도, 베르만은 개별 번역자보다는 그들이 생산해 낸 번역이 담보하는 세계, 혹은 그 번역의 역사적 의의에 촛점을 맞춘다. 그의 관심사는 그들이 일구어낸 번역의 새로운 양상들이지, 번역 주체 자체는 아니었던 것이다.[30]

그런데, 베르만의 유고작에 이르러 상황은 조금 달라진다. 베르만에 의

---

30 이러한 측면은 베르만의 주저 *La traduction et la lettre ou l'auberge du lointain*와 *L'épreuve de l'étranger*에서 공히 발견된다.

하면 "번역 해석학(hermeneutique traductive) 의 과제들 중의 하나는 번역 주체를 위한 발판을 마련하는 것" 이며, 어떤 번역에 마주할 때 우리는 반드시 "'번역가는 누군인가'라는 물음"(la question qui est le traducteur)을 제기하여야 한다고 말한다.[31] 물론 그러한 물음이 어떤 방식으로 제기되어야 하는가에 대해서는 구체적 설명이 제시되지는 않는다. 하지만 베르만은 번역가를 "사회적 담화의 규범들의 중계자(relais) 및 그 규범들을 확립하고 인준하는 제도의 중계자"고 환원시키는 야니 브리세(Annie Briset) 같은 학자들에 동조하기를 거부한다.[32] 어쨌든 베르만이 '번역 주체(sujet traduisant)'라는 복합개념 안에서 '번역적(traduisant)'라는 쪽보다는 '주체(sujet)'에 좀 더 중점을 두었다는 점은 분명해 보인다. 다시 말해 베르만은 주체 개념의 핵심적 요소를 개별화(individuation)(즉, 모든 주체는 바로 여기 유일한 주체이다)의 개념, 반성의 개념(즉, 모든 주체는 '자기 자신'과 관계 맺는 존재인 하나의 자기이다), 자유의 개념(즉 모든 주체는 책임을 진다)으로 상정하며 이것이 번역하는 영혼(la psyche traductive)에도 적용된다고 설명한다.[33]

그러나 베르만은 철학적 차원에서 지극히 타당해 보이는 위의 지적에 머무를 뿐, 번역의 상황이나 번역 활동과 관련하여 주체 개념이 어떻게 논의되어야 할지에 대해서 거의 언급이 없다. 다만 "인간의 실존하기는 본질적으로 작

31 Berman, *Pour une critique des traductions*, p. 73.
32 *Ibid.*, pp. 59, 81.
33 *Ibid.*, p. 60.

품 안에서, 그리고 작품을 통한 실존하기이다"[34]라고 설명하며 선언적 차원에 머물고 있는 것으로 보인다. 특히 번역주체의 문제와 떼어내서 생각하기 어려운 '재번역'의 문제를 논하는 과정에서, 번역가의 개별성이 반영된 번역물 및 재번역물에 대한 논의를 통해 번역 과정을 통해 번역가가 스스로를 어떻게 자리매김하며, 궁극적으로는 번역가가 한 문학, 한 언어, 한 문화, 한 시대를 어떻게 감당하는지(또는 책임지는지)를 좀 더 해명했어야 한다는 아쉬움이 남는다.

반면 리쾨르의 경우, 베르만이 말한 주체의 3대 요소들, 즉 개별화, 자유, 반성을 빠짐없이 논의하고 있다. 특히 개별화의 경우, 베르만도 인용하듯, 리쾨르는 "스타일은 저자를 개별화시키는 노고이며 그래서 하나의 개인을 생산하는 노고인 것이다. 따라서 그것은 그 문체의 저자를 거꾸로 지목하게 해 준다"(Style is labor that individuates, that is, that produces an individual, so it designates retroactively its author)라고 분명히 밝히고 있다.[35] 한편 자유 개념(즉 책임지는 주체 개념)의 경우는 사실 리쾨르가 자신의 전 철학적 여정에서 수시로 언급하고 있는 문제이기에 그 일부를 발췌해서 말하기조차 어려울 정도이다.[36] 간단히 말하자면 몸을 가진(혹은 몸인) 주체는 다양한 동기에 근거하여 자신의 의사나 결정을 실행하며, 세계 안에서의 이 행위를 자신에게 귀속시킴으로서(attribute) 자신을 책임지는 주체로 간주하게 된다는 것이다. 뒤이

---

34 *Ibid.*, p. 39.

35 Ricoeur, *From text to action*, p. 82.

36 이와 관련하여 1950년 저작인 *Philosophie de la volonté I*과 1990년 저작인 *Soi même comme au autre*를 핵심 저작으로 꼽을 수 있다.

어 텍스트를 해석하는 주체의 자기 이해 문제, 즉 베르만이 말하는 주체의 반성성 문제야말로 리쾨르가 가장 천착했던 주제 중 하나이다. 리쾨르에게 있어 '이해한다는 것은 텍스트 앞에서 자기를 이해하는 것'("To understand is to understand oneself in front of the text")이다.[37]

여기서 핵심적 요소는 텍스트 해석을 통해 발견된 텍스트의 세계를 독자(해석 주체)가 수용하되, 자기 자신을 직관적으로 그리고 직접적으로 이해하는 것이 아니라 텍스트의 해석이라는 과정과 매개를 거쳐 이해한다는 것이다. 그렇다면 가장 주의 깊은 독자인 번역자 역시 원칙적으로 자신이 번역하는 텍스트를 통한 자기 이해에 도달할 수 있는가? 만일 그렇다면 이러한 번역가의 자기 이해는 해석하거나 읽기를 수행하는 사람의 그것과 동일한 것인가? 혹은 그 나름의 고유성을 가지는가? 이는 추후 우리의 연구과제로 남는다.

2.2. 번역과 해석을 거치면서 텍스트는 변화한다

베르만과 리쾨르를 비교하는 과정에서 언급할 수 있는 또 하나의 요소는 바로 번역과 해석을 거치는 과정에서 텍스트가 어떤 변화를 겪게 되는가의 문제이다. 베르만은 '그는 저자가 맞기는 하지만 원저자는 아니며'(He is an author, but never The Author)라고 하였으며, '번역 작품도 작품이긴 하지만 원작품은 아니다'(the translated work is a work but it is not The Work)라고 말한다.[38]

37 Ricoeur, *From text to action*, p. 88.

38 Berman, *The Experience of the Foreign*, p. 6.

일견, 번역가와 번역된 작품의 지위를 원저자와 원작의 그것보다 열등한 것으로 간주하는 듯한 오해를 불러일으키기에 충분한 발언이다. 하지만 이러한 오해는 그가 번역이 원작에 미치는 영향을 설명하는 대목에 이르러 해소된다. 벤야민이 자신의 「번역가의 과제」에서 직관적으로 설파한 것과 같은 맥락에서, 베르만은 원작이 번역되고 나면, 그 번역의 과정을 통하여 원작에게도 어떤 변화가 일어나게 되어 원작의 지속성, 생명력, 가치에도 영향을 끼친다고 설명한다. 분명 번역은 원작보다 시간적으로 뒤에 있으며, 따라서 작품이 후에 번역되는지 여부와 상관없이 원작의 작품성이 독립적으로 결정될 것 같아 보인다. 그러나 베르만은 경험적 차원에서 번역의 실제적인 가능성을 말하는 "번역 가능성"(linguistic translatability [traductibilité])보다는 번역됨직함이라는 개념(the concept of "translatability" [tradusibilité, *Übersetzbarkeit*])에 특별히 주목하는데, 이 번역됨직함을 가지고 있는 원작은 애초에 그것이 쓰였을 때부터 번역을 요청한다고 주장한다.[39] 역으로 설명한다면, 번역됨직하지 않은 원작, 번역을 요청하지 못하는 원작은 원전으로서의 가치도 그다지 높지 않다고 말할 수 있다. 번역을 통하여 '원작에 숨겨진 구조', 그리고 '원문의 언어에서 드러나지 않았던 무엇인가'가 드러난다는 점에서, 번역은 원전의 동일한 반복이 아니라 원전에 대한 차이 나는 반복인 것이다. 결국 베르만은 번역이 원작이 될 수 있다고 생각하지는 않지만, 원작이 번역과 무관한 관계를 가지는 것은 아니며,

---

39 *Ibid.*, p. 178.

번역은 원작의 "변신"(metamorphose)이라고 주장한다.[40] 따라서 베르만에게서 원작과 번역의 관계는 일방적이거나 위계적이거나 배타적이지 않다. 번역이 없어도 좋을 만큼 뛰어난 원전이 없다는 점에서 원전의 일방적인 존재론적 우위를 확보하기는 어려우며, 원전과 번역본은 서로 간의 차이와 독특성을 무시하거나 간과해도 좋은 일방적, 배타적 관계가 아닌, 근본적으로 상보적인 관계라는 것이다.

베르만이 번역된 텍스트와 원전 사이의 관계에 대한 근본적인 성찰에 초점을 맞추고 있다면, 리쾨르는 원텍스트와 그것을 해석해 놓은 텍스트[41] 사이의 차이나 관계에 대한 성찰을 명시적으로 제안하는 것 같지는 않다. 여기에는 여러 가지 이유가 있을 수 있다.

첫째는 번역의 결과물과 해석의 결과물이 존재하는 방식이 다르기 때문이다. 번역활동이 완수되면, 그 결과 독자적 읽기와 해석의 대상이 되는 (번역) 텍스트가 생산된다. 다시 말해 원 텍스트 이해의 완성도와 무관하게 번역문은 원 텍스트에 대해 현실태적으로 존재하게 되는 것이다. 반면 어떤 텍스트에 대한 해석이 반드시 새로운 텍스트의 생산을 낳지는 않는다. 해석은 논문, 비평, 주석, 심지어 번역(재번역) 등의 형태로 제시될 수도 있지만, 경우에 따라 현실화되지 않고, 잠재적 상태에 머무를 수도 있다.[42]

---

40 Berman, *Pour une critique des traductions*, p. 42.

41 프로이트의 원전들과 이를 리쾨르가 해석한 『해석에 대하여』 사이의 관계를 떠올려 보자

42 리쾨르는 *Sur la traduction*, Bayard, 2004; tr. E. Brennan, *On translation*, Routledge, 2006에서는 등가 개념이라는 것이 추정되고, 생산되는 것임을 강조하고, 번역문과 원문 사이의 의미적 동일성을 확

둘째, 리쾨르는 텍스트 해석을 통해, 그 텍스트와 관계 맺는 새로운 텍스트의 생산이나 그 성격을 묻기보다는 '텍스트의 제자로서 자기(le soi, disciple du texte)'를 얻는 방향에 더 강조점을 두고 있기 때문이다.[43] 즉, 해석을 통해 텍스트의 위상에 생기는 변화를 추적하기보다는 그 텍스트 해석이 해석 주체를 어떻게 변화시키는지가 리쾨르에게서 더 중요하다는 것이다. 해석의 주체는 해석의 대상이 된 텍스트와 무관하게 살아가는 것이 아니라, 그 텍스트에 대한 해석으로부터 좀 더 나은 삶의 전망과 관점들에 대한 가르침을 받는 제자가 되어야 한다는 것이다.

결론적으로 베르만의 경우 번역이 원전의 변신을 가능케 한다면, 리쾨르에게서 텍스트 해석은 (해석) 주체의 변신을 가능케 한다.

2.3. 좋은 번역 대(對) 나쁜 번역, 좋은 해석 대 나쁜 해석

베르만은 자신의 저작들에서 어떤 것이 좋은 번역이며 또한 번역을 어떻게 평가해야 하는지에 대해 자신의 관점을 밝히고 있다. 베르만은 자민족중심적(ethnocentric) 번역, 하이퍼텍스트적(hypertext) 번역 등 우리가 피해야 하는 번역들을 제시하는 우회적 방식으로 자신이 지향하는 번역이 무엇인지를 드러내기도 하나,[44] 다른 한편으로는 좋은 번역이 갖추어야 할 요건으로 시학

정지을 기준이 부재한다고 설명하고 있다. 이를 통해 리쾨르가 번역텍스트를 하나의 새로운, 독립적인 텍스트로 인정하는 것으로 충분히 추정할 수도 있겠다.

43 P. Ricoeur, *Réflexion faite: autobiographie intellectuelle*, Editions Esprit, 1995, p. 57.

44 이와 관련하여서는 *La traduction et la lettre ou l'auberge du lointain*, p. 29 이하를 참조한다.

성(poeticité)과 윤리성(ethicité)이라는 두 가지 잣대를 구체적으로 제시하기도 한다.[45]

베르만에게 있어 번역의 시학성은 '번역자가 원전의 텍스트다움(textualité)에 밀접하게 상응하여, 진정한 텍스트 차원의 작업을 실현했는지, 즉 텍스트를 만들어 냈는지' 에 근거하는 것이다. 이는 결국 베르만 번역철학의 핵심개념인 '문자의 번역' 즉, '시니피앙들 간의 놀이'에 철저히 주목하는 번역과도 연결된다. 한편 윤리성은 '원전에 대한 모종의 존중(a certain respect for the original)에 근거한다. 나쁜 번역이 메시지 전달이라는 미명 아래 이국 작품의 낯섦을 철저히 부정하는 번역이라면, 윤리적 번역이란 결국 그 낯섦을 긍정하는 번역이 될 것이다. 베르만은 이 두 기준이야말로 '원전과 그 언어에 상응'하는 번역, 혹은 '그런 상응 속에서 (번역) 작품을 만들어 내는 것'을 가능케 하는 기준이라고 설명한다.[46]

좋은 번역의 기준을 비교적 명료한 방식으로 제시하는 베르만과는 달리, 리쾨르의 경우 해석, 특히 "좋은" 텍스트 해석의 기준을 명료하게 제시하지는 않는다. 따라서 베르만의 그것과 의미 있는 비교가 가능한지 여부에 대해 혹자는 의문을 제기할 수도 있겠다. 그렇다고 해서 리쾨르의 설명이 소위 나쁜 해석과 좋은 해석을 구분하기 어려울 정도로 불투명하지는 않다. 기존의 해석

---

45 Berman, *Pour une critique des traductions*, pp. 92-93.
46 *Ibid.*, p. 94.

학에 대한 비판적 개진 속에서 리쾨르에게서 '나쁜' 해석이 무엇인지를 유추해 낼 수 있으며, 다른 한편으로 리쾨르가 개진하는 해석의 시도들 속에서 '좋은' 해석에 대한 그의 입장을 읽어낼 수 있기 때문이다. 리쾨르에게 있어서 나쁜 해석이란 텍스트를 해석에 열린 공간이 아닌 폐쇄적인 공간으로 간주하는 해석이다. 사실 텍스트 해석의 역사를 살펴보면, 텍스트의 생산자인 저자가 텍스트 해석에 있어서 줄곧 독점적이고 우월한 지위를 누려 왔던 것이 사실이다. 하지만 리쾨르는 텍스트가 저자만의 독특한 주체성의 표식이라는 점을 충분히 인정하면서도 텍스트 해석은 저자와 그 저자의 의도와는 일정한 거리를 유지해야 하며, 심지어 "테스트를 읽는 것은 그 저자가 이미 죽은 것으로 간주하는 것이다"(read a book is to consider its author as already dead)라고까지 말한다.[47] 텍스트의 해석을 저자의 의도로부터 철저하게 분리시키고자 하는, '텍스트의 의미론적 자율성' 개념과도 연결되는 대목이다. 저자의 의도에 얽매인 해석이 '나쁜 해석'이라면, '좋은 해석'은 무엇인가?

우선 '좋은 해석'이라는 표현에 리쾨르가 선뜻 동의할 지는 의문이나, 어쨌든 리쾨르가 지향했던 해석을 잠정적으로 '좋은 해석'이라 부르기로 한다면, 우리는 좋은 해석에 대한 단서를 리쾨르 스스로 자신의 해석학의 특징으로 규정한 '방법적 해석학'(herméneutique méthodique) 개념 속에서 찾아볼 수 있겠다. 앞의 논의에서 어느 정도 이야기한바 있지만 이것은 텍스트에 내재하는

47 Ricoeur, *From text to action*, p. 107.

담화의 형태나 구성 법칙을 찾아냄으로써, 텍스트에 대한 주관적이고 직관적인 접근을 가능한 한 배제하려는 시도이다. 방법적 해석학이란 결국 텍스트 스스로가 말하고 보여주는 텍스트의 세계를 독자나 해석자가 경청하고 발견하며 그것을 따르는 해석이다.

그렇다면 리쾨르의 방법적 해석학은 베르만의 윤리적, 시학적 번역과 어떻게 조우하는가? 방법적 해석의 궁극적 도달점은 앞서 언급한 대로, 인간 주체의 자기 이해의 새로운 길을 열어 나가는 것이다. 따라서 우리는 그러한 자기 이해가 얼마나 윤리적인지 또는 시학적인지를 물을 수 있을 것이다. 리쾨르는 텍스트가 제공하는 '새로운 가능성들을 통해 독자 자신이 충격받도록 허락하는 힘'(the power of allowing oneself to be struck by new possibilities)[48]을 주체에게 제공해 주기 때문에, '실존의 시학은 담론의 시학에 응답한다'(the poetics of existence responds to the poetics of discourse)[49]고 말한다. 즉, 텍스트에 담긴 담화가 제공해 주는 시학적 가능성에 대해 주체는 그 텍스트에 대한 해석을 통해 자신의 고유한 실존에 대한 시학적 가능성을 모색하는 것으로 응답한다는 것이다. 이는 해석이 가지는 시학적 성격의 문제뿐만 아니라 텍스트 자체가 실존의 시학을 가능케 하는 힘을 가진다는 말이다. 또 다른 측면에서 텍스트 앞에서의 자기 이해가 나의 세계와 텍스트의 세계 사이의 만남이나 충돌을 상정한다면, 주체는 자신이 아닌 타자에 의한, 타자를 통한 자기 이해를 선택했다는

---

48 Ricoeur, *From text to action*, p. 101.
49 *Idem.*

점에서 이미 타자에 대한 명백한 존중을 보여주는 것이고, 이런 측면에서 텍스트 앞에서의 자기 이해는 윤리적이라는 것은 분명하다.

결국 베르만과 리쾨르는 분명 좋은 번역이나 좋은 해석이 충족시켜야 하는 기준으로 텍스트가 주는 시학성과 윤리성을 공통적으로 강조하고 중시한다고 볼 수 있으나 그 두 요소가 충족되는 방식이나 위상은 서로 상이함에 틀림없다.

3. 결론: 해석과 번역, 해석학과 번역학의 상호침투(interpenetration)를 위하여

앞서 우리는 베르만과 리쾨르가 어느 지점에서 만나고 어느 지점에서 서로 다른 길을 걷는지를 개략적으로 살펴보았다. 번역과 해석이 본질적으로 다르며, 따라서 두 영역이 서로 무관하다고 전제한다면 본 연구는 무의미하다. 하지만 번역과 해석, 넓게는 번역학과 해석학이 어떤 지점에서 서로 수렴하고 분기하는지를 성찰해 보는 본 연구를 통하여 우리는 두 학문분과의 개별 영역에서는 드러나지 않았던 몇 가지 측면들이 드러남을 확인하였다.

베르만은 번역의 본질을 '열림, 대화, 혼혈, 탈중심'이라는 점증적 강도의 개념으로 설명하며 결국 번역은 '관계 맺음 이외에 아무것도 아니다'라는 말로 끝맺는다.[50] 역으로 말하면 '관계 맺음'이라는 것이 열림과 대화, 혼혈과 탈

50 Berman, *L'épreuve de l'étranger*, p. 18.

중심을 통하여 가능하다고 볼 수 있다. '자민족중심적 번역'에 대한 베르만의 비판을 떠올려 보면 출발언어와 도착언어 사이의 관계들이 무엇을 지향하는지 충분히 짐작할 수 있다. 모국어는 우선 낯선 언어에로 열려야 하고, 대화를 나누어야 하며, 새로운 수혈과 몸섞기를 통해 자신이 변형되는 것을 감내해야 하며, 결국 자신의 중심에서 벗어나야 하고, 자신이 중심이라는 소박한 믿음에서 벗어나야 한다는 것이다.

번역이 한 언어와 다른 언어들 간의 '관계 맺음'을 지향한다면, 해석은 텍스트 해석에 의해 주어진 텍스트 세계가 한 주체로 하여금 자기 자신에 대한 직관적이고 직접적이며 주관적인 인식을 탈피하게 하고 매개적이며 간접적이며, 보다 객관적인 인식을 얻도록 돕는 것이라고 할 수 있다. 따라서 텍스트는 한 주체에게 가르침을 주는 스승이고, 그것을 해석하는 주체는 제자로서 그 가르침을 전수받는다고 말하지 않았던가? 번역의 본질이 언어들 간의 '관계 맺음'이라면, 해석을 통하여 분명 기존의 자기 이해와 (텍스트 해석을 통한) 새로운 자기 이해 사이의 '관계 맺음'이 가능해 진다고 볼 수 있다. 더 나아가 베르만에 의한 번역의 '관계 맺음'이, 언어 간의 그것을 넘어서서, 문화 간, 세계 간의 '관계 맺음'까지 확장되는 것처럼, 리쾨르의 해석 역시 하나의 자기 이해와 또 다른 자기 이해 사이의 '관계 맺음'에 머물지 않고, 한 주체와 다른 주체 간의 '관계 맺음'으로 확장될 수 있음이 이미 다른 맥락에서 논의된 바 있다.[51]

---

51 이미 이런 생각의 상당 부분이 리쾨르가 *Soi-même comme un autre*(1990)에서 전개되고 있는데, 본질적으로 하나의 자기(un soi) 와 또 다른 자기(un autre soi) 사이의 변증법을 주장하고 있는 것이다.

결국 관계 맺음이란 그것이 번역에서의 경우처럼 언어 사이에서건, 해석의 경우처럼 자기 이해들 간의 차원이든, 고대로부터 철학을 움직이게 한 근본적 물음, 즉 동일자(le Même, The Same)와 타자(l'Autre, The Other)의 문제의 현대적 부활이나 재현에 다름 아니라고 주장한다면 우리가 과장되게 말하는 것인가?

번역에 관해 리쾨르가 베르만을 주요 저자로 참고하는 이상, 또 베르만이 자신의 '번역해석학'의 사상적 근원을 리쾨르 해석학으로 제시하는 이상, 본 연구는 향후 진행될 보다 심층적 차원에서의 비교 연구를 위한 하나의 출발점이 될 것이라고 믿는다.

제3장.

원전 대(對) 번역본: 번역의 형이상학

앞에서도 잠시 그 물음을 제기한 적이 있지만, 왜 우리는 번역자와 번역 활동 그 자체를 주제적으로 주목하지 못하는가? 그것은 번역 행위 그 자체 안에 그리고 이를 이론적으로 성찰해온 짧지 않은 학문적 시선 안에 이분법, 아니 근원적인 이원성이 존재하기 때문이다. 번역을 진지하게 수행하는 그 누구나가 절감하는 이원성이 존재하며, 또한 이런 번역 실무와 관행을 이론적으로 성찰하는 번역 연구자들이 피할 수없이 마주하는 이원성의 문제가 존재한다. 다시 말해, 번역의 문제에서는 원전 대(對) 번역본, 원저자 대(對) 번역자 사이의 관계에 대한 기나긴 성찰과 물음의 역사가 있어왔다. 단적으로 말해, 원전과 원저자는 플라톤 형이상학에서 이데아의 지위와 위상을 간직해왔다고 볼 수 있다. 일자(一者)인 원전, 원저자에 비해, 번역본과 번역자는 다(多)임에 틀림없다. 후자의 좋고 나쁨은 모델인 전자에 대한 닮음과 유사사성의 정도에 따라 정해지기 때문이다. 번역 평가의 진정한 기준이 원전임에는 의심할 나위가 없다는 것이다. 이런 플라토니즘에 대한 전복은 불가능한 것인가? 재번역은 닮음의 실패에서는 절망적인 노력인가?

이 심오한 물음에 답하기 앞서 우리는 번역자가 독자를 우선시하며 보다 자유롭게 하는 번역을 할 것인가 대(對) 원전의 언어적 형식에 충실한 번역을 할 것인가 라는 이원성에도 마주한다. 달리 말하면, 내용 대 형식, 의미(관념) 대 문자, 독자(또는 번역자) 대 저자, 번역본 중심 대 원전 중심, 심지어는 번역가능성 대 번역불가능성이라는 이원성이 바로 그것이다. 아마 이를 플라톤적 이원성이라 불러도 좋으리라. 물론 이때 "플라톤적"이라 함은 플라톤 형이상학에 대한 특정의 한 해석에 기반을 둔 것이긴 하다. 번역 행위와 번역연구에는 이런 이원성과 그것이 제기하는 문제가 늘 자리잡고 있었다. 이제 우리는 번역 자체와 번역자의 비가시성을 좀 더 잘 설명해 줄 수 있을지 모르겠다. 다시 말해 번역의 현장에는 물론이고 번역연구에는 언어 간의 근원적 차이와 특이성으로 이해 번역이 도대체 가능하겠냐 하는 물음에서부터 출발언어의 내용이나 의미 또는 관념을 중심으로 번역해야 하느냐 아니면 원전에 충실하게 그 언어적 형태나 문자에 맞게 옮겨야 하느냐는 물음이 아포리아처럼 버티고 서 있는 것이다. 또한 아무리 훌륭한 번역이라 하더라도 원전을 대체하거나 그것과 같을 수는 없다는 직관과 판단이 자리잡고 있어서, 결국 번역이란 아무리 잘해도 원전의 모방에 불과하다는 인상과 평가가 떠나지 않게 되는 것이다. 이런 형국에서 아무리 번역자의 노고와 악조건, 심지어 탁월한 부지런함을 읊은들 원저자의 권위나 가치에 비할 바가 못 된다. 번역자가 저자임에는 틀림없지만, 그는 원자저의 존재론적 우위를 넘어설 수 없게 될 운명에 처해 있는 것이다. 실상 모든 원전이 텍스트 차원에서 그 자체로 더 훌륭한 것도 아니고, 모든 번역본이 마찬가지로 그 자체로 더 못한 것도 아닌데도 말이다. 번역과 번역자의 비가시성을 극복하려면 원전과 저자의 신화를 전복할 새로운 번역의 철학이 나와야만 할 것이다.

번역이 가지는 존재론적 물음은 여기서 끝나지 않는다. 우리는 흔히 번역을 외국어인 원문을 모르는 독자를 위하는 것이라는 상식적 공감이나 주장을 수용하는 데 큰 어려움이 없다. 과연 독자가 원문의 의미를 충분히 인지하거나 그 정보를 충분히 가지고 있다면 원전의 존재이유는 더 이상 없는 것인가? 번역의 진정한 존재 이유가 독자로 하여금 원문을 참조하게 하거나 원문에 새롭게 다가갈 기회나 경험을 면제시켜 주기 위한 것인가? 언어와 말이 독자나 청자를 향해 있다는 사실 그리고 그들을 요구한다는 사실 자체는 새로운 논점이 아니다. 오히려 이제는 거꾸로 이렇게 물어야 할지도 모른다. 원작이 그 이름에 걸맞아지려면, 원작이 번역을 요구하는 것이 아닌가? 다시 말해, 번역됨직하지 않은 원작은 그 진정한 원작성에 도달하지 못한 것이 아닌가? 이런 맥락에서 번역됨직함은 원작의 본질적 가치이자 성격이어야 한다고 주장한다면 무리인가? 몇 세기 전에 르낭(Renan)은 '번역되지 않은 작품은 절반쯤 쓰인 것에 불과하다'라고 말한 적이 있다. 여기서 번역이 원작을 추종하는 운동의 하수인이나 종(從)이 아니라, 원작의 원작성을 지배하는 요소로서 등장한다고 주장한다면 지나친 것인가?

1. 플라톤의 언어론: 번역철학적 관점에서 비판적 읽기

베르만 같은 번역철학자의 작업을 '번역에 대한 철학적 사유', 혹은 '번역철학'의 범주로 분류하는 것에 대해서는 큰 이견이 없을 것이다. 반면 '언어철학'은 어떤가? 언어철학을 '언어에 대한 체계적이고 일관된 성찰'로 정의한다면 베르만의 성찰에는 분명 언어철학적인 요소들이 담겨 있다. 그렇다면 어떤 성격의 언어철학인가? 여기서 우리는 베르만의 언어에 대한 성찰이 집약적으로 소개되어 있는 'L'essence platonicienne de la traduction'이라는 논문을 살펴보고자 한다.[1] 이 논문의 제목으로부터 성급한 추론을 해서는 안 된다. 이 논문이 암시하는 것처럼 플라톤이 직접적으로 번역의 본질에 대해 명시적으로 언급한 적은 없다. 그러나 베르만은 감각계와 가지(可知)계, 개별자와 보편자를 구분하는 플라톤의 형이상학이 오늘날의 언어관과 번역관에 어떠한 영향을 미쳤는지를 치밀하게 분석해 나간다. 베르만의 분석은 아래와 같다.

플라톤의 형이상학은 감각적인 것과 비감각적인 것, 개별적인 것과 보편적인 것, 신체적인 것과 영혼적인 것을 구분한다. 플라톤에게 있어서 철학함의 본질은 전자에서 후자로 이행하는 것이다.[2] 플라토니즘의 입장에서 보자면 모든 자연언어는 감각적인 부분과 비감각적인 부분으로 이루어진다. 사실 이러한 이분법 자체는 플라톤의 형이상학 전반에 걸쳐 드러나는 것으로 그다지 새로운 것은 아니다. 중요한 것은 플라토니즘의 본질이 감각적인 것보다 비감각적인 것에 존재론적 우위를 두고 있다는 점이다. 이를 언어에 대입할 경우 언어에서 감각적인 부분에 해당되는 것은 소리와 문자(le son et la lettre)이고 비감각적인 것에 해당되는 것은 의미작용과 의미(la signification et le sens)가 된다.[3] 보편자, 불변자를 추구하는 플라토니즘의 연장선상에서 번역이나 언어를 바라볼 경우, 비감각적인 '의미'가 감각적인 '소리'나 '문자'보다 우위를 점하게

---

1 A. Berman, 'L'essence platonicienne de la traduction', *Revue d'esthétique*, 12, 1986: 63-73.

2 본고에서 논하고자 하는 플라톤의 언어관은 『크라틸로스』(*Cratylos*) 편에서 제기되는, 언어가 사물과 맺는 관계가 관습적이냐 본래적이냐 하는 논의라기보다는 플라톤의 형이상학 일반을 통하여 유추해 낸 그의 언어관과 번역관이다.

3 Berman, 'L'essence platonicienne de la traduction', p. 64.

되며, 여기서 한발 더 나아가면, 자연언어의 복수성에도 불구하고 '변하지 않고 영원한 것'은 의미이지 소리나 문자가 아니라는 결론에 이르게 된다. 다시 말해 시니피앙은 언어마다 다르고 개별적인 것이어서 진정한 고려의 대상이 되지 못하는 반면, 개별 언어들로부터 독립적으로 존재하는 시니피에만이 보편적으로 존재하는 것으로 상정되는 것이다. 결국 언어기호는 동일한 시니피에를 간직하면서도 상이한 여러 시니피앙으로 대체되거나 교환될 수 있다고까지 말할 수 있게 된다. 이것이 플라토니즘에 입각한 언어론의 핵심이다.

이상에서 소개된 내용은 베르만이 플라톤의 형이상학을 통하여 그의 언어론이나 번역론을 유추해 낸 것에 불과하다. 그러나 베르만의 성찰의 정수는 바로 플라톤의 형이상학에 대한 비판적 읽기를 토대로 고유의 번역철학을 구축해 낸 데에 있다.

번역은 기본적으로 언어 안에서, 보다 정확히는 언어를 '통해서' 이루어지는 것이다. 따라서 언어를 바라보는 관점이 번역을 바라보는 관점에 영향을 주지 않을 수는 없을 것이다. 그렇다면 이러한 플라톤적 언어관이 번역에 적용되면 어떠한 결과를 초래하게 되는가? 이를 아래와 같이 몇 가지로 정리할 수 있겠다.

첫째, 플라토니즘은 다양한 자연 언어적 외피들이나 외관들은 사멸할 수밖에 없으며, 인간 언어를 언어이게 하는 불변적 요소는 의미라고 상정한다. 따라서 언어가 가지고 있는 모든 개별적, 우연적 요소를 제거하고 남는 불변적이고 보편적인 의미를 옮기는 것이 번역 작업의 본질이 된다. 번역자는 다양한 언어들 속에 담겨 있는 의미를 찾아내어 이를 또 다른 언어의 시니피앙들로 표현해야 한다. 구체적인 자연언어의 개별성이나 특이성에 주목하지 않고 그것을 넘어서서(meta, trans/tra) 보편적인 '의미'를 찾는 것이야말로 번역의 임무라는 것이 바로 플라톤적 번역담론인 것이다. 플라톤의 번역담론을 '형-이상학적 운동으로서의 번역'(translation as meta-physical mouvement)으로 정리한 베르만의 분석은 결코 부당한 것이 아니다.[4]

두 번째는 첫 번째로부터 파생된 결과로, 플라토니즘에 따른 언어관은 결국 원전텍스트의 기의와 기표가 맺고 있는 고유한 관계를 부정하게 된다. 플라톤적 논리에 따르면 원문에서건 번역텍스트에서건 기표와 기의는 서로 분리 가능한 것이 된다. 하지만 베르만은 원문텍스트 안에서 의미는 문자에 밀착되어 있고 하나의 텍스트나 작품(oeuvre)으로서의 원문은 일회적이며 고유하며 대체 불가능하다는 점에 주목한다. 따라서 베르만은 기표와 기의가 분리된다고 보는 플라톤적인 시각이 의미가 고유한 방식으로 문자와 결합되어 있는 원전언어의 고유성을 간과하고 있다고 지적한다. 그 누구도, 심지어 카프가도 『변신』을 다시 쓰지는 않았다. 카프카는 단 한번 유일하게 『변신』을 썼을 뿐이다. 셰익스피어의 『햄릿』에서 의미와 문자 사이의 관계는 워낙 밀착되어 있어서 제2의 『햄릿』을 꿈꾸기란 불가능하다. 베르만의 표현을 빌자면, 원문텍스트는 기표와 기의가 고유하게 결합된, '문자의 법칙'에 지배되는 것이다.

---

4 *Ibid.*, p. 70.

2. 플라톤을 넘어서기: 번역, 원전을 넘어서다

앞서 우리는 번역이라는 것이 낯선 것과의 관계맺음을 통해 부단히 움직이는 일종의 탈중심 운동임을 확인하였다. 그렇다면 이러한 운동의 과정에서 과연 무엇이 옮겨지는가? 낯선 단어가, 문장이, 텍스트가 모국어로 옮겨졌다고 할 때, 그것은 무엇을 옮겼다는 것일까? 단순히 의미가 옮겨진 것일까?

번역을 통해 옮겨진 것은 단순한 의미가 아닌 하나의 세계이다. 따라서 번역을 통하여 체험의 장(場)의 확장되고, 의미지평은 확대되며, 새로운 사유방식이 도입되고, 새로운 시니피앙의 규칙이 생성된다. 이 점을 가장 예리하게 포착한 저자로 우리는 발터 벤야민을 언급할 수 있다. 벤야민 스스로 번역한 보들레르 작품의 번역에 서문으로 쓰인 「번역가의 과제」[5]라는 짧은 에세이는 번역에 대한 당대의 고정관념을 뿌리부터 뒤흔드는 전복적 주장들을 내세운 파격적인 텍스트로 인정받고 있다. 벤야민은 이 글에서 번역이 원문을 이해하지 못하는 사람들을 위한, 즉 일반 독자들을 위한 것이라는 통념, 번역은 그저 낯선 언어로 된 작품의 의미를 재현하거나 포착하는 작업이라는 통념에 강하게 이의를 제기한다. 여기서 우리는 벤야민의 독특한 번역 성찰을 따라가면서, 동시에 벤야민의 문제제기를 충분한 고증과 자료를 통해 답변한 프랑스 번역(철)학자 앙트완 베르만의 성찰도 함께 검토해 보고자 한다.

---

5 국내에는 3개의 번역본이 존재한다. 반성완 편역, 「번역가의 과제」, 『발터 벤야민의 문예이론』, 민음사, 1983; 황현산·김영옥 옮김, 「번역가의 과제」, 『번역비평』, 창간호(2007년 가을), 고려대학교출판부, 2007; 최성만 옮김, 「번역가의 과제」, 『언어일반과 인간 언어에 대하여/번역자의 과제 외』, 길, 2008.

벤야민은 기본적으로 번역이 원문을 이해하지 못하는 독자를 위한 것이라는 기존 통념에 이의를 제기한다. 만일 번역이 단지 원문을 모르는 사람들을 위한 것이라면 예술 영역에서 원문과 번역이 간의 서열은 명백해 보이며, 심지어 동일한 것을 반복하는 것이 번역의 유일한 이유인 것처럼 보인다는 것이 벤야민의 지적이다.[6] 한마디로 번역이 원문을 동일하게 반복하는 것이라면, 번역이 종료된 후에는 번역이 원문을 대체하고 원문은 폐기되어야 맞다. 그런데 실제로 그런가? 물론 경우에 따라 번역이 모국어 공간에서 그 원전이 그 해당 모국어에서 해왔던 역할과 기능을 할 수 있을지도 모른다. 그렇다면 원문은 사라져도 좋은가? 원전과 번역이 맺는 독특한 관계에 대해 베르만은 르낭(Renan)을 다음과 같이 인용하며 물음을 던진다.

> 르낭은 "번역되지 않은 작품은 절반만 출판된 책이다"라고 말하였다. 번역만이 채울 수 있는 이 심오한 결핍은 무엇인가? 작품의 어떤 감춰진 얼굴이, 텍스트의 어떤 이면이 번역을 통해 드러나야만 하는 것일까?[7]

시간적 질서만으로 보자면, 분명 번역은 원전보다 나중에 존재한다. 그런데 베르만이 언급한 반대 방향으로의 영향, 다시 말해 원문이 번역됨으로써,

---

6 W. 벤야민, 「번역가의 과제」, 반성완 옮김, 『발터 벤야민의 문예이론』, 민음사, 1983, p. 319.
7 A. 베르만, 『낯선 것으로부터 오는 시련: 독일 낭만주의 문화와 번역』, 윤성우·이향 옮김, 철학과현실사, 2009, p. 360.

번역문이 다시 원문에게 미치는 영향은 도대체 어떤 것일까? 잠시 벤야민의 이야기를 들어보자.

번역은 하나의 형식이다. 번역을 하나의 형식으로서 파악하기 위해서는 우리는 원문에까지 소급하지 않으면 안 되는데, 왜냐하면 원문은 번역을 지배하는 법칙, 즉 원문의 번역가능성을 내포하고 있기 때문이다. 하나의 작품이 번역될 수 있느냐 없느냐 하는 문제는 이중적 의미를 지니고 있다. 우선 문제가 되는 것은, 모든 독자들 사이에서 그 작품에 적합한 번역가를 찾을 수 있을 것인가 하는 점이고, 다음으로 문제가 되는 것은—이것이 보다 더 본질적인 문제이다— 그 작품이 그 작품의 본질의 측면에서 번역을 수용하는가의 여부와, 결과적으로 그 작품이 번역을 요구하고 있는가 하는 점이다. 첫 번째 문제는 원칙상 우연적으로 해결될 수 있는 성질의 것이지만, 두 번째 문제는 필연적으로 해결되지 않으면 안 되는 성질의 것이다. 단지 피상적으로 생각하는 사람만이, 후자의 문제가 갖는 독립적 성격을 부인하면서, 이 양자의 문제가 동일한 의미를 지니는 것이라고 설명할 것이다.[8]

여기서 벤야민 주장의 핵심은 원작이 내재적인 요구로서 그리고 그 필연적 형식으로서 번역을 요청한다는 것이다. 원작의 가치는 번역됨으로써, 번역을 통하여, 오히려 번역에 의거하여 증대된다는 것이다. 베르만의 논리에 따르자면 번역을 요청하고 요구하는 원작만이 진정 가치 있는 원작이 된다.

---

8 벤야민, 「번역가의 과제」, p. 319. 필자가 다소 번역을 수정하였다.

그런데 만일 정말 특정한 원전이 번역을 요구한다면, 그리고 그 요구에 따라 번역이 이루어진다면, 이렇게 탄생한 번역은 그 원전에게 어떤 변화를 일으키는가? 다시 말해, 한 작품이 다양한 외국어로 번역되고 나면 원전에 어떤 영향을 미치게 되는가?

벤야민은 "원작의 영원한 삶과 언어의 끝없는 재생에 점화하는 것"과 "새로이 언어의 성스러운 성장을 시험해 보는 것"이 번역의 역할이라고 규정하면서도 번역과 원전과의 관계에 대한 구체적 설명을 제공하지는 않는다.[9] 다행스럽게도 벤야민이 제기한 물음에 대한 부분적 해답을 우리는 벤야민의 번역철학을 계승한 베르만에게서 찾아낼 수 있다. 베르만은 "번역이 원 텍스트의 숨겨진 구조를 드러내고", "원전을 다른 각도에서 돌려보게 만듦으로써, 원전의 이면(裏面)을 밝혀"준다고 설명한다.[10]

번역이라는 것이 원전에 대한 동일한 반복에 불과하다면 번역이 원전을 넘어서는 것은 원칙적으로 불가능하다. 원전을 동일하게 반복하는 것이 번역이라면 그것은 불경스런 모방에 지나지 않는다. 그러나 번역은 원전을 '차이 나게' 반복한다. 독서와 독서자의 방향과 관점 그리고 목적에 따라 원전이 달리 읽히듯, 번역가는 원전을 매번 다르게 읽는다. 따라서 가다머(H. Gadamer)가 "모든 번역은 그 자체가 이미 해석이며, 번역자가 자신의 언어를 통해 도달한 해석

---

9 벤야민, 「번역가의 과제」, p. 325.
10 베르만, 『낯선 것으로부터 오는 시련』, p. 23.

의 완성"라고 말했을 때,[11] 해석의 '완성'은 최종적이거나 확정적인 것이 아니다. 번역은 숙명적으로 새로운 읽기의 가능성을 열어둘 수밖에 없는 것이다.[12] 번역이 만들어내는 이러한 차이가 바로, 원전이 번역으로부터 얻어내는 것이다. 베르만은 원작이 "스스로 번역됨으로써 자신을 넘어서서 어떤 곳에 놓이게" 된다고 말한 바 있다.[13] 다시 말해 하나의 작품은, 번역되는 경험을 통해, 그 작품이 쓰인 (본래의) 언어와 맺는 관계를 넘어서서 자신으로부터의 소외[14]를 성취해 낸다는 것이다. 이런 의미에서 번역은 원전을 자신의 외부에, 자신의 바깥에 서 볼 수 있게 만든다. 이것이야말로 번역을 통해 원문이 얻게 되는 것이며, 바로 이러한 이유로 번역은 원 작품보다 우월할 수도 있는 것이다.

괴테는 네르발의 『파우스트』 번역을 두고서, 그리고 쉴러의 『발렌슈타인』의 영역본을 두고서, 독일어 원문이 '재생'된 것 같다고 평했다고 한다.[15] 번역이 원전을 넘어설 수 있다는 벤야민의 대담한 서술의 원조는 어쩌면 괴테였을지도 모른다. 원전이 번역을 통하여 다시 생생하게 되거나 젊어지는 이유, 다시 말해 원전보다 더 생생한 번역이 나오는 이유를 베르만은 다음과 같이 설명한다.

---

11 H.-G. 가다머, 『진리와 방법』, 제2권, 임홍배 옮김, 문학동네, 2012, p. 302. 우리는 다음의 불어판과 독일어 원전을 참조하였다. H.-G. Gadamer, *Verité et méthode*, tr. P. Fruhcon, J. Grondin et G. Merlio, Seuil, 1996, p. 406; *Wahrheit und Methode*, eds. J. C. B. Mohr and P. Siebeck, 1990(19601), pp. 387-388.

12 P. 리쾨르, 『번역론: 번역에 관한 철학적 성찰』, 윤성우·이향 옮김, 철학과 현실사, 2006, p. 82.

13 베르만, 『낯선 것으로부터 오는 시련』, p. 219.

14 *Ibid.*, p. 256.

15 *Ibid.*, p. 133.

첫째, 번역이 원문이 가진 형식(운문성 및 산문성)의 재생까지 염두에 두며, 원문을 진정한 방식으로 닮으려고 노력하기 때문이다. 이때 닮으려는 모방의 방식은 "원문의 저자가 자신의 모국어와 맺고 있는 내밀한 관계 속으로, 말하자면 저자가 자신의 사적 언어를 공동의 공적 언어로 집중하여 변모시키는 영역 속으로 침투"함으로써만 이루어지는 모방의 방식이라는 것이다.[16]

둘째, 이때 번역은 원전을 "보다 본원적인 시간, 그 작품이 처음 탄생의 때와도 같이 새것으로 보이는 시간 속에 위치"시키기 때문이다.[17] 이런 작업을 통하여 번역은 원문이 "본래 다다르고자 했던 지향"을 통찰하게 된다.[18] 이때 이 낯선 작품의 지향하는 바를 두고 번역자는 원작자와 겨루어 볼 수도 있고, 다른 (언어를 사용하는) 번역자와 다른 입장에 놓일 수도 있을 것이다. 이것이 바로 번역의 고유한 공간일 수 있으며, 번역 작업만이 원전과 가지는 고유한 체험일 수 있는 것이다.

셋째, 번역은 원작이 본래 쓰였던 태생적 언어의 한계나 유한성, 경험적 부식토로부터 원작을 떼어 놓는 탈착근(脫着根) 운동을 수행하기 때문이다.[19] 다시 말해 원작을 스스로의 유한성을 넘어선 어느 곳에 옮겨 놓는 작업이 바로 번역인 것이다. 이때 번역은 원작을 한계짓는 암묵적인 이해망과 지시관계

---

16 *Ibid.*, p. 215. 베르만은 번역을 침투(pénétration)로 규정하고, 비평을 접근(approche)에 비유한다.
17 *Ibid.*, p. 134.
18 *Ibid.*, p. 224.
19 *Ibid.*, p. 201.

망[20] 또는 경험적 층위[21]로부터 자유로워진다. 다르게 말해 원작의 유한성에서 오는 무게로부터 작품을 분리해 내어 원작이 스스로 향하는, 지향하는 바로서의 작품의 이데아, 원문의 근원으로서 이데아 또는 작품 자신의 진리를 포착하게 하는 일을 번역이 수행한다는 것이다.[22] 바로 여기에서 번역이 원작을 넘어설 수 있는 원칙적 가능성의 기회가 포착된다. 물론 원작이 가지는 순수하고도 완결적인 특성이 번역의 과정에서 은폐되거나 폭력이 가해질 수도 있다.[23] 하지만 번역의 그런 폭력가능성 자체가 원작의 근원 및 이데아 발견가능성을 폐쇄하지는 못할 것이다.

우리는 베르만을 인용하는 것으로 결론을 대신하고자 한다.

번역이 원작을 그 경험적 발생지로부터 분리시켜 가져오는 것은 그것을 또 다른 언어의 경험성 속에 다시 심기 위해서인 것이다. 물론 하나의 작품이 자신의 모국어로부터 떨어져 나와 새로운 언어 속에서 구현되면서 일종의 섬광이 발생하고 지상의 모든 언어들로부터 멀리 떨어져 나와 지극히 순수하게 정신을 투영하는 언어를 통하여 그 작품의 순수한 결정체를 엿보게 되는 것은 사실이다.[24]

---

20 *Idem.*
21 *Ibid.*, p. 217.
22 *Idem.*
23 *Ibid.*, p. 347.
24 *Ibid.*, p. 252.

3. 나오는 말: 번역은 원문의 번역

번역이 원문의 번역임에는 틀림없다. 이때 '원문의'에서 '의'는 소유격이다. 그렇다고 원문이 주인이고 번역이 종(從)인 것은 아니다. 또한 번역이 원문의 동일한 것을 반복하는 대체나 대리의 관계도 아니다. 오히려 모국어는 번역을 통하여 낯선 것과 관계 맺음으로 인해 스스로 차이를 만들어가고, 원문은 번역됨으로써 스스로 의식하지 못했던 지향점을 번역 안에서 확인할 수 있는 있게 되는 것이다. 원문의 언어에서건, 번역어인 모국어에서이건, 자기 아닌 다른 것, 낯선 것과의 관계를 통하지 않고서는 그 자신을 정의하거나 그 자신의 정체성을 찾기란 어려운 것임을 번역의 작업이 보여준다.

제4장.

번역의 '목적'과 그 의미

번역의 목적이 반드시 원작의 추종성이나 도착언어 독자의 수월한 이해를 위해 존재하는 것이 아니라면, 과연 무엇이어야 하는가? 번역의 목적은 어찌 보면 해석학에서 말하는 작품이나 텍스트의 존재 이유나 목적과도 긴밀한 연관이 있다고도 볼 수 있다. 작품의 존재론적 텔로스(telos)가 독자나 관객의 감상에 놓여 있다고만 말할 수 있는가? 만약 그렇다면 작품의 번역의 텔로스도 작품의 의미나 메시지의 전달이나 원저자의 의도나 의사를 번역자가 잘 파악하여 전달하는 것으로 충분히 추론할 수 있을 것이다. 하지만 번역의 과정은 원작의 탄생 이후 번역자가 그 원작의 언어를 배우고 익히며, 자신의 언어로 다시 가져오는 운동의 경로를 가진다. 이때 번역자는 과연 원작의 의미나 원작의 메시지만을 전달하려고 노력하는가? 그것은 아마도 번역의 필요조건인지도 모른다. 번역이 번역이기 위한 필요조건으로서 우선 번역은 '말이 돼야 한다', 아니 '말이 통해야 한다'. 이 물음은 어떤 작품의 '해석'이나 작품에 대한 대우가 작품의 의미나 메시지 파악으로 종결되느냐 하는 물음과 같은 선상의 것이다. 그것은 원작품이나 번역된 작품의 긴 생명의 시작에 불과한 것이 아닌가?

번역의 과정에서 만나게 되는 가장 핵심적인 철학적 물음중의 하나는 의미가 무엇이냐는 것이다. 이미 언어를 언어 기호(signe linguistique)이라 부른 소쉬르 같은 언어학자들에게서 기의(signifié) 또는 개념(concept)으로 이해된 바 있는 것이다. 이는 번역 활동에 있어서 번역자들의 번역 대상으로서의 실체인 의미를 소쉬르적인 의미에서 기표(signifiant)를 제외한 언어의 어떤 부분으로 이해된 것이다. 서양 철학에서 흔히 언어의 의미를 대상이나 사물' 그리고 넓은 의미에서의 세계로 이해하는 실재론적이거나 대응설적 주장이 없지는 않지만, 번역철학이 관심가지는 번역 작업에서 화두가 되는 의미가 무엇인지는 언어들 간의 만남, 접촉, 대면을 통해서 어떤 것들이 언어들 사이에서 오고 가는지에 대한 이해를 전제로 할 때만이 유의미한 질문이 될 것이며, 우리는 그 점을 탐구해 볼 것이다.

원전의 가치에 무게를 두는 이론가들, 특히 독일 낭만주의에 깊이 영향을 받은 이론가들, 특히 "독자를 저자에게로 가야 한다"는 슐라이어마허나, "원문의 형식을 옮겨야 한다"(「번역가의 과제」)는 벤야민과 함께 일반적으로 원천주의자(sourcier)로 분류된다.[1] 프랑스의 번역학자 베르만도 여기에 속하며, 프랑스의 자민족중심주의적 번역전통을 비판하고 '문자의 번역'을 주장한 저자는 기본적으로 문학번역, 더 구체적으로는 작품의 번역을 연구대상으로 삼고 있다.

한편 독일 기능주의 학파를 중심으로 태동한 스코포스(skopos) 이론은 DTS와 함께 현대적 의미의 번역학의 양대 축을 이루는 중요한 이론으로, 출발텍스트 중심의 번역담론을 도착텍스트 중심으로 이동시키는데 핵심적 기여를 한 중요한 이론이다. 번역에 대한 철학적, 사변적 담론에 맞서, 이제까지 등한시되어 왔던 실용적 텍스트의 번역, 번역 교육, 번역가의 선택에 영향을 주는 다양한 요소들을 번역학 안으로 끌어들인 스코포스 이론은 번역에 대한 이론 담론과 실무 사이의 격차를 좁히는데 기여한 이론이다.

---

1 J.-R. Ladmiral, *Sourciers et ciblistes*, Revue d'esthétique, 12, 1986, p. 39.

스코포스 이론의 경우, 지나치게 '원전'의 이해에 골몰하던 자국(독일)의 철학적, 형이상학적 번역담론들이 실제 번역을 수행하는 번역사의 현실과 동떨어져 있으며, 따라서 현실 속에서 제기되는 어떤 문제도 해결해 주지 못한다는 자각에서 출발한다. 스코포스 이론이 번역학 내에서 개진된 기존의 이론들과 달리 실무자들로부터 큰 호응을 얻었던 이유는 번역들이 고민하는 즉 어떻게 번역할 것인가, 그리고 어떻게 가르칠 것인가의 문제에 그 어떤 이론보다도 명확한 답을 제시해 주었기 때문이다.

1. 원전의 지위

현대적 의미의 번역학이 성립되기 이전의 번역담론들은 주로 '원전'의 이해, 혹은 원저자의 이해 문제에 골몰하였다. 주로 문학번역에서 진행되어 온 이러한 논의들은 번역문을 원전으로부터 파생된 '종속적' 지위를 부여하였고, 번역사의 운신의 폭을 제한한 면이 있다. 그런데 스코포스 이론가들은 원전과 원저자의 의도에 얽매이지 않을 뿐만 아니라, 오히려 경우에 따라서는 그것과 무관하게 독립적으로 번역활동의 목적을 규정함으로써 새로운 목적론적 '전환'을 가져왔다고 볼 수 있다. 이들의 주장을 자세히 살펴보자.

스코포스 이론은 원문에 지나친 중요성을 부여하던 기존의 번역담론 비판하면서 "원문의 폐위(detronement de l'original)"을 표방하였다. 스코포스 이론가들에게 원문은 단지 정보의 제공(offre d'information) 그 이상 그 이하도 아니다. 원문의 폐위라는 것이 일종의 "정치적" 행위, 다시 말해 원저자와 번역자, 원전과 번역문 간의 위계 관계의 전복을 천명하는 것으로 이해된다면, 스코포스는 도착텍스트의 정치적 복원을 주장한다고 볼 수 있다. 이는 원문과 번역문이라는 텍스트들간의 관계를 넘어서 저자와 독자가 가져왔던 종전의 관계에 대한 재설정을 요구하게 된다.

스코포스 이론은 그동안 근대적 문학해석이나 근대 해석학에서 (원천)텍스트 해석이나 읽기에서 근본적 준거점이었던 저자의 의도(mens autoris)와 그 권위를 철저히 해체(와해)시킴으로써, 이 준거점을 고객, 독자, 수용자, 발주자, 번역자의 그것으로 자연스럽게 옮겨간다. 번역이 도착문화와 도착어를 포함하는 수용자 상황에 의해 결정된다는 스코포스 이론은 원문과 저자를 탈신성화, 탈신화화함으로써 번역 활동을 추동하는 동력의 무게중심을 원전에서 도착문으로, 저자에서 독자(또는 번역자)에게로 이동시켰다. 이는 어찌보면 원전의 지위를 끌어내리면서 도착텍스트의 지위를 복원하는 길이 아니겠는가?

2. 스코포스 이론과 윤리의 문제

번역담론에서의 윤리 문제는 "좋음"(bon), 또는 "지향점"(visée)의 문제와 연결된다. 물론 핌 같은 학자는 이런 문제를 "의무론적"것으로 지칭하는 것으로 만족한다. 예를 들어 베르만을 기존 번역학자와 가장 차별화시키는 특징은 윤리 문제를 전면에 내세웠다는 것이다. 베르만에게 있어서 윤리적 번역이란 크게 다음의 세 가지로 요약된다.

첫째, '의미'의 포착으로 이해되는 플라톤적 번역에 맞서는 번역이다.

둘째, "타자를 타자로서 있는 그대로 인정하고 받아들이는 것"인 만큼,[2] 낯선 언어의 "문자에 천착"하는 것,[3] 다시 말해, "운율적 구조를 새로운 형식으로 옮겨내고," 그것의 "시니피앙들 간의 유희"를 옮겨내는 번역이다.[4]

셋째, 낯선 것, 먼 것, 타자적인 것이 거주할 수 있는 공간을 모국어(도착언어) 안에 마련하는 번역이다. 결국 베르만의 번역윤리는 이미 서양의 중요 문화언어로 자리잡은 영어, 프랑스어, 독일어, 스페인어 등 이 언어들이 다른 나라 언어를 번역할 때 요구되는 윤리라고 볼 수 있다. 이렇듯 베르만에게서의 좋은 번역, 윤리적 번역은 타자 언어의 존중을 그 척도로 삼는 반면, 스코포스 이론가들은 번역가가 달성해야 할 목표가 좋은지 나쁜지에 대한 판단을 배제한다. 이들에게 있어서 좋은 번역이란 주어진 스코포스를 충족시키는 번역이다. 모나 베이커는 "스코포스 이론의 기저에 있는 윤리는, 차가운 로봇 윤리 같고, 반인간적 가치중립적 윤리"라고 말한다.[5]

그런데 여기서 "가치중립(value free)"라는 것은 어떤 의미인가? 그런데 과학이 가치 중립적일수 있나? 그러고자 한다는 것 역시 가치판단 아닌가?

근본적으로 윤리적 존재인 인간의 행위를 토대로 하는 이론이라면서, 윤

---

2 A. 베르만, 『번역과 문자: 먼 것의 거처』, 윤성우·이향 옮김, 철학과현실사, 2011, p. 107.

3 *Ibid.*, p. 111.

4 A. 베르만, 『낯선 것으로부터 오는 시련: 독일 낭만주의 문화와 번역』, 윤성우·이향 옮김, 철학과현실사, 2009, p. 18.

5 H. J. Vermeer, *A skopos theory of traslation (Some arguments for and against)*, TextconText vrlg., 1996, p. 107.

리의 측면을 이론의 바깥으로 몰아내는 것은 문제다. 번역이 행위(action)이고 그 행위가 이 사람이 하는 것이라면 수많은 결정이 내려질 것이고 그 결정은 가치중립적일 수 없다. 이런 맥락에서 스코포스 이론의 2기라고 할 수 있는 노드(C. Nord)에 이르러 '로열티'(loyalty) 개념이 추가된 이유를 생각해 볼 필요가 있다. 결국, 스코포스 이론에서 번역은 단지 수단, 따라서 번역을 통해 드러나는 타자성에 대한 고민이 결여되어 있는 이론일 수 있는 것이다. 단지 번역의 용도, 기능 등이 중요할 뿐이다.[6]

3. 번역학의 인식론적 지위

베르만과 스코포스이론가들은 일찍부터 번역학이라는 학문이 무엇을 지향해야 하는지에 대한 성찰을 시작하였다. 이들의 번역학에 대한 입장은 전자는 개별주의로, 후자는 보편주의로 요약할 수 있겠다.

우선 스코포스 이론가들은 이들의 주저의 제목에서도 드러나듯이 기본적으로 '일반 이론'(general theory)을 구축하는 것을 번역학의 궁극적 목표로 설정한다. 다시 말해 통역과 번역, 보다 구체적으로는 문학번역과 실용번역을 모두 관통하는 보편적 이론이 가능하다고 믿고 다양한 통번역 행위를 설명하는 공통적 개념틀이나 규칙을 찾아내려 하고 있다. 물론 이들이 문화나 언어와 관계있는 개별 이론의 존재 자체까지도 부정하는 것은 아니다.[7] 다만, 번역

---

6 Vermeer, *A skopos theory of traslation*, p. 81.

7 "통번역 이론에는 문화쌍 및 언어쌍으로부터 독립적인 일반 이론과 문화쌍 및 언어쌍과 관계가 있는 개

학이라는 학문은 우선적으로 '일반이론'을 탐구하여야 한다는 입장인 것이다. 라이스와 페어메어 같은 학자들은 개별 텍스트들을 초월하여 유효한 등가성 기준을 찾으려는 것은 '유토피아적 모험'이라고 규정하며, 등가가 아닌 스코포스(skopos)로 이동한다.[8]

이렇듯 모든 상황을 포괄하는 이론을 구축하려는 시도가 가지는 한계가 있다. 스코포스나 목적 개념을 그와 상반된 모든 개념들을 포괄할 정도로까지 확장한 결과, 스코포스 개념을 반박하기도 어렵지만, 개념의 설명력이 그만큼 떨어지고, 결국에는 아무렇게 쓰이는 개념으로 전락할 우려가 있다.

스코포스 이론이 이렇듯 경험적 방법에 입각한 보편적 이론의 도출에 집중하는 것과는 달리, 베르만이 구축하고자 하는 자신만의 Traductologies는 탈 경험적(de-empirique), 탈 일반적(de-general) 성향을 드러낸다.[9]

물론 이때 사유(pensée)란 반성적 사유, 즉 번역자 자신이 자신의 번역작업 전반(자신이 번역하는 언어들, 문화들, 세계관들 등등)에 대한 자기 반성적 사유를 뜻한다. 따라서 보편성보다는 개별성 중시한다. 베르만은 더 나아가 "일반적이고 보편적인 번역이론"(une théorie globale et unique du traduire)을 구축하고자 하는 시도를 비판하면서, "번역의 공간은 비각역적으로 복수적이며, 혼

별 이론이 있다. 여기에서는 오직 일반이론만 다룰 것이다." K. 라이스 & H. J. 페어메어, 『일반 통번역 이론 기초: 스포코스 이론』, 안인경·정혜연·이정현 옮김, 한국외국어대학교 출판부, 2010, p. 2.

8 라이스 & 페어메어, 『일반 통번역 이론 기초: 스포코스 이론』, p. 136.

9 A. Berman, *La Traduction et la Lettre. Ou l'Auberge du lointain*, Seuil, 1999, p. 17.

질적이며, 통합이 불가능하다"고 강조한다.[10] 번역공간의 개별성과 복수성을 존중하는 베르만의 성찰적 태도는 일반지향적 이론을 주창하는 스코포스 이론의 태도와는 맞지 않지만, 일반성의 지향의 이론도 복수적 번역공간 안에서 가능한 담론들 중에 하나로서 포용가능하다는 것이 베르만의 인식론적 입장이라고 봐야 할 것이다. 베르만과 스코포스에게서 '이론'(theorie)는 다르게 정의된다.

스코포스 이론가들에게 있어서 이론의 출발점은 어디까지나 실무이며 실무는 번역담론의 출발점이자 귀착점이다. 번역학의 중심이 실무이며 스코포스 개념의 '적절성'은 실무를 통해 검증되었음을 여러 예시를 통하여 증명해 내고 있다.

4. 번역자의 지위

사실 번역자의 지위에 관한 스코포스와 베르만, 이 두 진영의 논의는 앞서 논점이었던, 원전의 지위(따라서, 도착문의 지위와의 관계)와 어느 정도 연동되어 있다. 스코포스 이론에서 가장 두드러진 공헌이나 기여중의 하나가 도착문의 지위 회복이라면, 이 도착문의 구현을 이루어 내는 번역자의 역할은 스코포스 이전의 번역학 논의에서와는 달리 분명 증대되는 방향으로 전개된다. 따라서 원저자에게 주어졌던 모든 우선권이나 우선성은 철회되며, 새로운 결

10 A. Berman, 'La traduction et ses discours', *Meta*, 34(4), 1989, p. 674, 정치 공간에서 인간들의 복수성(pluralité)은 한나 아렌트가 주장한다.

정적 심급으로서 번역자가 등장한다. 번역문이 원전에 대해 가지는 “비의존성”(independence) 정도에 비례해서 번역자가 원저자에 대해 독립성을 가지게 된다는 중요한 논점 등장하게 된다. 이제 번역을 수행하면서 번역자는 원저자를 더 이상 지향하지 않아도 된다. 오히려 번역자는 독자, 출판사, 의뢰인 등과 새로운 관계-물론 이를 새로운 “의존적”관계라 부를 수도 있다-를 가지게 된다. 하지만 이는 번역자가 자신의 번역행위가 위치하는 맥락에나 상황에서 어떤 원전을, 어떤 목적으로, 어떤 용도로, 누구를 위하여, 어떤 방식으로 번역할지를 번역자가 결정하는 다양한 변수—예전에는 물론 원전과 원저자의 의도가 거의 유일한 상수였다—를 가지되었다는 점을 보여준다. 다시 말해, 번역의 행위가 원저자가 아닌, 번역자를 둘러싼 여러 변수들에 의해 결정지워진다는 점이다. 더 이상 원전과 원저자에 대한 충실이냐 배반이냐가 유일한 선택지가 아니라, 번역자가 “능동적”으로 고려하거나 선택할 수 있는 다양한 요소가 분명 증가했고 그중에서 일정하게 그 선택이 번역자에게 주어졌다는 점에서 스코포스 이론에서 번역자의 지위는 단연 주목할 만하다.

스코포스 이론에서 번역자의 지위에 관한 입장이 단번에 그리고 의심에 여지없이 명시적이고, 전면에 위치하고 있다면, 베르만에서 그것에 관한 논의는 *Pour une critique des traductions: John Donne*에 와서야 명시적이게 된다. 벤야민의 「번역자의 과제」로부터 그토록 많은 시사점과 영향을 받은 저자로서 “번역자”에 대한 입장이 그렇게 늦게서야 등장하는 것은 놀랄 만한 일이다. 베르만은 번역하는 자는 누구인가(la question qui est le traducteur?)라는 물음을 제기하면서 번역 행위에 있어서 번역자를 안내하는 제반의 요소들에 대한 번역자의 "자각적, 의식적" 선택을 강조하는 스코포스 이론의 그것과 어느 정도 큰 흐름을 같이 한다고 볼 수 있다.[11] 하지만 베르만은 번역을 비평의 수준으로 도달케 하려는 목적을 삼은 번역비평이라는 새로운 맥락에서 번역자의 정체성/누구임은 "번역의 지위, 번역의 기획, 번역자의 지평"(la position traductive, le projet de traduction, l'horizon du traducteur)이라는 세 가지 요소를 해명하면서 밝혀진다고 주장한다. 번역의 지위에 관해, 베르만은 번역자의 번역행위가 가지는 의미, 목적 그리고 그 형태와 방식이 전적으로 번역자 개인에 속하는 것으로 보지는 않는다. 다시 말해 번역자의 누구임은 번역자가 자신에게 부여하는 스스로의 의미나 목적만으로 다 설명되는 것 아니라는 점에서 번역을 둘러싼 "역사적, 상회적, 문학적, 이념적 제 담론"에 대한 성찰을 주장한다. 번역기획(le projet de traduction)에 관해, 베르만은 번역의 방법(comment), 번역의 결과물(consequences)을 밝히게 하는 번역자의 번역 기획이라 말한다.[12] 번역자의 지평(l'horizon du traducteur)에 관해, 베르만은 번역자의 "느낌, 행위, 사유 등을 '규정짓는' 언어적, 문학적 문화적, 역사적 파라미터의 총체"라고 제시한다.

결론적으로 원저자에게 부여된 지나친 중요성을 부정하고 번역사의 능동적 역할을 강조하고자 했던 스코포스 이론이 오히려 번역사를 단순한 커뮤

---

11 A. Berman, *Pour une critique des traductions: John Donne*, Gallimard, 1995, p. 74.

12 Berman, *Pour une critique des traductions*, p. 76.

니케이터의 수준으로 전락시킨 것은 아닌지하는 의문을 지울 수 없다.

5. 나오는 말

스코포스 이론은 기본적으로 번역교육의 효율화라는 구체적 목표를 염두에 두고 만든 이론. 어찌 보면 베르만과 문제지형이 다르다. 스코포스 이론이 실무해설적, 문제해결적 이론이라면 베르만은 학문적 자의식을 토대로 한 인식론적, 반성적 이론이다. 또한 스코포스 이론이 번역학이라는 학문이 실무적 차원에서도 유용할 수 있다는 점을 훌륭히 증명해 낸 이론이라면, 베르만은 번역학에 대한 학문적 자의식을 바탕으로 인식론적, 반성적 성찰을 시도해 냈다는 점에서 양 진영이 서로 다른 방식으로 번역학이라는 학문이 온전한 학문으로 구축, 성장되는 데 기여했다고 볼 수 있다. 이런 점에서 스코포스 이론과 베르만의 상보성은 어느 정도 구축될 수 있다고 본다. 각자가 스스로에게 묻지 않은 것을 답하는 이론일 수 있다는 것이다. 본 연구는 이러한 양 진영 간의 변증법적 대화를 시도한 연구이다. 스코포스 이론이 번역의 'How'에 대한 이론이라면, 베르만은 'Why'의 문제에 답한다. 이 비교의 성과는 무엇인가? Why 물음에만 집착하다 보면 공허할 수 있다, How에만 집착하다 보면 방향성 없이 맹목적일 수 있다.

제5장.

번역윤리와 그 패러다임

과연 번역의 진정한 목적이 '타자성과 낯섦을 교육하는 것'이라면 번역자의 역할이나 번역자가 지향해야 할 점에 대한 논의가 필요할 것이다. 그 논점은 두 가지이다. 첫째, 번역자는 자기 언어의 평온함이나 편리함을 벗어나서 다른 언어와 작품이 드러내는 낯선 세계를 밝혀내는 능력을 가져야만 하는데 이것은 단순히 외국어 능력은 아닐 것이다. 우리는 외국어를 잘한다고 해서 반드시 번역을 잘 해내는 것은 아니라는 것을 거의 직관적으로 알고 있다. 타자성과 낯섦에 예민하고 그것에 기꺼이 교육받으려는 자세를 가지되 이로부터 그 타자성을 우리의 것으로 바꾸어 옮기는 능력이야말로 번역 능력이라 잠정적으로 규정하고자 한다.

또 하나의 중요한 논점은 번역자는 번역활동을 통해 번역자로서 원작이나 원저자, 또는 독자에 대해 해서는 안 되는 일(금지) 또는 해야만 하는 일(의무), 더 나아가 번역자가 지향해야 할 도달점으로서의 '번역윤리'가 무엇인지를 조명하는 것이다.

1. 왜 윤리가 화두인가?

20세기 들어 언어학, 정신분석학, 인류학, 철학을 포함한 인문학의 가장 큰 화두는 언어였으며, 그러한 관심은 언어적 전회(linguistic turn)로 명명되는 인문학의 대대적 방향전환으로 이어졌다. 그러나 과학기술의 폭발적 발전이 전(全) 지구적 차원에서 체감되면서, 기후 및 환경 문제, 인간과 동물의 생명 및 그 보살핌의 문제, 다양한 갈등과 반목으로 인한 전쟁과 테러 문제 등이 핵심적 화두로 떠올랐다. 21세기에는 환경윤리, 생명윤리, 의료윤리, 동물윤리, 전쟁 상황에서의 윤리의 문제를 대면해야 하는 '윤리적 전회'(ehical turn)를 맞고 있다 해도 과언이 아니다.

1970년대 유럽에서 탄생한 번역학 역시 윤리 문제를 우회할 수 없다. 서로 다른 두 언어가 만나는 번역의 공간에 서게 되면, 그 만남이 어떤 방식으로 이루어져야 하는가를 묻지 않을 수 없기 때문이다. 더욱이 타자의 언어를 만나는 것이 인간조건이 되어버린 오늘날, 번역윤리 문제가 번역학의 핵심적 화두로 떠오른 것은 어찌 보면 당연한 일이다.

'번역윤리'라는 개념의 포괄성을 염두에 둘 때, 이 주제를 다루는 방식 역시 무한히 다양할 수밖에 없다. 이를 모두 개괄하는 것은 불가능에 가까운 일이므로 본 연구에서는 필자가 지속적으로 관심을 가져왔던 지점, 즉 철학과 번역학의 접점에서 번역윤리 문제를 다루어보고자 한다. 윤리라는 주제의 성격상, 이 지점이 이 문제를 고찰하는 최적의 좌표라는 판단 하에 시작된 본 연구는 크게 세 부분으로 구성된다.

첫 번째 장에서는 번역학 탄생 이전에 철학의 영역에서 번역윤리 논의를 개진한 저자들[1]의 성찰을 살펴보고자 한다. 여기서는 지면의 한계상 벤야민

1 철학적 지평에서 번역 문제를 고민한 저자로 콰인, 데리다 등도 추가적으로 언급할 수 있겠으나 여기에서는 번역학에 비교적 직접적 영향을 미친 철학자들의 논의에 집중하기로 한다. W. V. O. Quine, 'Translation and Meaning', in *World and Object,* MIT Press, 1960; J. Derrida, 'Des tours de Babel and trans.' in Joseph F. Graham ed., *Diffference in Translation*, Cornell University Press, 1985을 참조할 것. 콰인에 대한 번역학 쪽의 연구로는 A. Pym, *Epistemological Problems in Translation and Its Teaching: a Seminar for Thinking Students*, Caminade, 1993을 참고하고, 하이데거 관련 연구

(Benjamin), 리쾨르(Ricoeur), 레비나스(Levinas) 등 '형이상학적'[2] 번역윤리 담론의 핵심적 저자들을 개괄하고자 한다.

두 번째 장에서는 이들의 논의가 어떻게 번역학 안으로 스며들었는지를 고찰하려 한다. 여기서는 주로 번역학의 영역에서 철학적 성격의 번역윤리 담론을 개진한 베르만(Berman)과 베누티(Venuti) 등 소위 '문화론적' 성격의 번역윤리 담론을 고찰해 보고자 한다.

세 번째 장에서는 이후 번역윤리 담론의 향방을 개략적으로 기술하면서 특히 번역학에서 번역의 공간을 정치적/공동체적 장(場)으로 인식하고 윤리 논의를 전개한 핌(Pym), 베이커(Baker), 체스터만(Chesterman)의 주요 성찰들을 살펴보고자 한다.

2. 현대 철학에서의 번역윤리

현대철학자들 중 번역윤리 문제를 명시적으로 언급한 저자는 소수에 불과하다. 그러나 그 몇 안 되는 철학자들이 결코 무시할 수 없는 무게감을 가진 저자들이라는 것은 반가운 일이 아닐 수 없다.

로는 E. Escoubas, 'Traduction et Histoire de la verité', in *Questions heideggeriennes-Stimmung, logos, traduction, poésie*, Herman, 2010을, 번역학 쪽에서의 데리다 관련 연구로는 K. Koskinen, *Beyond Ambivalence: Postmodernity and the Ethics of Translation*, University of Tampere, 2000을 보라.

2 벤야민, 레비나스, 리쾨르의 논의를 '형이상학적' 번역윤리담론으로 분류하는 근거는 그들의 '언어', '번역', '환대' 개념 등이 특정 언어 혹은 그 번역을 염두에 두지 않고 '언어 일반', '번역 일반'을 다루고 있기 때문이다.

「기술복제시대의 예술작품」(1936)의 저자로 잘 알려져 있는 벤야민은 보들레르와 프루스트의 번역자이기도 하며, 번역학계에서도 종종 인용되는 에세이 「번역자의 과제」(1923)의 저자이기도 하다. 보들레르의 *Tableaux Parisiens* 독일어 번역본의 서문으로 발표된 이 에세이는 제목이 암시하는 바와는 달리, 번역행위의 주체인 번역자보다는 텍스트로서의 번역이 궁극적으로 지향하는 바를 논하는데 초점이 맞추어져 있다. 번역이 기본적으로 원전을 이해하지 못하는 사람들을 위한 것이 아니라는 파격적 주장으로 시작되는 이 에세이에서 벤야민은 번역이 원전과 동일한 것을 전달하거나 원전을 대체하기 위해 존재하는 것이 아니라고 주장한다.[3] 이렇듯 급진적 주장을 토대로 개진된 벤야민의 독특한 번역윤리론을 우리는 '번역됨직함(translatability)', '방식(mode)', '순수언어(pure language)' 등 세 가지 키워드로 개괄하고자 한다.

우선 '번역됨직함'이란 일반적으로 특정 작품이 실제 번역 가능한가 여부를 의미하는 '번역가능성'으로 이해되고 종종 번역되지만, 벤야민에게서 이 개념은 원(原) 작품이 번역되어야만 하는 근거나 이유를 설명하기 위한 개념으로 독특하게 사용된다. 어떤 작품이 번역되는 이유는 그 작품 안에 번역될 만한 자질이나 요소가 들어 있기 때문이라는 것이다. 한마디로 원 작품에 담겨 있는 어떤 요소가 번역을 '요청'한다는 것이다.[4] 원작품이 그 자체로 뛰

3 W. 벤야민, 「번역자의 과제」, 『언어 일반과 인간의 언어에 대하여/번역자의 과제 외』, 최성만 옮김, 길, 2008, p. 121.

4 *Ibid.*, p. 123.

어나서 번역된다기보다는, 거꾸로 어떤 원전이 번역을 요청한다는 자체가 바로 그 원전이 작품으로서 가치 있음을 증명한다는 것이다. 그리고 이렇듯 원전의 요청에 의해 탄생하는 번역은 결과적으로 원전의 "언제나 새롭게 자신의 가장 뒤늦으면서도 포괄적인 단계"를, 다시 말해 원전의 새로운 삶, 사후의 삶(Überleben)을 가능케 한다.[5] 즉 번역은 원전에게 일어나는 우연적 사건이 아닌 본질적 운명인 것이다.

벤야민 번역윤리론의 두 번째 키워드는 '방식'이다. 벤야민은 단순히 원전의 의미를 재생하는 번역이 아니라 "그 세부에 이르기까지 원작이 의도하는 방식을 동화"시키는 번역을 지향한다.[6] 한마디로 원전에서 의미가 드러나는 방식이 번역문 안에서도 그대로 되살려져야 한다는 것이다. 이는 벤야민이 언어 그 자체의 궁극적 요소를 의미(sense)나 뜻(meaning)이 아닌 말(word), 형상(image), 어조(tone)로 보고 있음을 드러내 주는 대목이다.[7] 이렇듯 언어의 본질이 '정신'이 아닌 '살'에 있다고 믿는 이상,[8] 벤야민에게 윤리적 번역이란 소쉬르적 의미에서의 기표(signifiant), 더 정확히는 서로 다른 기표들이 관계 맺는 방식을 존중하는 번역일 수밖에 없다. 이것이 바로 개별 언어의 고유한 의미작용을 존중하고 고려하는 번역윤리를 정립하려는 벤야민의 독특한 관점이며,

---

5 *Idem.*
6 *Ibid.*, p. 137.
7 *Ibid.*, p. 140.
8 여기서 '정신'은 언어 기호의 소위 '의미적', '관념적' 부분을, '살'은 언어 기호의' 물질적', '질료적' 부분을 가리킨다.

벤야민의 성찰을 독특한 '원문중심주의'로 분류하는 근거이기도 하다.

벤야민 번역윤리의 마지막 키워드는 저자의 짧은 에세이에서 가장 많은 오해와 논쟁을 불러일으킨 '순수언어'라는 개념이다. 맥락에 따라 진정한 언어(one true language, the true language) 등과 혼용되는 순수언어는 다양한 자연 언어들이 서로 관계맺음을 통해 도달하고자 하는 궁극적 지평 역할을 한다. 벤야민 스스로도 순수언어라는 것이 번역사가 당장 규정하거나 도달할 수 있는 것이 아니라고 밝히고 있음에도 이것이 번역이 이르러야 할 궁극적 지평으로 제시되는 이유는, 이 개념이 개별언어에 대한 중요한 사실을 환기시키기 때문이다. 그것은 모든 개별언어가 단지 '보다 더 큰 언어의 파편들', '사기그릇의 파편 부분들'일 뿐이라는 사실이다.[9] 이 은유는 어떤 조각, 어떤 개별언어도 다른 한 조각, 혹은 다른 개별언어를 온전히 대체할 수 없음을 명확히 환기시킨다.

그런데 이렇듯 대체 불가능한 조각들을 연결 짓는 작업이 번역이라면 번역은 결코 부차적 작업일 수 없다. 번역을 통해 어떤 독특한 수렴(a distinctive convergence)이 진행되어 서로 다른 언어 간의 선험적 근친 관계(a priori kinship of language)를 향해 가면서 순수언어에 가까이 갈 수 있기 때문이다.[10] 이렇듯 언어들 간의 수렴이나 근친성을 상정하는 벤야민의 시각은 해석하기에 따라 언어들 간의 통일성(unity)이나 하나됨(oneness)을 지향하는 메시아적, 종말론적 시각으로 오해될 위험도 없지 않다. 그럼에도 불구하고 벤야민의 성찰은 서

---

9 *Ibid.*, p. 137.
10 *Ibid.*, p. 126.

로 다른 개별언어에 대한 중대한 깨달음을 준다. 하나의 조각은 다른 조각과 다를 뿐만 아니라, 서로에게 없어서는 안 될 부분들이라는 것, 어떤 자연언어도 홀로 존재할 수 없다는 것, 오히려 한 언어는 여타 언어와 '다른' 것이 될 때, 다시 말해 다른 언어의 타자가 될 때 진정한 언어로 설 수 있다는 점이다.[11] 개별 언어들은, 벤야민 식으로 말하자면, 번역 불가능할 만큼 완벽한 타자는 아니면서도, 서로 간의 차이만큼이나 상보적인 존재인 것이다.

벤야민에 이어 현대해석학을 대표하는 프랑스 철학자 리쾨르 역시 번역 윤리 문제를 명시적으로 반성한 철학자 중 하나이다. 리쾨르의 번역 윤리에 관한 성찰은 2004년에 출간된 저서 『번역론: 번역에 대한 철학적 성찰』에 집약적으로 제시되어 있다. 여기서는 그의 번역윤리론을 '시련(test)', '다원성(plurality)', '언어적 환대(linguistic hospitality)'라는 세 가지 키워드로 살펴보고자 한다.

리쾨르에 따르면 번역은 늘 일종의 시련(test, experience, épreuve)[12]이다.[13] 리쾨르에게 큰 영향을 준 베르만의 저서 『낯선 것으로부터 오는 시련』의 제목에도 등장하는 시련은 타자, 낯선 언어와의 접촉에 늘 수반되는 불편함과 고통을 의미한다. 리쾨르는 타언어가 주는 시련을 '회상', '애도' 등의 프로이트의 용어들을 빌어 설명하며, 번역이야말로 신성한 모국어에 대한 도전이자 공격,

11 이 대목은 뒤이어 전개될 리쾨르의 (언어)다원성, 언어적 환대 개념과도 맥락을 같이하는 부분임에 틀림없다. 리쾨르가 순수언어에 대해 비판적인 것은 사실이나 언어 간에 환원 불가능한 차이와 상호보완성을 강조한 벤야민의 관점에 반대하지는 않을 것이다.

12 베르만과 리쾨르의 저서에 등장하는 프랑스어 épreuve 를 영어로 옮기는 일은 간단치 않다. 이 책의 영역자는 épreuve를 'experience'로 옮긴 반면 리쾨르의 저서의 영역자는 이를 'test'로 옮겼다.

13 P. 리쾨르, 『번역론: 번역에 관한 철학적 성찰』, 윤성우·이향 옮김, 철학과 현실사, 2006, p. 70.

그리고 그에 따른 일정 정도의 상실을 감내하는 것이라는 결론에 이른다. 번역은 어찌 보면 모국어가 주는 안락함을 포기하고 모국어로부터 떠나는 체험이다. 이 체험을 통해 나와 나의 모국어는 처음으로 '바깥'에 자신을 위치시킨다. 결국 모국어의 자기완결성과 자기충족성을 포기하는 시련을 감수하는 것이 리쾨르 번역윤리의 첫 번째 키워드가 된다.

두 번째 키워드는 다원성, 보다 구체적으로는 언어다원성의 수용이다. 리쾨르는 언어적 다원성 개념을 통해 완벽한 언어, 완벽한 번역 이념을 반박하고, 여러 언어들 중 하나로 존재할 수밖에 없는 자연언어의 태생적 조건, 그리고 그로 인해 파생되는 번역의 필요성을 강조한다. 리쾨르는 바벨 사건을 긍정적 사건으로 바라보며 "언어가 가진 반성적 능력, 다시 말해 언어가 언제든지 스스로에 대하여 논할 수 있고, 거리를 둘 수 있고, 그럼으로써 모국어를 기타 여러 언어들 중의 하나처럼 간주할 수 있는" 가능성에 주목한다.[14] 자신의 언어가 유일한 것이 아님을 인정하는 이러한 반성적 거리두기야말로 타자, 타언어, 타문화에 대한 열림의 시작이다. 나의 모국어가 여러 언어 중 하나에 불과하다는 통찰은, 나의 언어로 말해질 수 없는 것이 다른 언어로 말해질 수 있으며 역으로 다른 언어가 말할 수 없는 것을 나의 언어가 말할 수 있음을 인식하는 것이다. 이 낯선 다른 언어의 세계는 번역을 통해서 우리에게 열리며, 번역을 통해서 내 자신의 언어의 지평이 확장되는 것이다.[15] 이런 논리에 따른다면 번역

---

14 *Ibid.*, p. 97.
15 *Ibid.*, p. 21.

은 특정언어가 다른 언어를 위해 봉사하거나 복무하는 일방적 관계가 아닌, 내 언어와 상대방 언어의 상호적 '빌둥'(*Bildung*) 관계를 토대로 한다.[16]

리쾨르 번역윤리론의 세 번째 키워드는 길지 않은 그의 저서에서 세 번이나 등장하는 '언어적 환대'라는 개념이다.[17] 언어적 환대란 "이국의 언어를 모국어라는 자신의 집에 맞아들임으로써 타자의 언어를 체험하는 기쁨을 누리는" 것이다.[18] 앞서 시련으로 규정되었던 번역이 여기서는 일종의 환대의 기쁨으로 기술되는 것이 역설적으로 느껴질 수도 있겠다. 번역은 모국어에 시련이 가해지는 것에서 출발하는데 어떻게 다른 언어를 받아들이는 즐거움으로 끝날 수 있는가? 그런데 시련과 즐거움은 역설적일 수는 있으되 모순적이지는 않다. 번역의 처음이 시련으로 다가오는 것은 나의 모국어가 자기보존 논리에 기반하고 있기 때문이고, 그 끝이 즐거움일 수 있는 것은 번역을 통하여 자기 각성의 차원으로 이동이 가능하기 때문이다. 어찌 보면 낯선 타자를 기쁘게 맞이하는 것은 진정한 환대가 시작되기 위한 필요조건일 뿐이다. 낯선 타자를 환대함으로써 자신에 대해 배우는 것, 타자를 만나기 전에는 몰랐던 내 안의 낯선 것을 발견하는 것, 리쾨르 식으로 표현하자면 미개적 상태로 남겨진 모국어의 자원을 발견하는 것, 이것이 바로 환대의 충분조건일지도 모른다.[19] 낯선 것

---

16 독일 관념론과 고전주의 및 낭만주의에서 등장하는 중요개념으로 보통 학계에서는 '교양'(教養), '도야'(陶冶), '문화', '형성' 등으로 옮긴다. 한국어로는 빌둥을 '형성'으로 옮기는 것이 가장 본래의 의미에 근접하겠으나, 여러 번역어 중 하나를 자의적으로 선택하는 것이 어려워 원어의 발음을 그대로 옮긴다.

17 *Ibid.*, pp. 88, 89, 129.

18 *Ibid.*, p. 89.

19 *Ibid.*, p. 115.

이 주는 시련, 낯선 것의 환대가 없다면 우리는 안락한 모국어 안에 자족하게 되고, 우리 자신의 언어가 가진 낯섦에 무뎌지게 될 것이다. 어떤 의미에서 리쾨르가 지향하는 윤리는 타자와의 관계에 국한된 것이 아니다. 내가 타자와 관계 맺는 방식은 결국 내가 나 자신과 관계 맺는 방식을 변화시키기 때문이다. 번역한다는 것, 다른 언어를 알아 간다는 것, 다른 언어와 관계를 맺는다는 것은 결국 자신을 알아간다는 것, 자신과 성찰적 관계를 맺는 것에 다름 아니며, 역으로 자신과 자신의 모국어를 온전히 아는 유일한 방법은 타자와 타자의 언어를 맞이하는 것이라는 인식이 리쾨르 번역윤리의 핵심인 것이다.

리쾨르에 이어, 적어도 대륙철학 맥락에서 2차 대전 이후 윤리 문제를 가장 심도 깊게 천착한 철학자로 레비나스를 언급하지 않을 수 없다. 유대인으로서의 인생역정이나 후설 및 하이데거 현상학과의 연관성을 감안할 때, 레비나스에게 윤리 문제는 철학의 문제 그 자체였다. 아쉽게도 레비나스는 리쾨르나 벤야민과 달리, 번역과 관련한 자신의 성찰을 체계화한 적이 없다. 그럼에도 불구하고 베르만[20]을 포함하여 번역, 언어 및 타자의 문제를 성찰한 저자들에게 레비나스는 늘 윤리적 성찰의 출발점으로 지목되어 왔으며 유수의 번역학 전문 학술지가 기획한 번역윤리 특집호에 레비나스 윤리론이 소개되

---

20 베르만은 레비나스를 인용하며 "윤리적 행위란 타자를 타자로서 인정하고 받아들이는 것"이라는 레비나스의 주장을 자신의 번역윤리론의 토대로 삼는다. A. 베르만, 『번역과 문자: 먼 것의 거처』, 윤성우·이향 옮김, 철학과현실사, 2011, p. 107. 그러나 베르만은 레비나스의 번역윤리론을 추가적으로 설명하지 않는다.

기도 하였다.[21] 이것이 본 연구에서 간략하게나마 레비나스를 언급할 수밖에 없는 이유이다. 여기서는 레비나스 성찰의 핵심인 타자와의 관계를 '초월성(transcendence)'과 '비대칭성(asymmetry)'이라는 두 개의 키워드를 중심으로 고찰해 보고자 한다.

레비나스에게서 초월성은 정확히는 타자의 초월성을 의미한다. 레비나스는 "타자란 절대적 타자이며 (…) 그에 대해서 나는 그 어떤 힘도 행사할 수 없다. 비록 그가 내 처분에 맡겨져 있다 하더라도, 그는 본질적 차원에서 나의 포착에서 벗어나 있다"고 말한다.[22] 타자(의 언어)는 나(의 언어)를 초월하는 존재이므로 나(의 언어)는 타자(의 언어)를 결코 온전하게 파악할 수 없다는 것이 핵심이다. 여기서 타자의 언어가 가지는 초월성을 번역 불가능성의 근거로 오독해서는 안 될 것이다. 위 인용문에서 중요한 것은 레비나스가 근본적으로 타자를 나에게 결코 환원될 수 없는 존재로 인식하고 있다는 점이다. 이를 번역에 적용시켜 보면, 타자의 언어를 완벽하게 번역해 낼 수 없는 것은 번역사의 능력이나 경험이 부족해서가 아니라 타자와 그 언어를 특징짓는 초월성 때문인 것이다. 타자는 나의 표상 능력을 넘어서는 무한차원의 초월적 존재들이며, 이를 경험적 차원에서 이해 가능한 대상으로 간주한다는 것 자체가 타자와 그

21 번역학에서 레비나스 관련 논의는 C. Larkosh, 'Levinas, Latin American Thought and the Futures of Translational Ethics', *TTR*, 17(2), 2004: 27-44; A. Laygues, 'Le traducteur semeur d'éthique: pour une application de la pensée d'Emmanuel Lévinas à la traduction', *TTR*, 17(2), 2004: 45-56를 참고할 것.

22 E. Levinas, *Totality and Infinity: an essay on Exteriority*, tr. Alphonso Lingis, Duquesne University Press, 1969, p. 39.

언어를 나의 어떤 것으로 환원하는 실수를 범하는 것이라는 의미이다.

서양철학에서 인식의 대상은 사물에서 세계로, 세계에서 다시 타자로 옮겨 왔으며, 인식 대상으로서의 타자는 자아(ego), 의식(conscience), 주체(subject)에 대비되는 개념으로서의 다른 자아(alter ego), 다른 의식(alter conscience), 다른 주체(alter subject) 등으로 설명되어 왔다. 그런데 레비나스가 타자에게 '초월'의 지위를 부여하면서 타자의 '인식'이 아닌 '환대'를 화두로 삼는 윤리학이 부상하게 된다. 타자가 그럴진대 타자의 언어 역시 더 이상 나의 언어를 통한 인식이나 파악의 대상이 아닌 것이 된다. 나의 표상이나 나의 이해범주를 통해 타자와 타자의 언어를 포착하려는 시도 자체를 비판하는 레비나스 윤리론은 자민족중심주의적, 자언어중심주의적인 번역에 반대하는 많은 저자들의 영감의 원천이 될 만한 충분한 이유가 있어 보인다.

두 번째 키워드는 타자와의 관계를 특징짓는 비대칭성, 보다 구체적으로는 타자의 윤리적 우선성이다. 레비나스에게 있어서 타자와 타자의 언어는 내 표상의 영역을 넘어서기에 '비표상적'인 것이다. 그런데 타자는 단지 비표상적 차원에만 머무는 것은 아니다. 우리에겐 타자에 대한 책임이 존재하는데 이 책임은 우리의 자유의사에 따라 선택된 것이 아니라 오히려 타자와 타자의 언어가 나를 '소환(interpellation)'하기 때문에 생겨난다. 나는 그 소환을 경청함으로써 책임 있는 자로 서게 되는 것이다.[23] 이렇게 타자는 나를 불러 세우고, 타자의

23 *Ibid.*, p. 69.

말이 내 행위의 기원에 자리 잡게 되는 것이다. 한마디로 레비나스는 타자를 내가 배려하고 책임져야 하는 대상으로 보지 않고 오히려 나 자신을 '책임질 수 있는 주체'로 성장하게 만드는 존재로 본다. 타자가 이렇듯 나보다 윤리적으로 앞선다는 점이 바로 나와 타자와의 관계가 비대칭적인 이유인 것이다.[24]

실존이 본질을 앞선다는 사르트르의 주장[25]에 빗대어 말한다면, 타자의 언어는 나와 나의 언어를 앞선다. 여기서 '앞선다'는 것은 윤리적으로 앞서는 것이다. 물론 우리는 이런 타자와 타언어의 윤리적 우선성이 나의 언어를 타자의 언어로, 혹은 타자의 언어를 나의 언어로 옮겨내는 번역행위에서 구체적으로 무엇을 의미하는지를 다시 물어야만 할 것이다. 나의 언어는 오직 타자의 개입을 통해서만이 타자를 책임지고 환대할 준비를 하게 되는 것인가?

3. 번역학에서의 번역윤리

이상에서 살펴본 '형이상학적' 성격의 번역윤리 논의는 다양한 방식으로

---

24 리쾨르의 '환대' 개념과 레비나스의 '비대칭' 개념은 닮은 듯 다르다. 리쾨르의 환대담론에서 타자와 타자의 언어는 결국 나와 나의 모국어로 귀환하기 위한 우회로이나. 물론 리쾨르도 번역의 욕망을 설명하면서 타자와 타자의 언어가 나와 나의 언어를 초대하고 부른다는 점을 언급한 바 있으나 그 초대는 자기 겸손과 자기 결핍의 인정, 그리고 타자의 우회를 거쳐 자신을 발견하고 이해하려는 열망에 가깝다. 반면 레비나스에게서 타자와 타자의 언어는 오히려 나와 나의 주체성, 책임성을 구축해 내는 모태(matrix) 역할을 하는 것으로 보인다. 레비나스가 말하는 (타자로부터의) 명령은 타자에 대한 극도로 엄중한 윤리적 배려나 대응을 요구한다. *Ibid.*, p. 89. 이 점에 대한 리쾨르의 애정 어린 비판은 P. Ricoeur, *Soi-même comme un autre*, Seuil, 1990, pp. 383-393을 보라.

25 이 문장은 사르트르의 실존주의 철학을 압축적으로 담다. 사물의 본질은 누군가 그것을 만들 때 결정되고 따라서 '이 사물의 본질은 이것이다'로 정의될 수 있으나, 자신과 타인과의 관계에서 자신의 존재를 스스로 책임져야 하는 인간에게 있어서 사물과 같이 사전에 정해진 본질은 없으며, 오히려 자신의 결단과 책임으로 오롯이 짊어져야 할 '실존'이 그에게 맡겨진다. 이런 의미에서 실존이 본질에 비해 근본적이며, 우월하며, 앞선다.

번역학의 영역 안으로 흡수되고, 여러 저자들을 통하여 변주되었다.[26]

지면의 한계상 앞서 언급한 철학적 윤리론과 비교적 직접적 영향관계에 있는 최근의 번역학 연구자로 논의의 범위를 한정한다면, 번역학에서의 철학적 번역윤리론은 베르만과 베누티로 압축된다는 것에 대체로 이견이 없을 것이다.

우선 베르만의 번역론은 잘 알려진 대로, 17세기 벨 앵피델(Belles infidèles)로 대표되는 프랑스의 자문화중심주의적 번역관행을 비판하며 이와 대척점에 있는 독일 낭만주의시대의 다양한 번역 시도들을 소개하는 것에서 출발한다. 낯선 것을 있는 그대로 맞이하는 공간으로서의 번역을 철학적, 문학적으로 성찰하는 동시에, 번역 과정에서 번역사가 피해야 할 다양한 왜곡을 명시했다는 점에서 과거에 비해 상당히 구체화된 번역윤리론이라고 볼 수 있다. 베르만의 번역윤리에 대한 성찰은 그의 저작 세 권[27]을 중심으로 대체로 아래의 세 단계로 나누어 전개된다고 볼 수 있다.

첫 번째 저서에서 저자는 독일의 낭만주의 문화의 기원과 성립에 있어서 번역의 기여와 역할을 탁월하게 분석하면서 번역이 진정으로 도달해야 하는 지향을 열림, 타자와의 대화, 혼혈, 탈중심으로 규정한다. 그리고 이러한 본원

---

26 번역학 안에서 번역윤리 문제를 다룬 국내외 주요 저자와 연구들에 관해서는 이향, 「번역윤리 논쟁: 베이커 vs 핌을 중심으로」, 『번역학연구』 18(3), 2017: 207-226을 참고할 것.

27 A. Berman, *L'épreuve de l'étranger: Culture et Traduction dans l'Allemagne Romantique*, Gallimard, 1984; *Pour une critique des traductions: John Donne*, Gallimard, 1995; *La traduction et la lettre. Ou l'Auberge du lointain*, Seuil, 1999[19861] 등 세 권을 지칭한다.

적 지향으로부터 이탈하게 만드는 이념적 및 문화적 왜곡들을 비판하면서 번역을 통한 '낯선 것'과의 만남이 얼마나 중요한지를 강조한다.[28]

두 번째 저서에 이르러 저자는 번역의 과정에서 피해야 하는 왜곡들을 열거한다. 즉 원문보다 번역문이 길어지는 '길이의 증가', 원문을 미화시키는 '고상화', 원문의 기저에 뿌리박은 '시니피앙 망의 파괴', 원문에 등장하는 '관용어구의 파괴' 등은 분명 번역사가 피해야 할 덫의 목록, 다시 말해 구체적 번역 도덕의 항목들이다.[29] 동시에 베르만은 좋은 번역이란 단순한 의사소통을 수행하는 것에서 머무르지 않고 '원작의 세계'를 드러내 주는 번역이라고 설명한다.[30]

그런데 여기서 '드러냄'이란 무엇인가? 번역은 원전에 담겨 있는 무엇을 드러내야 하는 것인가? 번역의 윤리적 지향에 대한 베르만의 독특한 성찰이 드러나는 것이 바로 이 대목이다. 원전이라는 것은 그 자체로 이미 어떤 세계의 '드러냄'이다. 그렇다면 번역은 원전에 드러난 세계를 다른 언어로 드러내는 작업, 다시 말해서 드러냄의 드러냄(manifestation of manifestation)이다. 베르만은 번역사가 드러내야 할 구체적인 대상을 낯선 언어의 '살적 신체성'의 담지자인 원작품의 문자(lettre)로 규정한다[31]. 타언어가 가진 낯섦의 요체가 바

---

28 A. 베르만, 『낯선 것으로부터 오는 시련: 독일 낭만주의 문화와 번역』, 윤성우·이향 옮김, 철학과현실사, 2009, pp. 18-23. 베르만의 첫 번째 저서 및 그의 번역론 일반에 대한 추가 논의는 윤성우·이향, 『번역학과 번역철학』, 한국외국어대학교 출판부, 2013, pp. 196-241을 참고할 것.

29 베르만, 『번역과 문자: 먼 것의 거처』, pp. 74-97.

30 *Ibid.*, p. 110.

31 *Ibid.*, pp. 112-113.

로 문자인 만큼, 바로 문자에 충실한 번역을 수행하는 것이 윤리적인 번역이라는 것이 베르만의 주장이다. 한마디로 베르만의 관점에서 윤리적 번역이란 문자의 번역이다.[32]

그의 마지막 저서이자 유작에서 이르러 비로소 윤리성(éthicité)이라는 단어가 명시적으로 사용된다. 여기서 베르만은 번역을 평가하는 두 가지 핵심적 기준으로 시성(poeticité)과 윤리성(ethicité)을 언급한다.[33] 번역문이 '시성'을 가져야 한다는 말은 원전의 결(textuality)을 최대한 살리면서도 번역문이 하나의 온전한 텍스트(작품)로 만들어져야 한다는 의미이다. 한편 베르만은 윤리성이라는 것이 원문에 대한 일정한 존중에 바탕을 둔다고 말하면서, 마송(Masson)의 입을 빌어 존중을 '원문과 대화하고, 그것에 대면하고, 그것에 머리를 들이대는 것'이라고 규정한다.[34] 다시 말해 윤리적 번역이란 원문에 조응(correspond)하는 번역인 것이다.[35] 이런 의미에서 윤리적 번역이야말로 베르만에게 번역의 이상(理想)이자 궁극(窮極)인지도 모른다.

베르만의 성찰은 또 다른 중요한 저자인 베누티에게로 계승, 발전된다. 들뢰즈, 바디유, 베르만 등 프랑스 저자들로부터 크게 영향을 받은 베누티는 미국을 위시한 앵글로 아메리칸 문화에서 비가시적 존재로 격하된 번역사의

32 베르만의 성찰에 대한 논의는 S.-W. Yun & H. Lee, 'Antoine Berman's Philosophical Reflections on Language and Translation: The Possibility of Translating without Platonism', *Filozofia*, 66(4), 2011: 336-346를 참조할 것.

33 Berman, *Pour une critique des traductions: John Donne*, p. 92.

34 *Idem.*

35 *Ibid.*, p. 94.

지위에 주목한다. 그런데 베누티의 번역윤리론은 초기담론과 이후의 담론을 구분해서 살펴볼 필요가 있다.

사실 베누티의 초기 성찰은, 번역의 본질을 열림과 대화, 탈중심으로 보고 원전의 낯섦을 존중하는 방식으로 번역해야 한다는 베르만 번역론의 연장선상에 있다. 다만 베르만이 문자의 번역을 통한 낯선 것의 존중 자체에 주목했다면, 베누티는 수용문화 안에 지배적 언어나 문화와 다른 어떤 것을 창출해 내는 번역의 위력에 주목한다. 번역이란 자국의 가치와 실천들이 어떠하든, 그것과 다른 가치들과 실천들을 창안해 낼 수 있는 것이기에 문제적일 수 있는 것이며 이러한 차이의 윤리야말로 번역이 궁극적으로 지향해야 하는 윤리라는 것이다[36]. 따라서 베누티에게서 '낯섦'보다 중요한 것은 '다름'이다. 베누티는 수용문화 안에 차이를 만들어 내는 것이야말로 번역사가 지향해야 할 가장 중요한 윤리라고 생각한다. 차이는 지배적 규범에 반하는 번역방식을 택함으로써뿐 아니라 수용문화가 정전이라고 간주하는 것과 다른 유형의 작품을 번역함으로써도 구현될 수 있다.[37] 이와 관련하여 베누티는 들뢰즈의 소수성(minorité)[38] 개념을 번역에 적용시켜, '좋은 번역은 소수화하는 번역'이라고 수저 없이 발한다.[39] 소수화하는 번역이란 표준어와 정전의 규범을 맹목적으로 따르지 않는 번역, 비표준적이고 주변적인 것에 열려있는 번역이다. 베누티의 관점에서는,

36 L. 베누티, 『번역의 윤리: 차이의 미학을 위하여』, 임호경 옮김, 열린책들, 2006, p. 145.
37 *Ibid.*, pp. 148-149.
38 들뢰즈와 베누티의 언어론에 관해서는 윤성우·이향, 『번역학과 번역철학』, pp. 56-76을 참고할 것.
39 베누티, 『번역의 윤리』, p. 27.

설령 원문언어를 모르는 번역사가 번역한 것이라 해도, 수용문화의 지배적 규범에 도전하고 변화를 만들어 낼 수만 있다면 그 자체로 나쁜 번역이 아니다.

그러나 이후 베누티는 베르만의 번역윤리에 대해 비판적 입장으로 돌아선다. 베누티는 낯선 것을 있는 그대로 드러내는 번역, 즉 베르만이 권고한 '원전의 문자에 충실한 번역'이라는 것이 현실적으로 가능하다고 믿지 않는다.[40] 어떤 매개도 없이 원전에 직접 접근하는 것은 불가능하며, 따라서 어느 정도의 자민족중심주의는 모든 번역 과정에서 피할 수 없는 것이라는 것이 그의 입장이다. 베르만이 한편으론 번역을 통해 "언어적 문화적 차이가 여과 없이 드러난다고 주장하면서 동시에 번역이 지배규범으로서의 일탈을 통해 차이를 부각시킬 수 있는 혁신적 관행이 될 수도 있다고 보는 것은 모순"이라고 지적한다.[41] 그러나 차이를 보존하는 것을 번역의 윤리로 설정하고, 그 실천으로서 이국화하는 번역을 제안한 베누티 역시 자신의 성찰의 근간을 이루는 개념들(가령 foreignizing, restant, remainder, minoritizing)을 명확한 정의 없이 사용했다는 비판을 받기도 했다.[42]

4. 기존 논의의 한계 및 향후 논의의 방향

이상의 논의들을 토대로 우리는 아래의 몇 가지 사항들을 확인할 수 있다.

---

40 L. Venuti, *Translation Changes Everything: Theory and Practice*, Routledge, 2013, p. 186.

41 *Ibid.*, p. 187.

42 베누티가 사용한 개념의 모호성을 비판한 연구로는 M. Tymoczko, 'Translation and political engagement', *The Translator*, 6(1), 2000: 23-47를 참고할 것.

첫째, 번역윤리에 대한 철학적 논의와 번역학적 논의들이 학제적 공간에서 충분하게 교류했다고 보기는 어려우나 철학에서의 번역윤리에 관한 성찰은 번역학에서의 번역윤리 논의에 직, 간접적으로 영향을 끼쳤다.

둘째, 철학의 영역에서 개진된 번역윤리 담론은 번역학에서의 윤리담론에 비해 형이상학적이거나 존재론적 성격을 가진다. 번역윤리는 주로 추상적, 보편적 개념으로서의 언어를 중심으로 전개되며, 벤야민의 경우에서 확인할 수 있듯이 번역사의 역할이 언급된다 하더라도 거의 선언적, 추상적 수준에 그치고 있다.

셋째, 그에 비해 번역학의 공간에서 번역윤리 논의를 개진한 베르만과 베누티에 이르러 번역윤리 담론은 보다 문화론적 성격을 띠게 된다. 논의의 초점도 '언어'라는 일반적 층위가 아닌 구체적 텍스트나 작품 차원으로 이동한다. 따라서 번역행위의 윤리적 함의에 대한 논의도 훨씬 구체성을 띠게 된다.

그렇다면 베르만과 베누티 이후의 번역윤리 논의는 어떻게 변화되어 왔으며 또 앞으로 어떻게 전개될 것인가. 철학적 성격의 윤리담론에 초점을 맞춘 본고에서는 다루지 못했으나 2000년대 이후 핌, 베이커, 체스터만 등에 의해 주도되는 번역윤리 담론은 분명 베르만이나 베누티의 그것과 다른 패러다임에 속한다. 이 저자들은 공통적으로 텍스트나 작품이 아닌 번역사, 번역 주체를 번역윤리 논의의 중심에 둔다. 물론 베르만과 베누티에게서 번역행위의 주체인 번역사에 대한 논의가 전혀 없는 것은 아니다. 그러나 베르만에게서 번역사의 정체성 문제, 한마디로 번역사가 누구인가의 문제는 '번역 입장', '번역

기획', '번역 지평'의 분석을 거쳐서 우회적으로 주어지는 메타적인 결과물이다. 베누티 역시 번역이 번역처럼 읽히지 않아야 한다는 인식, 한마디로 유창함(fluency)이 주도하는 번역문화 안에서 번역사의 역할이 은폐되어 왔다는 점을 힘주어 강조한 바 있다. 한마디로 번역사의 역할이 제대로 인정받지 못함으로 인해 발생하는 문제들에 초점을 맞춘 부정적(否定的) 윤리의 측면에 더 관심을 두었다고 볼 수 있다.

긍정적이고 적극적 의미에서 번역사의 지위는 핌이나 체스터만, 베이커에 이르러 비로소 본격적으로 논의되었다.[43] 이들의 관심사는 더 이상 작품이나 텍스트가 아닌 번역행위의 주체로서의 번역사이다. 물론 번역사를 문화간 가교(bridging between cultures) 역할을 하는 중립적 중개자로 보는 핌의 방향과, 번역사를 재서술(renarration)의 산출자, 즉 1차적 이야기의 질곡에 빠진 정치적 상황을 타개하고 변화시키는 2차적 이야기의 산출자로 보는 베이커의 시각은 분명 다르다.[44] 핌이 중재자로서의 번역사, '협력'을 제고하는 매개자로서의 번역사의 역할을 강조했다면, 베이커는 번역사의 반성[45](self-reflexivity) 능력이야말로, 주어진 문제적 상황에서 윤리적 결단을 가능케 한다고 생각한다.

---

43 이와 관련하여서는 번역윤리 문제에 할애된 The Return to Ethics, Special Issue of *The Translator: Studies in Intercultural Communication*, 7(2), 2001; M. Baker, *Translation and Conflict: a Narrative Account*, Routledge, 2006; 'Ethics of renarration: Interviewed by A. Chesterman', *Cultus*, 1(1), 2008: 10-33을 참고할 것.

44 Baker, *Translation and Conflict*, p. 10.

45 베이커의 논의에서 '반성'은 첫째, 번역사가 번역을 통해 개입하는 상황의 정치적 맥락 이해, 둘째, 해당 상황을 지배하는 내러티브의 발견, 셋째, 기존 내러티브를 변화시킬 수 있는 새로운 저항적 내러티브의 제안 등으로 이해될 수 있겠다.

체스터만의 번역윤리 논의 역시 기존의 형이상학적, 문화론적 윤리담론과 결이 다르다. 체스터만은 번역사의 결정을 조건 짓는 네 가지 가치, 즉 진리(truth), 명확성(clarity), 이해(understanding), 신뢰(trust)를 언급하면서 직업윤리의 나머지 세 가지 가치들을 지배하는 '이해', 즉 고객의 요구 이해, 원천텍스트 이해, 독자의 기대 이해 등이야말로 번역사가 복무(commitment)해야 할 최고의 가치라고 말한다.[46] 물론 체스터만이 이해를 최고의 가치로 추구한다고 해서, 베이커가 말하는 정치적, 윤리적 자기결정이 배제되는 것은 아니다. 그러나 체스터만의 번역윤리는 분명 번역사가 속한 공동체의 직업윤리를 넘어서서 인류 전체의 보편적 윤리라는 보다 포괄적 지향을 가진다. 그렇다면 소위 '문화론적' 번역윤리를 논하는 베르만이나 베누티 이후에 등장한 핌, 베이커, 체스터만 등의 번역윤리를 관통하는 특징은 무엇일까. 우리는 이를 잠정적으로 '정치적/공동체적' 번역윤리 담론으로 분류할 것을 제안한다. 우선 핌의 경우 번역사의 '정치적' 역할을 특별히 강조하는 것으로 보기는 어렵다. 그러나 핌이나 체스터만은 공통적으로 번역사가 활동하고 행위하는 장, 혹은 번역행위의 영향력들이 행사되는 장(場)이나 공간에 대한 번역사의 자각이 필요하다고 역설하고 있다. 베이커의 경우는 여기서 한발 더 나아가 번역사가 '정치적' 대의를 위해 윤리적 결단을 내리는 존재이며, 또 그런 존재여야 한다는 점을 강조한다.

46 A. Chesterman, 'Proposal for a Hieronymic Oath', *The Translator*, 7(2), 2001, pp. 146, 152.

제6장.

번역가의 윤리: 새로운 윤리 강령의 제언을 위하여

1. 문제제기

윤리강령(a code of ethics)은 통번역사가 실무의 현장에서 윤리적인 방식으로 행위하기 위해 전문직업협회에서 문서 형태로 만든 일종의 가이드라인을 말한다. 최초의 COE는 FIT가 1963년 두브로니크 총회에서 채택한 Translator's Charter일 것이다.[1] 번역사의 의무, 권리, 경제적, 사회적 지위 등을 명시한 이 문서는 1994년 개정된 후 수많은 전문 직업단체에서 자체적으로 윤리강령을 마련하는 데 직간접적으로 영감을 주었다.

현재 통번역 관련 국내외 단체들이 만든 수많은 윤리강령이 존재한다. Code of Business, Code of Practice, Code of Conduct 등 다양한 명칭을 달고 있는 이 문서들의 내용은 대체로 번역사들이 지켜야 하는 윤리적 원칙을 천명하고 있다. 이 윤리 강령들은 원칙적으로 현장의 실무자들이 윤리적 결정을 내릴 때 도움을 주기 위해 존재하는 것이다.

그런데 다양한 단체들이 만들어 놓은 윤리강령이 현장의 통번역사들에게 실제로 얼마나 유용한가에 대해 비판적 목소리도 없지 않다. 돌마야는 15개 나라의 윤리강령을 비교 분석한 후, 각 윤리강령 안의 여러 조항들이 서로 상충되거나, 혹은 서로 다른 단체들 간의 윤리강령 간의 충돌이 있음을 지적한다.[2] 예를 들어 돌마야가 분석한 17개 윤리강령 중 5개는 번역사가 비도덕적,

1 이 헌장의 전문은 Korean Society of Translators, member of FIT의 홈페이지에 번역, 소개되어 있다.

2 J. M. Dolmaya, 'Moral ambiguity: Some shortcomings of professional codes of ethics for translators', *The Journal of Specialised Translation*, 15, 2011: 28-49.

불법적 텍스트 또는 공공의 이해관계에 반하는 텍스트 등은 거절해야 한다고 천명한다. 그러나 이 내용을 관계당국에 보고해야 하는가 여부, 그리고 번역을 의뢰 받을 때 매번 번역물이 무엇에 사용되어야 할지를 확인해야 하는가 여부에 대해서는 단체마다 지시하는 바가 다르다.[3] 기밀유지 조항과 공동체에 충성하라는 조항(Confidentiality vs loyalty to the community) 역시 경우에 따라 충돌할 수밖에 없다.[4]

람버트는 통번역사의 중립성(neutrality, impartiality) 등의 원칙은 실제 현장에서 준수하기 어려운 원칙임에도 여러 윤리강령들에서 반복적으로 등장하고 있음을 지적한다.[5] 이러한 모순은 윤리강령들에서 사용되는 fidelity, neutrality, impartiality, loyalty 등의 개념이 명확하게 정의되지 않은 채 사용됨으로 인해 더욱 가중된다.[6]

어떻게 우리가 통번역사의 윤리 강령을 개선시킬 수 있는가?

이 질문에 부분적으로나마 답하는 것이 본 연구의 목적이다. 우선 밝혀둘 것은 본 연구의 목적이 윤리 논의 전반을 개괄, 성찰하는 데 있지 않다는 것이다. 경우에 따라 현재까지 번역학 안에서 개진되어 온 핵심적 윤리 담론들을 언급하겠으나, 윤리강령을 개선하기 위한 구체적 가이드라인을 제시하는 데

---

3 *Ibid.*, p. 35.

4 *Ibid.*, pp. 32, 36.

5 J. Lambert, 'How ethical are codes of ethics? Using illusions of neutrality to sell translations', *The Journal of Specialised Translation*, 30, 2018, pp. 274, 278.

6 *Ibid.*, p. 279.

필요한 범위까지만 언급하려 한다. 이를 위해 우리는 번역학에서 '윤리'를 언급한 수많은 저자들 중 체스터만을 출발점으로 삼고자 한다. 체스터만의 히에로니무스 선서(Hieronymic Oath)는 "통번역 연구에서 변화된 윤리강령을 생산하려는 유일한 노력"으로 평가받고 있기 때문이다.[7] 체스터만에서 출발하여, 정확히 그가 멈춰선 곳에서 다시 몇 걸음을 가보고자 한다. 또한 이런 출발점으로서 문제제기를 한 체스터만을 넘어서, 번역윤리 논의에서 새로운 패러다임, 적어도 새로운 문제의 장을 보여준 베이커와 잉거헐리 등의 논의를 검토함으로써 개선되고 보강되어야 할 윤리강령을 새롭게 제안하고자 한다.

2. 피해나갈 수 없는 체스터만의 지위

체스터만은 주저 Memes of Translation의 마지막 장을 번역윤리의 문제에 할애할 정도로 일찍부터 번역행위의 윤리적 측면에 관심을 가져 왔다. 1997년 출판된 이 책의 제7장('On translation ethics')에 소개된 체스터만의 윤리론은 2001년에 발표된 논문 'Proposal for a Hieronymic Oath'에 이르러 정리, 보완된다.[8] 그런데 1997년의 윤리론과 2001년의 윤리론은 불과 4년의 시간차에도 불구하고 사뭇 다르다. 1997년 논의가 주로 번역사가 추구해야 하는 가치(value), 즉 진실(truth), 명확성(clarity), 이해(understanding), 신뢰(trust) 등을 중심으로 전개되었다면, 2001년 논문에 이르러 저자는 윤리적 선택을 수

7 *Ibid.*, p. 275.

8 A. Chesterman, 'Proposal for a Hieronymic Oath', *The Translator*, 7(2), 2001: 139-154.

행하는 주체로서의 통번역사가 갖추어야 할 덕목(virtue)에 집중한다. 저자 스스로 설명하듯, 이는 스코틀랜드의 윤리철학자 매킨타이어(MacIntyre)의 영향으로 보인다.

> 우리는 가치보다 덕으로 시작해야 할지 모르겠다. 이는 철학자 알래스데어 매킨타이어로부터 취한 입장으로, 매킨타이어는 흥미롭게도 가치에 대한 또는 실제 권리에 대한 보편적 윤리를 찾는 것을 반대하는데, 가치들 간의 화해 불가능한 갈등 때문이기도 하고 하나의 권리를 다른 권리보다 우위에 두는 합리적 방식이 부재하기 때문이다.[9]

위에 인용된 매킨타이어의 주장을 번역윤리에 적용시켜 보자면, 번역윤리는 번역텍스트가 담지해야 하는 가치보다는, 번역을 수행하는 주체인 번역사가 추구해야 할 덕목(virtue)에서 출발해야 한다. 가치가 행위(통번역행위 혹은 원발화, 원텍스트) 중심적 표현이라면 덕목은 그 행위자, 즉 번역을 수행하는 통번역사 중심의 표현이다. 덕목이라는 것이 각 개인이 특정 실무를 훌륭하게 수행해 낼 수 있게 해 주는 자질이라면, 더 좋은 통번역사가 되게끔 만들어주는 다양한 자질들이 바로 통번역사의 덕목이 될 것이다. 체스터만은 이러한 덕목들로, 공정함(fairness), 정직함(truthfulness), 신뢰감(trusworthiness), 공감(empathy), 용

---

9 *Ibid.*, p. 145.

기(courage), 단호함(determination), 헌신(commitment) 등을 언급한다.[10] 체스터만은 이상의 덕목들을 토대로 하여, 번역의 성인인 히에로니무스의 이름을 딴 '히에로니무스 선서'를 제안한다. 이하 내용은 선서의 전문이다.

1. 나는 내 능력과 판단력을 다해 이 선서를 지킬 것을 다짐한다. [헌신]
2. 나는 번역사라는 직업의 충실한 일원일 것을 다짐하며, 그 역사를 존중할 것이다. 나는 나의 전문 지식을 기꺼이 동료들과 공유하고 예비 번역사들에게 전수할 것이다. 나는 불합리한 보수로 일하지 않을 것이다. 나는 언제나 내 능력을 다해 번역할 것이다. [직업 충실성]
3. 나는 언어 장벽을 넘어 의사소통을 최대화하고 오해를 최소화하기 위해 나의 전문 지식을 사용할 것이다. [이해]
4. 나는 나의 번역이 부당한 방식으로 원문을 보여주지 않을 것임을 다짐한다. [진실성]
5. 나는 각 번역 업무의 조건에 따라 나의 번역을 최대한 이해하기 쉽게 만들도록 노력함으로써 독자들을 존중할 것이다. [명확성]
6. 나는 고객들의 직업상 비밀을 존중하고, 사적 이익을 위해 고객들의 정보를 누설하지 않을 것이다. 나는 납기일을 지키고 고객들의 요구에 따를 것을 약속한다. [신뢰감]

---

10 *Ibid.*, p. 147.

7. 나는 나 자신의 능력과 한계에 대해 정직할 것이다; 나는 내 능력 밖의 일은 수락하지 않을 것이다. [정직함]

8. 나는 해결하지 못한 문제들을 고객에게 알릴 것이고, 분쟁이 발생한 경우 중재에 동의할 것이다. [정의]

9. 나는 모든 관련된 언어적, 기술적, 기타 지식과 기량을 포함한 나의 능력을 유지하고 향상시키기 위해 할 수 있는 모든 것을 할 것이다. [탁월함을 위한 노력][11]

총 9개항으로 구성된 히에로니무스 선서는 통번역 관련 단체나 협회의 윤리규정에서 반복적으로 등장하는 요소들, 즉 직업에의 충실성, 기밀유지, 자

11 *Ibid.*, p. 153. 원문은 아래와 같다.

1. I swear to keep this Oath to the best of my ability and judgement. [Commitment]
2. I swear to be a loyal member of the translators' profession, respecting its history. I am willing to share my expertise with colleagues and to pass it on to trainee translators. I will not work for unreasonable fees. I will always translate to the best of my ability. [Loyalty to the profession]
3. I will use my expertise to maximize communication and minimize misunderstanding across language barriers. [Understanding]
4. I swear that my translations will not represent their source texts in unfair ways. [Truth]
5. I will respect my readers by trying to make my translations as accessible as possible, according to the conditions of each translation task. [Clarity]
6. I undertake to respect the professional secrets of my clients and not to exploit clients' information for personal gain. I promise to respect deadlines and to follow clients' instructions. [Trustworthiness]
7. I will be honest about my own qualifications and limitations; I will not accept work that is outside my competence. [Truthfulness]
8. I will inform clients of unresolved problems, and agree to arbitration in cases of dispute. [Justice]
9. I will do all I can to maintain and improve my competence, including all relevant linguistic, technical and other knowledge and skills. [Striving for excellence]

기계발 노력 등등의 내용을 담고 있으며, 전반적으로 분명 가치보다는 덕목에 중심에 두고 있다. 가치 중심 논의에서 종종 언급되었던 명확성(clarity)이 선서의 5항에 언급되기는 하지만, 여기서의 명확성은 '텍스트의 명확성'이라기보다는 '독자들이 번역에 최대한 용이하게 접근할 수 있도록 노력'해야 하는 번역사의 책무 혹은 덕목을 지칭하는 것으로 의미가 바뀐다. 진리(truth)를 설명하는 4항 역시 텍스트에 내재하는 진리를 전달하는 것이 아니라 원문을 '부당한(unfair)' 방식으로 재현하지 않을 것을 선언한다는 점에서 '태도'와 '덕목'의 문제이다. 이 선서의 내용은 구체적 실무지침이라기보다는 모든 통번역사들이 공통적으로 갖추어야 할 덕목과 윤리적 태도를 기술하고 있다는 점에서 행동강령(Code of Conduct)이라기보다는 윤리강령(Code of Ethics)[12]에 가깝다고 볼 수 있다.[13]

그런데 체스터만은 여러 가치들 간의 위계를 분명히 한다. 흥미로운 것은 체스터만이 번역사가 노력을 경주해야 하는 가장 최상의 가치로 "이해(understanding)"를 손꼽으며, "진리(truth), 명확성(clarity), 충실성(loyalty), 신뢰(trust) 등과 같은 여타의 모든 직업적 가치는 이해(understanding)에 종속된

---

12 행동강령과 윤리강령의 차이에 대해서는 G. Wood & M. Rimmer, 'Codes of Ethics: What Are They Really and What Should They Be?', *International Journal of Value-Based Management*, 16(2), 2003, p. 184를 참조하라.

13 이 선서가 발표되고 5년이 흐른 뒤인 2006년, 핌(Pym)은 체스터만을 인터뷰하는 과정에서 아래와 같이 묻는다. "당신의 연구가 현장의 번역사들에게 별 도움을 못 주었다고 누군가 비판한다면, 히에로니무스 선서를 제안했다는 사실을 들어 반박할 건가요?" 체스터만은 주저 없이 그렇다고 답한다. 그리고 실제로 몇몇 번역사 협회에서 「히에로니무스 선서」를 반영하여 직업윤리 규정을 손보았으며, 많은 실무자로부터 통번역행위가 담지하는 윤리적 차원을 생각해 보게 되었다는 긍정적 반응을 들었다고 덧붙인다.

다"고 주장했다는 점이다.[14] 통번역 작업의 궁극적 지향을 '이해'로 설명한 그의 시도는 과거 가치 위주로 개진되던 윤리 논의의 방향을 적(virtue) 쪽으로 틀었다는 점에서 큰 의미가 있다. 그런데 여기서 체스터만이 말한 '이해'가 정확히 무엇인지를 좀더 살펴볼 필요가 있다. 체스터만은 번역가의 중요한 임무가 "고객이 무엇을 원하는지와 원천 텍스트, 그리고 독자가 무엇을 이해하게 될 것인지를 이해하는 것 등"이라고 설명한다.[15] 여기서 체스터만은 원천 텍스트(source text)뿐 아니라, 고객과 독자를 통번역사가 윤리적 결정을 내릴 때 고려해야 하는 대상으로 명시하고 있다. 초기의 윤리담론이 주로 문학번역에서의 원전에의 충실성(fidelity to the original)에 대한 논의에 국한되었던 것에 비하면 큰 변화이자 진보이다. 그러나 체스터만은 거기서 더 나아가지는 않는다. 체스터만이 지향하는 고객의 이해, 원천텍스트의 이해, 독자의 이해는 직업적 수준(professional level)에 머무르고 있는 듯하다. 다시 말해 고객이나 독자, 기타 통번역 상황에 개입한 사람들이 이 이해를 어떻게 사용할 것인가의 문제에 대해서 체스터만은 설명하지 않는다, 즉 철저하게 중립적으로 머물려고 한다. 이해 자체를 추구하는 것이 최고의 번역 윤리 덕목이지만, 그것을 무엇에/어떻게/누가 사용하는지는 묻지 않는 것이다. 물론 체스터만은 통번역사의 직업과 그 실천이 그보다 더 큰 단위인 사회에, 그리고 사회는 다시 인류에 속한다고 설명한다. 그러나 체스터만은 그 '이해'의 당사들을 고객, 독자, 통번역사

14 Chesterman, 'Proposal for a Hieronymic Oath', p. 152.
15 *Idem.*

라고 제한적으로 명시하면서 곧 바로 그런 통번역사의 직업적 실천이 더 큰 사회나 인류에 속한다고 밝히지만, 두개의 공동체(사회와 인류)와 통번역사와의 관계는 집합적 소속 관계 이외 그 어떤 새로운 정보나 사실을 말하지 않는다. 사회와 인류가 더 큰 공동체라는 것을 모르는 사람이 누가 있는가? 체스터만은 통번역사의 직업윤리와 그 실천이 사회적 차원의 윤리와 실천, 인류의 윤리와 인류적 차원의 윤리와 도대체 어떤 구체적인 관계를 가질지를 말하지 못하는, 말하지 않는 문제를 우리에게 남기고 만다. 결국, 체스터만의 이런 입장을 우리가 고수한다면, 고객은 물론, 독자를 포함하여 통번역사는 그들이 속한 더 큰 공동체에 대한 어떤 윤리적 태도와 자세와 책임을 가질지에 대해서는 알 수 없는 것이다. 더 나아가 우리는 묻는다. 궁극적이자 최고의 덕목인 '이해'는 그 관계자들—고객, 통번역사, 독자—사이에서 상호적인 이해이고 균형 잡힌 이해인가? 이해의 우위나 우선권을 근거 없이 누리거나 주장하는 당사자는 없는가?

과연 통번역사의 궁극적 과제(나 임무)를 '이해'라는 개념으로 충분히 설명할 수 있는가? 체스터만 식의 '이해'만으로는 설명할 수 없는 번역과정의 돌발적 조우 대상(translated encounter)은 없는가? 이런 2001년 체스터만의 통번역사 윤리 논의의 한계—"이해"를 추구하는 당사자들이 속한 공동체의 문제와 "이해"의 가정된 중립성의 문제—에 대한 나름의 비판적인 지적은 2006년에 나온 베이커의 문제적인 저작에 대한 체스터만과 베이커의 대담(2008)에서야 등장한다.

이러한 윤리강령은 주로 동일성의 윤리에 깊숙이 침윤되어 있으며, 충실도 및 공정성과 같은 가치를 언급하며, 예를 들어 이국화 또는 개입주의적 번역을 수용하지 않는 것처럼 보인다.[16]

그들[번역가와 통역사]이 보다 직접적인 방식으로 개입하는 것을 피할 수 없는 상황이 불가피하게 있다.[17]

도대체 통번역사들이 더 이상 중립적이지 못하고 개입해야만 하는 상황이란 어떤 상황을 두고 말하는가? 이런 상황은 이라크의 관타나모나 코소보 국경의 상황을 말하는데, 이 상황은 고객-통번역사-그와 나머지 사람들, 즉 통번역의 관계자들이 서로 동일한 세계[18]를 갖지 않게끔 만드는 환경이자, 갈등과 충돌로 가득한 환경이다. 이런 환경에서 소통이나 이해는 더 이상 중립적일 수만 없는 상황에 놓이게 되며, 통번역사는 자신을 고용한 집단을 자신의 준거집단으로 할지, 아니면 자신이 이해나 소통을 매개하는 대상(포로)과 이 대상이 속한 집단을 고려해야 할지를 강요받게 된다는 것이다. 여기서 우리는 베이커의 선택이나 결정을 모르지 않는다. 또한 그것에 반대하지 않는다. 하지만 우리에게 더 중요한 것은 통번역사가 이해나 소통의 일방성과 비대칭성을 심

---

16 A. Chesterman, 'Translation ethics', *Benjamins Translation Library*, 142, 2018, p. 445.
17 M. Baker, 'Ethics of renarration: Interviewed by A. Chesterman', *Cultus*, 1(1), 2008, p. 17.
18 *Ibid.*, p. 18.

각하게 문제제기 해야만 상황에 처하게 되었다는 사실이며, 그 자신이 복무해야 할 준거집단이나 공동체가 고객의 것만이 아니라는 사실을 발견하게 된다는 점이다.

통번역사 윤리의 이런 논점 변화가 가장 잘 제시되는 대목이 바로 대담의 마지막 부분에서 체스터만이 제안한 목적(skopos) 대(對) 궁극적 목적(telos)이다. 베이커에 따르면 스코포스 이론은 텍스트에 부여된 의도나 목적, 기능(스코포스)을 파악하는 데 그쳐 버리는 한계가 있어서, 통번역의 궁극적 지향을 논하기에 부적함을 지적하며, 그 대안적 개념으로 'telos'를 제안한다. telos는 번역자로서 그 사람의 궁극적 동기(ultimate motivation of a person as translator)[19]를 뜻하는 것으로 체스터만에 따르면 개별 통번역사들의 telos는 경우에 따라 언어에 대한 사랑(a love of languages)이 될 수도 있고, 타 문화에 대한 관심(an interest in other cultures)이 될 수도, 의사소통을 개선하려는 욕망(a desire to improve communication)이 될 수도 있다.[20] 이와 같이 다양할 수 있다. telos라는 것이 통번역사의 삶 전체(life as a whole), 적어도 "직업 전체"(profession as a whole)의 궁극적 목표를 가리킨다는 점에서, "직업(윤리)적" 차원에 머물고자 했던 2001년의 그의 입장[21]보다 진일보한 것으로 평가할 수 있다. 체스터만의 제안을 반기는 베이커의 대답 역시 이러한 진보를 인정하는 듯하다.[22]

---

19 *Ibid.*, p. 25.

20 *Idem.*

21 Chesterman, 'Proposal for a Hieronymic Oath', p. 152.

22 Baker, 'Ethics of renarration: Interviewed by A. Chesterman', p. 26.

이 인터뷰가 기본적으로 베이커의 2006년 논의를 기본 논제로 삼고 있다는 점에서[23] 우리는 2006년을 통번역사의 윤리 또는 윤리강령이 적어도 자신이 속한 "전체 사회"나 "인류 전체"가 속한 (지구적) 공동체의 맥락을 고려해야 함을 선언한 원년이나 기점으로 삼을 수 있다고 본다.

3. 사회적 책임

윤리 논의에 대한 새로운 동기는 문어로 된 텍스트를 주로 연구하는 번역학보다는 통역학 쪽에서 왔다. 2001년 *The Translator* 의 특집호에는 9·11 이후 미국의 이라크 공격을 필두로 한 일련의 갈등들이 발생하는 과정에서, 언어의 무기화 전략(weaponizing of language), 분쟁상황 속에서의 통번역사의 윤리적 딜레마 등의 문제가 뜨거운 화두로 떠올랐다. 통번역사를 단순한 언어 중재자(linguistic mediator)로만 설명하기에는 어려운 여러 상황들이 부각되면서 통번역의 가치, 통번역사의 덕목에 대한 기존 연구에 대한 비판적 목소리가 높아졌다. 이제 통번역사가 지켜야 할 덕목을 단순히 중립성(neutrality)과 공정성(impartiality)만으로 설명하기 어렵다는 자각이 번역학 내부에서도 생겨나기 시작하였다. 윤리담론의 전환(shift)은 *The Translator* 가 2001년과 2017년, 16년의 시간차를 두고 기획한 두 차례의 '윤리 특집'을 비교해 보면 명확히 드러난다. 두 특집 사이의 변화의 핵심은 두 번째 특집의 제목에 들어있는 사회

---

23 M. Baker, *Translation and Conflict: a Narrative Account*, Routledge, 2006.

적 책임(Social Responsibility) 개념이 함축적으로 드러내고 있다.

윤리 논의에 사회적 책임 개념이 도입된 것은 눈여겨볼 만한 변화이다. 통번역사의 윤리는 이제 고객과 통번역사 사이와 관계 중심으로 '이원적'으로만 논의되지 않는다. 통번역 상황에 가담하는 환자, 피의자, 포로 등도 논의의 새로운 축으로 고려되면서 '삼원적' 차원으로 논의범위가 확장된다. 그 결과 통번역사가 단순히 서로 다른 언어 사용자 '사이'의 존재가 아니다. 오히려 그간 통번역 상황에 참여해 왔지만 종종 간과된 참여자들[24]이며 강력한 행위자들이자, 함께 공동으로 사회적 상호행위(co-constructed social interaction)를 구축하는 가담자인 것이다.

'Social'이라는 형용사가 responsibility 앞에 추가됨으로써, 통번역사에게 부과된 책임은 직접으로 상황에서 마주치는 대상을 넘어서서 보다 넓은 사회적 맥락으로 확대된다. 통번역사는 이제 직업인으로서 자신의 권익을 수호하고 지켜내는 차원을 넘어서서 '함께 잘살기'(better living together)[25] 위해 고민해야 하는 것이다

사실 통번역의, 혹은 통번역사의 '사회적 책임' 분제는 2017년 특십호에 갑자기 도입된 것이 아니다. 다양한 통번역 현장 속에서 참여/관여적 행위(committed action)로서의 통번역이 이미 여러 저자들에 의해 다루어진 바 있

---

24 J. Drugan & R. Tipton, 'Translation, ethics and social responsibility', *The Translator*, 23(2), 2017, p. 122.

25 *Ibid.*, p. 121.

다. 베이커, 잉기허리(Inghilleri), 라파엘(Rafael) 등이 대표적 예로, 이들은 사회적 주체, 윤리적 결단의 상황에 놓인 사회적 행위자(social agent)로서의 통번역사의 책임과 역할에 주목한다.

우선 베이커의 경우, "The Vietnam Frame"[26] 기치를 내세우며, 원문 텍스트에 직접 "개입"("What can I say? Not even Vietnam was as bad as this.")한 번역을 내러티브 개념을 통해 설명하고 팔레스타인인과 그 공동체와 연대하는 번역사의 결정을 부각시킨다. 취약한(vulnerable) 한 누군가를 대신해서 번역사가 저항의 커뮤니케이션을 펼치는 것이다. 베이커는 통번역사가 일종의 사회적 행위자(social agent) 내지는 적극적인 활동가(activist)로서 텍스트적으로 개입하는 것을 지지함은 물론이고, 억압받는 공동체의 상황을 악화시키는 데 일조하는 조직(예, CIA)과도 협력을 거부하는 부정적 의미의 개입도 지지한다.[27] 베이커야말로 가장 적극적인 역할을 통번역사에게 주문하는 저자 중 하나이다.

한편 잉기허리는 이라크 포로수용소에서 포로들의 심문을 통역했던 군인이자 언어전문가인 카얄라 윌리암스(Kayala Williams)의 증언을 토대로 "윤리적으로 취해야만 하는 일이 미리 결정되거나 하는 만남"은 없으며, 만남의 사건 자체에서부터 그런 고민과 사색이 시작되는 극단적 상황을 기술한다.[28]

---

26 M. Baker, 'Reframing Conflict in Translation', *Social Semiotics*, 17(2), 2007, p. 164.

27 Baker, 'Ethics of renarration: Interviewed by A. Chesterman', p. 15

28 M., Inghilleri, 'The ethical task of the translator in the geo-political arena From Iraq to Guantánamo Bay', *Translation Studies*, 1(2), 2008, p. 217.

이러한 상황에서 번역자의 윤리적 임무는 극단적인 상황으로 내몰리게 되는 것이다. 그 속에서 이 만남이 발산하는 아포리아적 힘과 영향력 아래 무방비 상태로 놓이게 된다. 잉기허리는 통번역의 윤리적 지평이 윤리 강령의 형태로 미리 선언되거나 교육될 수 있는 것이 아니라 "타자와의 만남", 특히 적대적인 공동체의 한 일원으로서의 타자와의 만남이라는 독특한 사건 안에서 직접적으로 도출되는 것이라고 힘주어 말한다. 상황 속에서 매 순간 내려지는 통번역사의 윤리적 결단이 더욱더 중요해진다는 것이다. 윌리암스는 더 이상 심문통역을 하지 않겠다고 말하고 그렇게 결단한 것은 적어도 소통의 불평등과 비대칭을 더 이상 수용할 수 없음을 보여준 것이다.

라파엘은 이라크 전쟁 당시의 미군이 사용했던 반저항 전략(strategy of counterinsurgency)의 일환으로 현지 언어가 무기화(Weaponizing)[29]되는 사례를 소개하면서, 이 상황 속에 놓인 통역사는 단지 종속적인 이질적 자아(subordinate alter ego)가 되고 군인의 기술적 연장(the technical extension of the soldier)으로 환원된다고 설명한다.[30] 라파엘이 분석하고 기술하는 통역사는 화자인 군인의 의도나 의지를 군인들이 상대하는 화자(target audience)에게 최대한 투명하고 접근 가능하게 만드는 도구이다. 통역사는 발화자인 점령군의 거울 이미지(a mirror image of the speaker)에 불과할 뿐,[31] 반대쪽의 발화, 즉 미군

29 V. L. Rafael, 'Translation and the US Empire: Counterinsurgency and the Resistance of Language', *The Translator*, 18(1), 2012, pp. 2-5.

30 *Ibid.*, p. 10.

31 *Ibid.*, p. 11.

오폭의 피해자들의 생생한 비극을 미군에게 제대로 전달해 내지는 못한다.[32] 여기서 통역사는 일방적이고, 위계적인 소통의 도구이며, 현지 상황을 드러내기보다는 은폐하는 데 동원된다.

어찌 보면 '극단적'으로 보일 수도 있는 위의 상황들 속에서, 우리는 다음과 같은 구체적 질문들과 마주하게 된다. 군대의 군인 규약집이 정한 규칙을 따르기만 하면 되는 통역사에게 윤리적으로 마땅한 일(the right thing to do)은 도대체 무엇인가? 위 상황에 처한 통번역사에게 주어진 사회적 책임이라는 것은 정확히 무엇인가? 번역이 함께 잘 살기를 지지해야 한다고 말할 때, 함께 잘 살아야 하는 대상은 구체적으로 누구인가? 다시 말해 통번역사가 사회적으로 책임져야 하는 구체적 대상은 누구인가? 우리는 드러건에서 통번역사가 책임져야 하는 대상에 대한 일종의 단서를 부분적으로 찾을 수 있다. 통번역사는 고객이나 독자 외에도, 통번역 상황에 개입하는 제3의 상대방를 향해 책임이 있다.[33] 이들은 종종 병원이나 법원 등 긴박한 상호 언어적 위기 상황(an urgent interlingual crisis,even in courts and hospitals)[34]에 놓여 있는 사람들이라는 점에서 일종의 취약한 사람들(vulnerable populations)이다.[35] 물론 여기서 '취약함'이라는 것이 반드시 사회경제적 지위의 취약성을 의미하는 것은 아니다.

---

32 *Ibid.*, pp. 17-19.

33 J. Drugan, 'Ethics and Social responsibility in practice: interpreters and translators engaging with and beyond the professions', *The Translator*, 23(2), 2017, p. 135.

34 Drugan & Tipton, 'Translation, ethics and social responsibility', p. 121.

35 Drugan, 'Ethics and Social responsibility in practice', p. 138.

통역을 통해 매개되는 대상이 늘 취약한 사람들은 아니며 통번역사는 환자, 피의자, 포로를 위해 통역할 수도 있지만, 대통령이나 군인처럼, 권력을 쥐고 있는 자일 수도 있기 때문이다. 통번역사는 정보를 구하고자 하는 심문관으로부터 심문받고, 요구받고, 질타받지만, 그 자신의 편에서, 그 자신을 대변해줄 사람을 가지지 못한 자, 소통의 기회나 조건조차 박탈당한 타자를 책임져야 한다. 그렇다면 통번역사의 이러한 사회적 책임을 어떤 덕으로 표현할 수 있을까? 기존의 윤리강령에 어떤 덕(Virtue)를 추가해야 통번역사의 사회적 책임이 부각될까?

4. 덕(Virtue)

이제 통번역사의 사회적 책임을 어떻게 윤리강령에 담아낼 것인가를 고민해 보아야 할 때이다. 우리는 해답의 실마리를 체스터만이 언급한 매킨타이어에서 찾아보고자 한다. 매킨타이어의 덕 개념을 몇 가지로 정리해 보면 아래와 같다.

첫째, 덕은 "덕은 하나의 습득된 인간의 성질로서, 그것의 소유와 실천이 우리로 하여금 어떤 실천에 내재하고 있는 선들을 성취하게 해 주며, 그것의 결여는 결과적으로 그 선들의 성취를 방해하는 그러한 성질이다."[36]

이를 아리스토텔레스식으로 말하자면, 덕은 telos에 종속된다. 즉 '좋은

36 A. MacIntyre, *After virtue: a study in moral theory,* University of Notre Dame Press, 1984, p. 191; 이진우 옮김, 『덕의 상실』, 서광사, 1997, p. 282.

삶'이라는 텔로스를 달성하기 위해 인간이 갖추어야 할 자질이 바로 덕이다

둘째, 덕은 개별 인간이 자의적으로 규정하는 것이 아니라 그 인간이 속해 있는 전체 공동체(the whole community)에 의해 규정된다.[37] 예를 들어 호메로스가 살던 고대그리스에서는 인간이 갖추어야 할 최고의 덕목이 '용기'이다.[38] 단지 개인의 자질을 넘어서 공동체의 유지와 결속을 위해 가장 필요한 자질이기 때문이다. 한편 아리스토텔레스 시대의 폴리스에서는 우정이 가장 중요한 덕목이 된다.[39] 우정이야말로 공동체에서 공동의 선을 구현하는 지난한 과정을 버티게 해 주는 원동력이기 때문이다.

셋째, 덕이 어떤 '선'(the good)을 성취하게 해준다고 말할 때, 그 '선'에는 내재적(internal) 선과 외재적(external) 선이 있다. 내재적인 선이란 예술가들이 "자신들의 회화에서 탁월함을 추구하다가 발견하는 것"(what the artist discovers within the pursuit of excellence in portrait painting)이기도 하며,[40] 혹은 장기라는 실천에서 "특별한 종류의 고도의 분석적 기술, 전략적 상상력, 경쟁적 강도(a certain highly particular kind of analytical skill, strategic imagination and competitive intensity) 같은 것이기도 하다.[41] 반면 외재적인 선은 가령 "권력"(power), "명예"(fame), "돈"(money) 같은 것으로,[42] 경쟁적이며, 배타적인 속

---

37 MacIntyre, *After virtue*, p. 190.
38 *Ibid.*, p. 122.
39 *Ibid.*, p. 156.
40 *Ibid.*, p. 190.
41 *Ibid.*, p. 188.
42 *Ibid.*, p. 190.

성을 가지므로 경쟁에서 승리한 개인이 차지하게 된다. 인간이 특정한 덕목을 통하여 성취하는 내재적인 선이야말로 전체 공동체에 선하며(좋으며), 전체 공동체를 풍요롭게 하는 것이다.

이상의 내용을 통번역사의 상황에 대입시켜 보자. 통번역사는 자신의 직업을 통하여 명예, 사회적 지위, 경제적 보상 등의 외재적 선을 추구할 수도 있다.

이것은 그 자체로 비판받을 만한 일은 아니지만, 이는 통번역이라는 실천에 고유한 내재적인 선이 아니다. 다른 실천을 통해서도 구현하거나 성취 가능한 (외재적인) 선들이기 때문이다. 통번역사가 추구해야 할 선이라고 말할 때 그것은 '내재적' 선을 의미하는 것이다. 오직 통번역이라는 실천을 통해서만 구현되는, 즉 그 직업적 실천을 통해서만이 구현되는 선들이어야 한다. 공동체 전체에 선이 되고, 그것을 풍요롭게 하는 것으로서 통번역사만이 성취할 수 있는 내재적 선은 도대체 무엇인가?

가장 먼저 떠올릴 수 있는 덕목은 '원활한 소통'이다. 사실 소통이야말로 결국은 오랫동안 통번역이 궁극적 목표로 삼아온 가치였다. 오랫동안 통번역은 고객과의 소통, 혹은 고객이 제시한 텍스트와의 소통, 독자 중심적 소통을 고찰해 왔다. 그런데 서로 다른 언어공동체 간의 소통이 반드시 통번역을 통해서만 이루어지는 아니다. 그리고 이것이 "전체 공동체"(예를 들어 인류)의 선과 풍요로움에 늘 기여하는지도 생각해 볼 필요가 있다. 특정 세력이 소통을 악용할 가능성, 즉 소통의 불평등/일방성/비대칭을 강요하고 고착화시킴으로써 소통의 또 다른 상대방/당사자들을 소외시키는 일은 늘 존재할 수 있기 때문이다. 따라서 통번역사의 내재적인 선을 소통 그 자체라고 규정하는 것만으로는 충분치 않다.

그렇다면 체스터만이 제시한 '이해'는 어떤가. 그는 "이해"를 통번역사의 최고의 덕목으로 주장하면서, 이해가 긍정적인 것이고, 의사소통에 따르는 고통을 줄이는 것은 부정적인 것"이라고 언급한다.[43] 체스터만이 지향하는 것은 결국 고통(suffering)이 없는 의사소통(communication)이다. 그에게 "고통"이란 잘 살펴보면, 고객의 의도, 텍스트, 기껏해야 독자의 기대, 이 세 가지를 "이해하지 못하는 것"이다. 그런 "고통" 없는 소통이 결국 '이해'인 것이다. 그러나 '이해' 역시 소통과 마찬가지로 늘 그 자체가 전체 공동체에게 선과 풍요로움을 가져다준다고 말하기 어렵다.

좋은 화가, 좋은 장기플레이어를 말할 때, '좋음'이라는 것이 내재적인 선을 가리키는 것이라면, 좋은 통번역사는 자신의 능력(competence)을 통해 소통 자체를 구현하는 데 만족하는 것이 아니라, 소통의 불평등과 비대칭성을 극복해 내고 소통의 "평등성", 소통의 "대칭성"을 구현하는 데 이르는 통번역사가 아닐까. '단지 번역하기만 하라'(just translate)이라는 고객의 주문이나 명령에 따르는 것에서 멈추지 않고, 상황에 따라 보다 평등하고 대칭적인 소통이 이루어질 수 있도록 목소리를 내는 통역사이다. 이들은 통번역사로서의 개인적 이익에 머무르지 않는다. 자신의 전 남친 Rick을 닮은 포로가 속한 "전체 공동체"를 고려하는

43 Chesterman, 'Proposal for a Hieronymic Oath', p. 152.

그런 소통의 역동적(산술적이지 않은) 균형을 추구한다. 이런 상황 속에서는 소통의 평등성이 소통의 중립성이나 객관성은 압도한다. 좋은 통번역사, 탁월한/덕이 있는 통번역사는 이러한 대등한 소통을 구현하는 통역사이며, 따라서 통번역사의 덕목을 소통의 평등/대칭성으로 다음과 같이 규정하고자 한다.

> 통번역사는 고객이나 독자를 넘어서서 자신이 속한 공동체 및 사회에 대한 책임을 진다. 따라서 통번역 상황에 개입하는 다수의 행위자들을 포괄적으로 고려하여 다양한 행위자들 간에 대등하고 대칭적인 소통이 이루어질 수 있도록 노력한다." (혹은)
> 통번역사는 통역에 참가하는 당사자들, 취약한 대상들이 대등한 소통을 누릴 수 있게 하는 데 기여한다.

5. 결론

통번역사가 자신의 실천을 자연 안에서 자신의 생계유지를 위해 필요한 행위, 경제적 재화를 축적하기 위한 행위로만 간수한다면, 그리고 통번역적 실천의 결과물을 순간적, 일시적인 것으로 간주하고 자신의 개인적 기록으로 남기거나 후세에 전하는 데 무관심하다면 통번역사는 아렌트적 의미에서 그냥 "노동"(labour)하는 자에 불과하다.[44] 반면 통번역사가 통번역 실천을 통해 남

---

44 H. 아렌트, 『인간의 조건』, 이진우·태정호 옮김, 한길사, 1996, pp. 99, 159.

긴 유형 또는 무형의 기록이나 산물을 지속적으로 인간 세계에서 사용될 수 있는 유용한 것으로 간주한다면 그는 "작업"(work)하는 인간이다.[45] 궁극적으로 통번역사가 자신의 통번역적 실천을 통해 타인들과 소통하고 협력하고 공동체의 운명과 아젠다에 참여하게 된다면, 통번역사는 노동이나 작업을 넘어서서 "행위"(action)하는 인간으로 격상되는 것이다.

---

45 *Ibid.*, pp. 202, 213.

2부

제7장.

슐라이어마허의 번역론

번역철학자 또는 번역의 사상가로 불릴 만한 사람들은 누가 있을까? 서양철학에서 보자면 「번역의 다양한 방법에 대하여」를 쓴 F. 슐라이어마허의 번역론을 살펴봐야 한다. 통역과 번역의 차이, 독자 중심의 번역이냐 저자 중심의 번역이냐 하는 서양 번역담론의 이원성을 거의 최초로 체계화하고 정리한 인물의 번역론이다. 더 나아가 실제로 플라톤의 번역자이기도 했던 그는 서양 직역론의 원조에 가까우며, 이 계보에서 가장 위를 차지하는 근원적 인물로서 19세기 번역담론을 새로운 지평위에 올려놓은 인물이다.

1. 이해의 '일반' 이론가로서의 슐라이어마허

슐라이어마허는 소위 이해의 이론이라고 하는 근대 해석학의 창시자로 보는 것이 옳을 것이다.[1] 슐라이어마허에서 딜타이, 후설, '초기' 하이데거, 가다머, 리쾨르에 이르기까지 하나의 해석학적 계보가 세워지는데 이는 어떤 의미에서 '해석'에 대한 다양한 이론들이라고 볼 수 있는 니체, 프로이드의 작업들과는 구분되는 것이다.

이해의 해석학은 본질적으로 성서의 해석 규칙을 세우는 것을 지향하는 전통적 해석학과 단절을 고하는데 그 특징은 다음과 같다.

첫째, 슐라이어마허 이전의 해석학이 특정 텍스트(예를 들어, 성서 또는 법전)에 고유한 이해를 주로 다루어 왔다. 특정 텍스트를 초월하는 텍스트 일반

1 P. Szondi, *Poétiques de l'Idéalisme allemand*, Minuit, Paris, 1975, p. 291-315을 참고할 것. 국내에서는 P. 손디, 『문학해석학이란 무엇인가』, 이문희 옮김, 아카넷, 2004로 소개되어 있다.

에서 유래하거나 그 일반을 포괄하는 이해의 특징들에 대해 크게 관심을 가지지 않았다. 하지만 슐라이어마허에서부터는 텍스트 이해의 일반적 특징들이 무엇인지에 대해 논구하기 시작한 것이다. 보다 구체적으로 '해석학적 순환'이라 불리는 '부분은 전체를 통해서 이해되고, 전체는 부분을 통해서 이해된다'든지, '저자보다 저자를 더 잘 이해하는 것'이 해석학의 목표라든지 등의 일반적 해석학의 중요한 논점들은 전부 슐라이어마허의 것이다.

둘째, 슐라이어마허 해석학은 원자자와 해석자(독자) 사이에서 상호주관적 이해의 이론으로서 스스로를 표방한다. 이는 의식으로서의 주체들 간의 커뮤니케이션 차원에서 이루어지는 '읽기'의 과정을 의미하는 것이다. 기존 해석학의 독점적 대상이었던 텍스트 자체에 대한 이해는 이제부터 무엇보다도 주체의 표현물의 이해로 재규정된다.

셋째, 이해는 주체들 간의 상호표현성(inter-expressivité)에 관계되는 모든 차원에서 일어난다. 그러나 이해의 근원적 활동영역은 언어일반(langage)임을 쉽게 짐작할 수 있다. 다시 말해, 이해라는 것은 구어와 문어의 형태로 언어적으로 표현된 것을 대상으로 한다.[2] 여기서 슐라이허마허 번역철학의 또 다른 특징이 드러난다. 상업이나 비즈니스에서 주로 활용되는 구어는 통역으로, 법률이나 예술 텍스트는 번역에 해당되는 것으로 슐라이어마허에 의해 거의 최초로 통역과 번역이 구분된다.

---

2 슐라이어마허는 사실 구어적 표현의 읽기, 즉 '대화'의 표현들에 대한 읽기를 제한한다. Szondi, *Poétiques de l'Idéalisme allemand*, pp. 295, 297을 참고할 것.

이리하여 그의 해석학은 이해 일반을 다루고자 하는 고유의 요구에서 출발하여 인간이 언어라는 지평과 차원을 만나게 되는 두 가지 방식, 즉 인간은 이러한 차원과 종속적이면서도 자유로운 관계를 동시에 맺고 있다는 슐라이어마허 해석학의 중요한 핵심이 드러난다. 다시 말해, 개별 인간은 한편으로는 자신이 사용하는 언어로부터 지배받고 있다. 인간과 그의 사유 전체가 그의 언어의 소산물이다. 다른 한편으로 인간은 자유롭고 적극적으로 사유함으로써 자신의 언어를 만들어간다. 이런 의미에서 언어라는 유연한 질료에 새로운 형식을 부여하는 것은 개인이 가진 활력이다. 그래서 모든 자유롭고 우수한 말은 위의 두 가지 차원에서 이해되어야 한다.[3] 말(Rede)이 우리 눈앞의 대상들, 혹은 단지 발화하기만 하면 되는 외재적 사실들에 전적으로 종속되지 않은 모든 경우, 그리고 화자가 다소 적극적이고 독립적인 방식으로 사유하고 스스로를 표현하고자 하는 경우, 화자는 언어와 이중의 관계를 맺게 되며 따라서 그의 말은 이러한 이중의 관계가 이해되어야만 정확히 이해될 수 있다.

여기서는 말이나 언어는 슐라이어마허 적으로 보자면 사유의 표현 혹은 사유의 전제로서의 언어뿐만이 아니라, 인간이 스스로와, 타자와, 그리고 세계와 관계맺음에 있어서 궁극적인 매개자로서의 언어 일반을 말하고 있다.

3 F. Schleiermacher, '*Ueber die verschiedene Methode des Uebersetzens*' [*Sur les différéntes méthodes de traduction*], in H.-J. Störig ed., *Das Problem des Übersetzens*, Darmstadt, 1973, pp. 43-44.

간단히 말해, 근대언어학을 통해 밝혀진 언어일반(langage)과 빠롤(parole)의 차원에 대한 것이다. 해석학이 필요한 이유는 인간 상호 간의 표현에 있어서 이해불가능성까지는 아니라 하더라도 불투명성이 존재하기 때문이다. 해석학이란 의미가 즉각적으로 명시적이지 않은 경우, 의미를 담고 있는 표현들로부터 그 의미를 도출해 내는 것이다. 결론적으로, 언어를 더 이상 소통이나 의사전달의 수단으로 보지 않고 하나의 장(場)으로 보는 것, 이것이 바로 새로운 점이다.

2. 번역의 일반 이론가로서의 슐라이어마허

1813년 6월 24일, 슐라이어마허는 베를린의 왕립과학아카데미에서 『번역의 다양한 방법들에 관하여』라는 제목의 강연을 한다. 이 강연회의 내용은 훗날 그의 『전집』에 수록되며 그 시기 슐라이어마허가 수행하던 해석학 연구들과 내용적으로 연결되어 있다. 이 텍스트에 대해 한 가지 사실을 강조하여야 한다. 이 텍스트가 당시 독일에서 번역에 대한 체계적이고 방법적인 접근을 제시한 유일한 연구라는 점이다. "방법적"이라 함은 이 글에서 슐라이어마허가 단순히 분석만 한 것이 아니라 다양한 정의들을 통하여 번역의 가능한 방법들을 도출해 내었기 때문이다. "체계적"이라 함은 슐라이어마허가 이해의 영역 전체 속에서 번역행위의 범위와 목적을 설정하고자 하였기 때문이다.

슐라이어마허는 좁은 의미의 서로 다른 언어 간의 번역에서 출발하는 것이 아니라, 포괄적 의미에서의 번역에 대한 성찰에서 출발한다. 다시 말해, 어떤 말을 해석해야 하는 상황이면 언제나 '번역'이 발생한다. 우리말이 아닌 다른 언어로 외국인이 말을 걸어오거나, 혹은 농부가 사투리로 우리에게 말할 때, 혹은 모르는 사람이 우리가 이해하기 어려운 이야기들을 할 때, 우리가 예전에 했던, 그러나 지금은 그 뜻이 불명료해진 말들을 다시 접할 때, 이 모든 상황에서 우리는 '번역'의 행위를 하게 되는데, 반드시 외국어를 번역하는 것이 가장 어려운 일이라고 보기는 힘들다. 간단히 말해, 모든 종류의 커뮤니케이션은 이해로서의 번역행위를 일정 정도 담지하고 있다는 것이다. 따라서 우리는 늘상 '번역'을 하는 것이다.

그러나 슐라이어마허는 곧이어 포괄적 의미의 번역을 한정적 의미의 번역, 즉 서로 다른 언어 간의 번역과 구분한다. 여기서 첫 번째 구분, 포괄적-한정적 번역의 구분에 이어, 두 번째 구분이 등장하는데 그것은 바로 번역가와 통역가의 구분이다. 이 구분은 다음의 내용을 토대로 한다. 즉 통역이라는 것은 주로 '상거래 활동'에 관련된 것인 반면 번역은 주로 '학문'과 '예술'의 영역, 즉 철학과 문학의 영역에 관계된다고 보는 것이다. 이러한 구분은 통역이 본질적으로 말을 대상으로 하고 번역은 본질적으로 글을 대상으로 한다는 구분을 함의한다. 이러한 구분이 단순한 상식을 토대로 한 것이라면, 슐라이어마허는 여기서 더 나아가 보다 본질적인 또 다른 구분, 즉 객관적인 것과 주관적인 것의 구분을 통하여 그 근거를 찾는다.

원문에서 저자가 덜 드러날수록, 저자는 오직 원문이 가리키는 대상의 포착을

위한 기관일 뿐이다. 이 경우 번역은 단순히 통역의 한 유형일 뿐이다.[4]

원문의 저자가 객관적인 내용의 단순한 시종(侍從) 역할을 할 경우, 그것은 말의 형태이건 글의 형태이건 통역인 것이다. 다시 말해 원문에서 저자의 주관성은 어느 정도 배제되고, 개관적인 내용의 전달이나 탈주관적인 내용의 전개가 더 중요하다면 번역은 통역에 가까워지고 거기에 한정된다는 것이다.

반면, 저자가 '학문'이나 '예술'의 분야에서 자기를 표현하고자 하는 경우는 번역인 것이다. 이후 슐라이어마허는 이러한 구분을 좀 더 상세하게 설명한다.

> 사유와 표현은 본질적으로, 내면적으로 동일한 것이다. 그리고 [⋯] 말을 이해하는 것, 그러니까 번역과 관련된 모든 기법은 바로 이러한 신념을 토대로 하고 있다.[5]

다시 말해, 통역의 영역은 언어가 어떤 두께도 없이 단순히 대상을 지칭하는 영역이다. 여기서 언어는 극도로 단순화될 뿐 아니라, 그 자체로서 가치를 가지지 못한 채 내용을 전달하는 무심한 매개체에 지나지 않는다. 그러나 예술, 문학과 철학에서 저자와 텍스트는 앞서 언급한 이중의 관계를 언어와 맺

---

4 이는 해석학에서 사용되는 것과 동일한 구분으로, 해석학에서는 모든 것이 이해행위의 대상이 되지는 않는다고 보고 있다. 참고. Szondi, *Poétiques de l'Idéalisme allemand*, p. 296.

5 Schleiermacher, 'Methoden des Vbersezens', in Störig, *op. cit.*, p. 60.

게 된다. 즉, 말하거나 글을 쓰는 주체의 주체성이 표현되는 동시에 그 결과물인 언어도 기존의 그것에서 변화되는 것이다. 문학적 담론 또한 한 개인의 독창적 표현(그의 빠롤)인 동시에, '언어의 삶에 있어서도 새로운 계기이다.'[6] 이 두 가지 차원은 서로 별개인 동시에 하나이며, 번역가뿐 아니라 해석학자도 이러한 두 가지 차원과 관계를 맺게 된다. 해석자도 원자자의 텍스트를 해석한다고 하면 그것은 해석자의 주관성이나 주체성이 표현되는 것이며, 이전에 없었던 새로운 언어의 무엇이 생성되고 확장되는 것이다.

문학과 예술, 철학은 따라서 '주관적' 영역에 속하는데, 여기서 '주관적'이라 함은 통역에 속하는 텍스트들의 경우와는 달리, 언어 그 자체와 내밀한 관계를 맺고 있음을 의미한다. 주체의 주관적 요소와 모국어의 내밀함에 밀착되어 있는 문학적, 철학적 텍스트들은 모든 객관성으로부터 멀어지게 된다. 이때 '객관성'은 누가 번역하거나 해석하거나 표현하거나 상관없이 그 내용적 함의가 일정해서 주체와 관계가 없다는 뜻이다. 하지만 당대에 시작되었던 언어에 대한 새로운 인식, 즉 언어가 재현(représentation)이라기보다는 표현(expression)이라는 인식, 다시 말해 언어일반은 우리 눈앞에 펼쳐지는 지각된 사물과 대상을 향한다기보다는 그것을 번역하거나 해석하는 활동적 주체 쪽에 뿌리를 내려야 한다는 인식과도 결부된 것이다.

여기서 진정한 번역의 영역이 어떻게 도출되는지 살펴보자. 한 언어의 역

---

6 *Ibid.*, p. 44.

사적 삶을 이루는 과학 및 예술 작품들을 전달하는 것이 바로 번역가가 할 일이다. 그런데 이국의 언어의 내밀함을 담고 있는, 그리고 그러한 언어로 스스로를 표현하는 주체의 내밀함을 담고 있는 어떤 것을 번역가는 어떻게 자신의 언어로 담아낼 것인가? 타 언어의 내면성과 이국의 저자의 내면성을 어떻게 전달할 것인가? '이러한 관점에서 보면 번역하기는 그 자체로서 무모한 시도처럼 보이지 않는가?'[7] 그러나 서로 완전히 떨어져 있는 두 사람, 즉 저자와 독자를 진정으로 소통하게 하고자 하는, 그래서 독자를 자신의 모국어의 테두리 밖으로 끌어 내지 않으면서도 저자의 즐거움과 이해에 오차 없이 온전하게 다가갈 수 있게 하려는 진정한 번역가는 과연 어떤 길을 택해야 하는가?[8]

모든 번역의 일반적 과정을 가능한 한 최대한 주관적인 방법으로 규정한 이 질문에 대한 대답은 질문의 형식 자체에 이미 들어있다고 볼 수 있다. 우리가 친구에게 낯선 사람 하나를 만나게 하고자 한다고 가정해 보자. 내 친구가 그 낯선 사람을 만나러 가거나, 혹은 그 낯선 사람이 내 친구를 만나러 오게 될 것이다. 번역의 방법에 관한 슐라이어마허의 결정적인 논점을 아주 명료하게 정리한 언명이라고 볼 수 있다.

번역가가 저자를 최대한 편안하게 두고 독자를 그에게로 가게끔 하거나, 혹은

7 *Ibid.*, p. 45.
8 *Ibid.*, p. 47.

독자를 최대한 편안하게 두고, 저자를 독자에게로 데리고 갈 수 있다.[9]

전자의 경우, 번역가는 독자가 그 자신으로부터 나와서, 탈중심의 노력 속에서 이국의 저자를 그 낯섦의 존재 속에서 만나게 하고, 후자의 경우 번역가는 저자가 그 낯섦을 벗어버리고 독자에게 친숙해지게끔 하는 것이다. 슐라이어마허가 제안한 번역의 이 두 가지 길은 현대 번역학 담론에서도 새롭게 번역되어 이국화하는 번역과 자국화하는 번역, 또는 충실한 번역과 자유로운(또는 배반하는) 번역, 문자(lettre)중심적 번역과 의미중심적 번역 등등의 형태로 새롭게 재현되는 번역의 방법에 대한 이원적 구조틀과도 같은 것이다. 번역이 원문(Source text)을 따라야 하느냐 혹은 도착문(Target text)을 따라야 하느냐, (원문에) 충실해야 하느냐, (도착문에) 자유로워야 하느냐 등 번역에 관해 이야기될 수 있는 모든 것들은 슐라이어마허의 두 방법으로 집약될 수 있는 것이다. 원저자에 충실한가, 독자의 의미에 충실한가, 혹은 지나치게 문자적인가 혹은 지나치게 자유로운가의 문제는 각각의 방법론에 따라 그 함의가 달라진다.[10] 슐라이어마허는 1813년 이 강연의 나머지 부분에서 이 두 가지 방식을 분석하고 전자의 번역방식의 조건과 의미를 검토하면서 그러한 방식을 굳건히 옹호면서, 두 번째 번역방식이 가지는 근본적 모순을 다음과 같이 설명한다.

---

9 *Idem.*
10 *Ibid.*, p. 49.

우리는 어떤 저자를 번역할 때, 그 저자가 마치 독일어로 쓴 것처럼 번역해야 한다.[11]

과연 우리는 한국어를 모국어로 가지면서도 동시에 독일어나 프랑스어를 모국어로 말하거나 쓰는 것처럼 할 수 있는가? 이는 단순히 이중 언어능력의 문제를 말하는 것이 아니다, 오히려 한 언어와 그 언어 사용자 사이의 근본적인 연대나 애착의 관계가 다른 언어와의 그것보다 본질적으로 같은 정도일 수 있는지를 묻는 것이다.

사태를 이와 같은 방식으로 재정립하는 것이 의미를 가지는 것은 번역이 이해를 구성하는 근본적인 한 부분이 되었기 때문인데 이런 방식은 타자를 환대하고 자신의 집에 어느 정도 공간을 내어주어 그를 거주하게 할 것인가 아니면 나의 언어, 나의 삶의 방식을 중심으로 타자에게 그것을 어느 정도 강제함으로써 나의 가정적 및 직업적 평온함이나 내 집 같은 편안함에 만족하고 그것만을 고집하는 자민족 중심주의와도 결국 이어진다. 따라서 19세기 초 번역담론을 근본적 차원에서 구조화시킨 슐라이어마허의 근본적 물음과 번역윤리적 태도는 그 구체적인 해결책에 대한 찬성과 반대 여부를 떠나 번역의 방법, 방식, 윤리 등의 문제들에 있어서 근본적인 물음을 던진 작업이라고 평가할 수 있을 것이다.

---

11 *Ibid.*, p. 48.

3. 진정한 번역과 모국어

슐라이어마허의 체계적 논지에 따르면 이해나 소통에도 진정한 것과 진정하지 않은 것이 있는 것처럼, 번역에도 진정한 번역과 진정하지 않은 번역이 있다고 보는 것이다.

이국의 저자가 마치 '독일어로' 쓴 것 같은 텍스트를 독자에게 제공하고자 하는 번역은 진정하지 않은 번역이다. 그 이유는 이러한 번역이 해당 텍스트의 원저자가 자신의 모국어와 맺고 있는 심오한 관계를 부정하기 때문이다. 이것은 마치 친권(親權)을 부정하는 것과도 같은 것이라고 슐라이어마허는 단언한다. 만일 어떤 번역가가 독자에게 이렇게 말한다면 어떻게 대답할 것인가? "내가 당신에게 가져온 책은 이 사람이 만일 독일어로 썼다면 이렇게 썼을 것 같은 책입니다." 그러면 독자는 그에게 대답한다. "그건 마치 이 사람의 어머니가 생부와는 또 다른 아버지와의 사이에서 그를 낳았다면 그가 어떻게 되었을 지를 그린 초상화와 같지 않은가요? 왜냐하면 작가의 정신은 학문과 예술에 속하는 작품들의 어머니이고, 모국어는 그 작품들의 아버지이기 때문입니다."[12]

따라서 이러한 주장은 다른 사람의 모국어를 부정하는 이론인 동시에, 스스로의 모국어를 부정하는 논리이기도 하다. 이것은 모국어라는 이념 자체를 부정하는 논리인 것이다. 타자를 부정하는 사람은 스스로도 부정한다. 거꾸로

---

12 *Ibid.*, p. 65.

말하면 스스로를 긍정하는 사람만이 타자를 긍정할 수 있는 것이다. 그리고 슐라이어마허가 상세히 개진하지는 않으나, 이러한 유형의 번역은 적어도 독일의 경우에는 자국의 언어가 아직도 확립되지 못한 문화적 상황, 자국의 언어가 이국 언어의 차이를 그대로 수용할 수도 없는 상황, 그러면서도 '고양된' 언어로 스스로를 내세울 수도 없는 상황, 언어공동체의 성원들이 보다 교양 있는 이국 언어를 쓰려는 유혹에 빠지는 상황 등에 기인하는 것으로 본다.

> 모국어가 완결된 형태를 갖추지 못하는 한, 그것은 부분적인 모국어에 머물 뿐이다.[13]

그래서 라틴어나 프랑스어와 같은 이국의 언어들이 이러한 부분적 모국어를 보완하게 되는 것이다. 그래서 독일의 문화적 이중언어주의는 오랫동안 모국어와 번역의 문학적 도약을 동시에 가로막게 된다. 왜냐하면 여기서의 이중언어주의는 낯선 것으로의 개방을 의미하는 것이 아니라, 오히려 낯선 것에 지배당함을 의미하는 것이기 때문이다. 모국어가 문화언어로 자리매김을 하게 되면 그 언어를 사용하는 공동체는 이국 언어를 말하는 대신 그 언어를 번역하겠다는 생각을 하게 된다. 반면, 모국어가 번역 언어가 되지 못하는 한, 그리고 그 언어를 말하는 사람들이 이국의 것에 자유롭게 관심을 가지지 못하는

---

13 *Ibid.*, p. 61.

한, 문화의 언어가 될 수 없다. 따라서 진정하지 않은 번역은 모국어 및 기타 언어들과의 진정하지 않은 관계 맺기를 의미하는 것이다. 슐라이어마허에 따르면 진정한 번역이 가능하려면, 두 가지 조건이 전제되어야 한다. 첫째 이국 작품을 이해하는 것이 낯설지 않고 바람직한 것이 되어야 하며, 둘째, 모국어가 일정 정도의 유연성을 가져야 한다.[14]

진정하지 않은 번역은 낯선 것과의 관계맺기가 결여되어 있다는 점을 제외하고는 자국의 문화나 언어에 어떤 위험도 내포하지 않음은 명백하다. 그러나 이러한 번역은 낯선 것과 이미 맺어진 나쁜 관계를 그대로 투영하거나 무한히 반복할 뿐이다. 반면, 진정한 번역은 분명 위험을 담고 있다. 이러한 위험에 맞서려면 스스로에 대해, 그리고 스스로 외부의 것을 동화하는 능력에 대해 자기신뢰가 있는 문화여야 한다. 이런 의미에서 슐라이어마허에게 진정한 번역이란 모국어의 가족적인 평안함(*das heimische Wohlbefinden der Sprache*) 안에 안주하지 않으면서도 이국 언어의 낯선 것을 자신 안에 가져오는 것일 것이다, 따라서 다른 언어와 관계하지 않고 한 언어의 순조롭고 내재적인 발전을 독자적으로 갖는다는 것은 하나의 신화에 가깝다. 따라서 하나의 언어와 다른 언어와의 부단하고도 쉼 없는 관계가 번역이라면 오히려 그런 번역의 관계, 번역이라는 관계를 통해 하나의 언어가 바로 언어가 되는 것일지도 모른다. 좀 더 직접적으로 말한다면 번역이 언어의 본질일 수도 있는 것이다.

---

14 *Ibid.*, p. 58.

4. 결론

슐라이어마허가 주장하는 진정한 번역이란 독자를 부단하게 저자의 것에로 다가가게 함으로써 번역가나 독자들이 스스로를 낯선 것에게 열리게 하는 번역이다. 이는 이미 말한 대로 모국어의 내재적 평온함을 어느 정도 내던지는 위험을 기꺼이 감내하는 것이기도 한다. 하지만 이러한 위험의 유익함이나 성과는 없는 것인가? 바로 이것이 그 당대의 모든 진정한 빌둥이 치러야 하는 대가이기도 하다. 이런 점에서 슐라이어마허에게 있어서 빌둥을 위해 이러한 댓가를 감내해야 함은 독일 지성인으로서의 자기의식뿐 아니라 해석학자로서의 자기의식에서 나오는 하나의 확신이었다. 빌둥이라는 것은 하나의 선택이다. 다시 말해, '낯선 것을 모국어에게 소개하는 것', 그리하여 이 '낯선 것'을 통하여 모국어가 확장되고 비옥해지고 변화되는 것을 받아들이는 것, 낯선 것이 가지는 '매개적 본성'을 수용하는 것, 그것이야말로 전적으로 방법론적인 고찰에 선행하는 하나의 선택인 것이다. 이러한 언어적 영역을 창조하는 것이야말로 모국어의 확장(*Erweiterung*)을 실현하는 것으로 모아진다.

제8장.

발터 벤야민의 번역론

1. 반상식적인(?) 번역담론

번역의 긴 역사에서 번역 활동에 대한 이론적 성찰은 늘 있어왔다. 번역 활동을 성찰할 때 시대별로 빼놓을 수 없는 텍스트들이 있게 마련인데 19세기에 슐라이어마허가 있었다면 20세기에는 발터 벤야민이 있었다 해도 과언이 아니다.

발터 벤야민은 「기술복제시대의 예술작품」이라는 텍스트로 널리 알려진 문예 이론가이자 문필가 그리고 재야 철학자이다. 그런데 번역학에서 발터 벤야민에 대해 관심을 가지는 이유는 그가 남긴 한편의 글 때문이다. 이 글은 벤야민이 프랑스 시인 보들레르의 『파리 풍경들』(*Tableaux Parisiens*)을 직접 독일어로 번역하여 출간하면서 서문으로 실었던 일종의 에세이다. 하지만 이 에세이는 훗날 벤야민 전집이 출간될 때, 별도의 부연 설명 없이 독자적으로 실려, 벤야민의 번역론을 대변하는 글로 인정받게 되었다. 번역담론사에서 19세기가 슐라이어마허의 것이었다면, 20세기의 기원을 열었던 사람이 바로 벤야민이다. 짧지만 난해한 이 글은 국내에서도 각기 다른 역자에 의해 전부 세 번이나 번역되어, 번역 자체가 하나의 사건인 논문이기도 한다. 난언컨대, 번역에 관한 가장 형이상학적이고 함축적인 논의가 전개된 글이 아닐 수 없다. 번역철학이나 번역이론에서 국내외를 막론하고 가장 많이 언급되거나 인용되지만 진지하게 주석되거나 정리된 바 없는 글이다. 독자들이 보기에 아마도 반(反)상식적 번역론을 서슴지 않는 벤야민의 연구를 통해, 우리는 언어들 간의 관계 맺음으로서의 번역이 오히려 각 개별 언어의 언어됨을 규정한다는 가장 근원적 의미의 번역론을 이끌어 내보려고 한다.

그런데 이 단편적이고 압축적인 에세이에 대한 독립된 연구서나 주석을 찾아보기란 쉽지 않다. 최근 들어 『아케이드 프로젝트』 등 벤야민의 저서들이 꾸준히 번역되고 있음에도 불구하고, 국내 연구자들의 연구 논문에서는 물론 해외 연구자들에게서도 이 에세이는 집중적 탐구의 대상이 되지 못한 채이다. 벤야민의 번역론은 그의 언어이론이나 언어철학의 하위 범주로 지극히 제한적으로만 언급되고 있을 뿐이다.

「번역가의 과제」[1]는 우리말 번역본으로 15페이지에 불과한 짧은 글이지만, 읽기에 상당히 불친절한 텍스트이다. 「번역가의 과제」의 서두는 아래와 같은, 다소 충격적인 말로 시작된다.

> 어떤 예술작품이나 예술형식을 인식하는데 수용자를 고려하는 일은 결코 생산적이 되지 못한다. […] 그러나 정작 실제의 예술작품에서는 인간의 반응은 별로 문제시되고 있지 않은데 그 이유는 그 어떤 시도 독자들을, 그 어떤 그림도 관람자를, 또 그 어떤 심포니도 청중을 겨냥하고 있는 것은 아니기 때문이다.[2]

---

1 우리는 필요에 따라 벤야민의 「번역가의 과제」의 불어판 'La tâche du traducteur', *Oeuvres I. Mythe et violence*, tr. M. de Gandillac, Gallimard, 2000: 244-262와 영어판 'The Task of The Translation: An introduction to the translation of Baudelaire's Tableaux Parisiens', tr. H. Zohn, in *The Translation Studies Reader*, ed. L. Venuti, Rouledge, 2000: 15-23을 참조하였다.

2 W. 벤야민, 「번역가의 과제」, 『발터 벤야민의 문예이론』, 반성완 편역, 민음사, 1983, p. 319.

이 서문을 잘 들여다보면 우리는 번역과정에서 중요하게 등장하는 많은 문제 영역들을 발견하게 된다. 우선 수용자인 독자의 문제가 제기된다. 벤야민이 말하듯, 어떤 시(詩)도 독자를 위한 것이 아니라면, 어떤 번역도 독자를 위한 것이 아닐 수밖에 없다. 이 밖에도 위의 선언을 번역에 연관 지어 보면, 번역과 모국어 독자사이의 문제, 원문과 번역문 사이의 존재론적 차이와 위상의 문제, 원문 텍스트의 종류의 문제, 궁극적으로는 번역의 목적과 역할의 문제 등이 파생적으로 제기될 수 있다.

본 장에서는 상당히 난해해 보이는 「번역가의 과제」라는 텍스트의 중요한 주장들과 테제들을 몇 가지만이라도 해명하여 이 글이 지니는 번역학적 함의와 그 언어철학적 의의를 되짚어보고자 한다.

2. 벤야민의 언어론과 번역론

벤야민의 번역에 대한 성찰을 살펴보기 전에 우선 언어 전반에 대한 그의 입장을 이해할 필요가 있다. 벤야민은 "모든 언어는 자체 내에서 자기 자신을 전달하며 가장 순수한 의미에서 전달의 중간자(*das Medium*)"라는 말로 자신의 언어관을 압축적으로 정리한다.[3] 단적으로 말해 언어는 다른 사물이나 지시대상을 가리키는 것이 아니라, 무엇보다도 자신을 소통시킨다는 것이 그의 주장이다. 언어가 사물을 지시하는 것이 아니라 오히려 자기 자신을 전한다는 말

3 김영옥, 「벤야민의 경험이론: 언어철학과 역사철학이 만나는 곳」, 『현대비평과 이론』, 4(1)(통권 7호), 1994, p. 163.

은 도대체 무엇인가? 이미 비트겐슈타인에 대한 어느 정도의 대척점에 서 있는 입장이 비슷한 시기에 정립이 되어 있었다고도 볼 수 있다. 한 언어가 무엇인가를 말하고 알려주는 매체라 할지라도 언어 그 자체로서 의사소통적 기호 체계는 아니라는 것이다. 결국 벤야민은 언어가 단순한 의사소통의 수단이 아니라고 주장함에 따라 언어에 기반을 둔 번역 활동 또한 의미나 저자의 의도를 전달하는 작업 이상의 것으로 보는 것임에 틀림없다. 또 그렇게 주장해야만 벤야민의 내재적인 논리와 주장에 정합적이라고 볼 수 있을 것이다. 그렇다면 앞서 인용한 「번역가의 과제」 서두 또한 언어에 대한 벤야민의 생각과 입장에서 보자면 그다지 놀랄 만한 입론(立論)은 아닐 수 있는 것이다.

이러한 벤야민의 언어론과 번역론은 언어 기호가 비록 탁월한 기호적 특성이 있었다 하더라도 시니피앙과 시니피에로 구성된 여러 기호중 하나이므로 메시지나 의미를 전달하지 않는 언어 기호란 불가능하다는 소쉬르 같은 전통적인 언어학의 입장과 충돌한다. 여기서 중요한 것은 그의 이러한 언어관이 그의 번역관에 상당부분 반영되고 있다는 점이다. 번역이 두 언어 사이에서 일어나는 의미의 복원이나 의미의 포착[4]이 아니라면, 과연 벤야민은 두 언어 간의 번역에서 무엇을 옮겨야 한다고 믿고 있는 걸까?

그런데 벤야민이 의미중심 번역에 반기를 든다고 해서 그런 번역을 일괄적으로 부정하는 것으로 보기도 어려운 면이 있다. 다만 벤야민은 의미중심 번

---

4 A. 베르만, 『번역과 문자: 먼 것의 거처』, 윤성우·이향 옮김, 철학과현실사, 2011, p. 46.

역은 번역가의 현재적 활동 양상을 지적하는 번역의 한 방식일 뿐이라고 보고 있는 듯하다. 이런 점에서는 정확히 슐라이어마허의 해석학과 번역론의 계열에 서 있다고도 볼 수 있다. 그래서 그의 번역론을 압축해서 보여주는 이 에세이의 제목은 번역가의 과제(임무, *Aufgabe*)인 것이다. 벤야민은 결국 의미중심 번역에 만족하고 거기에 머무르는 번역, 어떤 지향도 없는 번역에 이의를 제기하는 것이 아닐까? 현실의 번역가가 머무르는 상태, 현실의 번역가가 만족하는 번역의 자족적 수준을 벗어나(*auf-*), 이를 넘어서는 것이야말로 고유한 의미의 번역가가 지향해야 되는 것이 아닌가라고 벤야민은 묻고 있는 듯하다.

그렇다면 과연 「번역가의 과제」라는 에세이는 번역가의 과제에 대해 일목요연하고 정리된 목록을 보여주는가? 사실 이 질문에 긍정적으로 답하기는 어렵다. 벤야민은 몇 차례 번역가의 과제에 대한 언급을 하지만 대부분은 번역가가 아닌 번역 활동 또는 번역 행위의 과제나 임무에 대해 설명하고 있을 뿐이다. 더욱이 벤야민은 의미중심 번역을 넘어설 것을 주장하면서도 왜 이러한 번역방식을 넘어서야 하는지에 대한 구체적 논거를 제시하고 있지 않다.

3. 의미를 넘어서 어디로?

벤야민의 「번역가의 과제」가 실렸던 보들레르의 시(詩)의 독일어 번역서는 겨우 500부만 인쇄되는데 그쳤으며, 이후 벤야민은 소설가 프루스트의 작품에 대한 부분적인 번역을 시도했으나, 성공적 번역가로 명성을 얻지는 못했다. 따라서 그의 「번역가의 과제」가 성공한 번역자의 글이 아니라는 점을 들어 그의 번역론을 거부할 수도 있다. 그러나 벤야민이 자신의 에세이에서 밝힌 번역 성찰이 스스로의 번역 체험에 대한 소회를 밝히는 데서 머무는 것은 아니다.

「번역가의 과제」에서 벤야민은 의사소통이나 정보전달 이상의 어떤 것을 목표하는 번역들이 등장하는 시기를 논하면서, 원작품이 당대나 후대에 살아남아 명성과 명예를 획득하게 될 때 그러한 번역들이 탄생한다고 말한다. 이것은 번역이 원작품의 명성에 의존적이라는 의미로 해석할 수도 있지만, 역으로 원작품의 명성에 번역이 기여할 수도 있음을 시사한다. 벤야민은 "번역 속에서 원작품의 생명이 거듭 지속적으로 새로워지고, 그 생명이 가장 때늦게 그리고 가장 포괄적으로 자신을 전개"할 수도 있다고 주장한다.[5] 벤야민이 번역을 원문과 동일한 것의 반복으로 보지 않고 원문의 어떤 것을 증폭하고 쇄신할 그 무엇을 담고 있다고 보는 이유는 어디에 있는 걸까? 그 이유는 원작품에서는 명시적으로 드러나지 않던 특정한 함의가 번역을 통해 그리고 번역 안에서 드러날 수 있기 때문이다.[6] 마치 하나의 조형미술작품을 감상할 때 그 작품의 주변을 돌며 다양한 각도와 구도에서 작품을 느끼듯 번역을 통해 원작에 담겨있는 다른 양상을 보게 된다는 것이다. 하나의 사물이 하나의 관점이나 시점에서는 하나의 측면만을 노출하듯이, 하나의 원작품도 또 하나의 다른 언어로 번역되거나 동일한 언어 내에서 다른 번역자의 관점에서 번역될 때 그에

---

5 Benjamin, 'La tâche du traducteur', pp. 247-248.
6 *Ibid.*, p. 247.

고유한 양상을 노출시킬 수 있는 것이다.

번역의 지향점과 번역가의 과제로 좀 더 다가가 보자. 벤야민은 에세이의 전반부에서 두 차례에 걸쳐 번역은 하나의 형식이라고 설명한다. 번역과정이 출발언어와 도착언어라는 두 언어를 무미건조하게 등치시키는 작업이 아니며, 두 언어 사이에서 의미를 전달만을 목표로 하는 작업도 아니라고 여기는 벤야민은 번역이 모든 문학 형식들 중에서 원문 언어의 성숙과정과 그 산고(産苦)에 각별하게 주목하는 하나의 문학형식[7]이라고 주장한다. 원문 언어가 세기(世紀)를 거치면서 변화하는데다가 번역자의 모국어 역시 변화하기 때문에 시대를 거쳐 우리 곁에 남은 원작품의 언어가 변화하고 성장한 과정을 음미하고 이를 단련하며 시험해 내는 작업이 바로 번역이라는 것이다.

결정적으로 벤야민은 번역가의 과제가 자신이 번역어를 통해 원문의 메아리를 일깨우는 것인데, 이는 의미의 복원보다는 형식의 복원을 통해서 이루어진다고 주장한다.[8] 벤야민은 여기서의 형식이 도대체 무엇인지를 구체적으로 설명하지는 않는다. 다만 문학의 작품의 본질은 포착할 수 없는 것, 신비로운 것, 시적인 것이라고 말하면서 번역가가 스스로 시작(詩作)하는 시인이어야 그 시적인 것을 복원할 수 있는 것이 아니냐고 반문할 뿐이다.[9] 이를 통해 유추컨대, 벤야민이 언급한 형식이라는 것은 시적인 것과 모종의 연관성을 가진

---

7 *Ibid.*, p. 250.
8 *Ibid.*, p. 256.
9 *Ibid.*, p. 245.

것으로 보인다. 어쨌든 벤야민에 따르면 번역은 조각난 사기그릇의 파편을 하나씩 주워 그것을 다시 복원하듯 애정을 가지고 그리고 디테일한 부분까지 원문의 표현방식을 번역 언어 속에 체화하도록 해야 한다고 말한다.[10] 역으로 말하자면, 원문이 그 나름의 질적 가치와 위엄을 덜 가질수록 번역은 내용의 측면에서 의미를 전달하는 데 치중하게 되고 그렇게 의미가 번역의 지배적인 요소가 되면 형태적으로 완성도 있는 번역은 어려워진다고 보는 것이다.[11] 결국 벤야민에 따르면 좋은 번역가는 원문의 표현, 이미지, 소리가 서로 결합되는 지점까지 파고들어가는 번역가이다.[12] 이제 우리는 번역은 형식이라는 벤야민의 선언을 부분적으로나마 이해할 수 있게 되었다.

여기서 우리는 한 발 더 나아가 다음과 같이 자문할 수 있을 것이다. 단순하게 의미의 복원을 넘어서 형식의 복원에까지 진척된 번역 활동은 도착언어 또는 번역가의 모국어에는 어떤 영향을 미치는 걸까?

벤야민의 말대로, 이국의 언어에 담긴 메시지나 의미를 전달하는데 머무르지 않고 그 언어의 음성적, 운율적, 이미지적, 표현적 특성 등 다양한 형식적 특성들을 번역을 통해 번역가의 모국어 안에서 수용되도록 최대한 노력하는 것이 번역가의 과제라면, 모국어는 번역을 통해 수많은 낯선 언어를 접하게 되고, 그 과정에서 더욱 확장되고 심화되는 것이 아닐까?[13] 이런 의미에서 벤

---

10 *Ibid.*, p. 257.
11 *Ibid.*, p. 260.
12 *Idem.*
13 *Idem.*

야민은 슐라이어마허의 전통을 계승하면서도 이미 20세기 후반의 베누티 같은 번역학자의 이국화(foreignaization) 개념을 오래전에 예고하고 있는 것으로 보인다.

결국 번역 활동을 통해 번역자의 모국어는 이국언어의 낯섦과 마주하게 되고, 이를 통해 폐쇄적이고 (악)순환적인 자기 동일성에서 벗어날 수 있는 기회를 제공받게 될지도 모른다는 것이 진정 중요한 사실이다. 물론 이것은 번역가의 과제나 임무가 성공적으로 성취됨에 따라 얻어지는 것이다.

4. 순수 언어의 문제

벤야민의 「번역가의 과제」의 첫 부분을 인용하며 우리는 그 인용문에서 수용자인 독자의 문제, 번역과 (모국어) 독자사이의 문제, 원문과 번역문 사이의 존재론적 차이와 위상의 문제, 원문 텍스트의 종류의 문제, 궁극적으로는 번역의 목적과 역할의 문제 등 다양한 문제에 대한 벤야민의 파격적 암시를 읽어냈다. 하지만 벤야민의 「번역가의 과제」를 읽는 독자들이 가장 곤혹스러워 할 수 있는 부분에 대해서는 아직 언급하지 않았다. 그것은 바로 순수 언어(*reine Sprache*)의 문제이다. 철학자 리쾨르는 번역이 가져다주는 시련을 언급하면서 완벽한 번역에 대한 염원과 욕망에서 순수 언어 개념을 내세운 벤야민을 비판적으로 언급한다.[14] 벤야민의 순수언어라는 것이 결국, 메시아에 대한

14 P. 리쾨르, 『번역론: 번역에 관한 철학적 성찰』, 윤성우·이향 옮김, 철학과 현실사, 2006, p. 87.

기다림을 언어적 차원에서 재현한 것에 다름 아니라고 리쾨르는 보고 있다.[15] 순수언어란 과연 무엇인가?

사실 벤야민의 글에서 이 개념의 앞뒤 문맥을 자세히 들여다보아도 이 개념 자체에 대한 직접적 설명은 거의 없다. 더구나 독일 문학을 연구하는 국내 문헌들이나 번역학을 소개하는 저서에서도 순수언어는 언급만 될 뿐, 충분히 설명되지 않는다.[16] 일단 벤야민의 텍스트에서 순수언어가 언급된 대목들을 살펴보면 다음과 같다.

> 진정한 번역은 투명하다. 진정한 번역은 원문을 은폐하거나 방해하지 않는다. 오히려 그렇기보다는 마치 자기 스스로의 매개를 통해 한층 강화된 순수 언어를 원문 위에 보다 더 온전한 방식으로 내려앉도록 한다.

> 무겁고 낯선 의미로부터 순수언어를 해방시키고 상징화하는 것을 상징된 것으로 만들어 내고 그런 형태를 지닌 순수언어를 일반 언어의 운동 속에 재통합시키는 것, 바로 이것이 번역의 막중하고 유일한 능력이다.

> 더 이상 아무것도 의미하지도 않고 표현하지 않는 그러나 무표현적이면서도 창조적인 순수 언어 […]

---

15 *Idem.*
16 J. 먼데이, 『번역학 입문: 이론과 적용』, 정연일·남원준 옮김, 한국외국어대학교출판부, 2006.

> 번역가의 과제란 다른 언어 속으로 추방당한 순수 언어를 자신의 언어 안으로 되가져오는 것이며, 작품 속에 잡혀 있는 순수 언어를 원작의 재창조를 통해 해방시키는 것이다.[17]

적어도 위의 인용문들에서 파악해낼 수 있는 것은 번역의 지향 또는 번역가의 과제란 두 언어, 다시 말해 출발언어(원문)와 도착언어(모국어)에만 관계되는 일이 아니고 제3의 언어(순수 언어)와 밀접한 관련을 가진다는 점이다.

벤야민이 번역을 상이한 두 언어 간에 의미를 수평적으로 이동시키는 것이라고 보지 않았다는 점을 우리는 여러 차례 강조했었다. 따라서 제3언어의 수직적 개입이 필요하다는 것이다. 왜 그런 생각에 이르게 되었을까? 언어 기호의 구성 요소 중에 내용, 의미, 시니피에보다는 형식, 소리, 시니피앙에 중요성을 부여하는 벤야민의 번역론은 의미들 간의 보다 일반적이고 보편적인 이동과 전이에만 만족하지 못한다. 그래서 다른 언어들의 형식적 및 형태적 요소에 개방적이고 이를 모국어 안에 수용하려는 의지를 강하게 비춘다고 볼 수 있다. 벤야민은 그리스어나 영어를 독일어화하는 것을 우려하며 오히려 독일어를 힌두어화, 그리스어화[18]할 것을 추천하며, 성서 번역가인 루터, 희랍비극을 번역한 횔덜린을 칭찬하고 있다.

사실 현실의 자연 언어들은 그 의미론적 장뿐 아니라 소리나 구문도 극도

---

17 Benjamin, 'La tâche du traducteur', pp. 256, 258, 259.

18 벤야민, 「번역가의 과제」, p. 331.

로 다양하여, 이들 중 어떤 부분은 특정 언어로 환원 불가능성하다. 따라서 이런 불일치나 불협화음적 요소를 초월적 자리에서 매개하고 조정할 제3언어를 상정하는 것이야말로 어쩌면 당연한 발상인지도 모르다. 그래서 순수 언어의 '순수'라는 형용사는, 마치 철학자 칸트(Kant)의 순수이성과도 같이, 그 안에 한 치의 경험적 요소나 사물 대상적 속성을 가지지 않는 어떤 것, 개별 자연언어의 경험적 의미나 경험적 대상 또는 그런 의사소통을 전혀 포함하지 않는 어떤 것을 의미하는 것으로 보인다. 순수 언어는 아직 인간이 경험적으로 사용해 본 언어가 아니며, 만약 사용 했다 하더라도 바벨 이전의 언어일 수 있다는 신학적 가정에서 자유롭지 못한 언어일 수도 있다.

문제는 순수 언어가 어떤 구체적인 과정과 계기를 거쳐 실제의 두 언어 번역에 개입될 수 있을지에 대해 벤야민이 전혀 설명하지 않는다는 것이다. 순수언어는 번역의 과정에서 외화(外化)되기를 기다리는 잠재적 언어이기도 하면서, 동시에 출발언어와 도착언어사이의 위대한 조화를 통해 달성되기도 하는 이상적 언어이기도 한 것처럼 보인다.[19] 독일어와 그리스어 사이에서 횔덜린 같이 뛰어난 번역가가 구현해 낼 수 있는 언어가 순수 언어라면 그것은 희귀하고 고귀한 언어임에 틀림없을지라도 그만큼이나 실현해 내기 어려운 언어임에 틀림없다.

벤야민이 번역가에게 부여하고자 하는 과제는 무엇이며, 번역가는 무엇

---

19 *Ibid.*, p. 332.

때문에 그러한 과제를 수행해야 하는 것일까? 우리가 삶을 살면서 유토피아를 꿈꾸듯, 벤야민 역시 번역과 번역가가 이를 수 있는 파라다이스를 그려본 것일까? 문제는 벤야민이 우리에게 보물섬에 대한 이야기를 남겼을 뿐, 그 섬에 이르는 지도는 남겨놓지 않았다는 것이다.

제9장.

하이데거와 가다머의 번역론: 해석과 번역의 교차를 중심으로

1. 들어가는 말

현대 해석학의 중요한 논의들이나 문제제기들이 주로 '해석'이나 '이해' 또는 (원전으로서의) '텍스트'에 집중되었던 것에 비하면 '번역' 또는 '번역된 텍스트'에 대한 해석학의 명시적인 관심은 그보다는 덜한 것 또한 사실이다. 이를 두고 선입견이라 부를 수는 없다 하더라도 번역의 중요성에 대한 간과로 해석할 여지가 있음은 분명하다. 현대 해석학에서 번역에 대한 이런 홀대는 번역이 독자적인 활동의 영역을 가진 것이라기보다는 그것이 해석학의 진정한 활동이자 보루인 '해석'을 전제하거나 그것에 의존할 수밖에 없다는 주장이 광범위하게 수용되어 있기 때문일 것이다. 필자는 이런 주장이 전적으로 옳다고 본다. 또한 해석과 번역의 차이가 그 본질의 차이가 아니라 정도의 차이[1]에 불과하다는 주장도 상당히 일리 있다고 본다. 하지만 그 정도의 차이가 번역활동이나 번역현상이 지니는 고유한 의미를 간과해도 좋다거나, 번역의 특이점에 대한 성찰의 배제를 정당화하지 않는다고 본다. 현대 해석학을 대표하는 하이데거와 가다머를 중심으로 번역과 해석의 문제가 어떻게 교차하는지를 살펴볼 것이다. 하이데거는 자신의 철학함의 근본 방법으로 삼았다고 해도 과언이 아니다. 특히 1935년 파르메니데스에 관한 강연 등에 그 유명한 Aletheia에 대한 자신의 독득한 분석과 창의적인 해석을 통해 자신만의 번역론을 수행하게 된다. 가다머 또한 『진리와 방법』에서 해석과 번역의 근본적 과제가 사태를

1 H. G. 가다머, 『진리와 방법』, 2권, 임홍배 옮김, 문학동네, 2012, p. 307.

언어로 옮기는 것이라고 말함으로써 그 유사성을 강조한다. 따라서 앞으로의 논의에서 필자는 해석과 번역이 공유하는 문제의 지점들인 텍스트, 그 의미와 세계, 해석이나 번역 활동을 하는 주체, 그리고 최종적으로 그 활동들의 윤리적 함의 등을 논의하면서, 해석과 번역의 공유점과 특이점들을 살펴보고 번역의 해석학적 역량이나 쟁점들을 제한된 범위에서 일별하고자 한다.

2. 대상의 문제

해석의 대상 또는 번역의 대상의 관점에서 먼저 살펴보자. 적어도 현대 해석학의 대표자들인 하이데거, 가다머, 리쾨르 등에서 해석의 대상으로 등장하는 것들은 언어로 이루어진 텍스트, 또는 작품으로 규정된다고 볼 수 있다. 물론 전기 하이데거의 『존재와 시간』에 등장하는 '해석' 개념의 대상은 사물 또는 손안의 것으로서 […] 위한 것으로서[2] 포착되거나 취해지는 모든 것으로 볼 수도 있다. 물론 이 손안의 것들을 철학에서 흔히 사용하는 의미의 '대상'—특히 인식의 대상—으로 명명하거나 규정할 수는 없을 것이다. 하이데거는 소위 대상화를 위해서는 일정한 태도의 전환이 필요하다고 말하기 때문이다. 그럼에도 이것들은 해석되는 것들임에는 틀림없다. 후기 하이데거의 철학적 활동을 대변하는 해석의 대상은 횔덜린의 시이기도 하고 고흐의 그림들이기도 하고 건축물들이기도 하다는 점에서 가장 넓은 의미의 '작품'으로 간주될 수

2 M. 하이데거, 『존재와 시간』, 이기상 옮김, 까치, 1998, p. 206.

있을 것이다. 가다머 역시 『진리와 방법』에서 자신의 중요한 물음의 대상을 언어로 구성된 텍스트로 한정하지는 않는다. 그림, 공연, 연극, 놀이 등 아주 다양한 해석의 대상이 등장한다. 리쾨르 역시 사정은 엇비슷하다. 해석의 대상이 상징(신화)이건, 은유이건, 텍스트이건, 주로 언어적 구성물로서의 텍스트가 중요한 해석의 대상이지만, 렘브란트나 현대 미술가들의 언급이나 심지어 건축물[3]에 대한 해석의 시도 또한 빠지지 않는다는 점에서 해석의 대상은 폭넓다. 하지만 세 철학자들에서 '번역'이 문제가 되는 상황에서 등장하는 번역의 대상이나 해석의 대상은 예외 없이 우리가 좁은 의미의 텍스트나 작품으로 파악하는 바로 그것이다. 결국, 번역과 해석이 서로 비교되거나 견주어지는 맥락에서 그 대상은 언어 또는 텍스트라는 공통의 대상이다. 해석이나 번역의 대상에 대한 문제가 어느 정도 정리되었다면, 그 대상에 관계하는 해석과 번역의 상관성에 대해 좀 더 살펴보자.

1951-52년 강의록인 『사유란 무엇인가』에서 하이데거는 파르메니데스의 한 구절을 귀담아 들어보자고 제안하면서 연이어 이렇게 말한다.

> 그러나 우리가 번역하지 않고서 어떻게 들을 수 있겠는가? 또 해석하지 않고서 어떻게 번역할 수 있겠는가? 여기에 우리들의 모국어로 된 한 사상가의 시구가 있다손 치더라도, 그것은 해석(*Auslegung*)할 따름이다. 무엇이 우리들로 하여금

---

3 P. Ricoeur, 'Architecture et narrativité', *Urbanisme*, 303, novembre-décembre 1998: 44-51. 리쾨르는 여기서 자신의 시간 해석을 공간과 건축물에 적용하는 흥미로운 시도를 진행한다.

사유하도록 우리들에게 명하는가?[4]

헤라클레이토스에 관한 강의록에서 한 구절을 한 번 더 가져와 보자.

> 모든 번역은 그 자체로 하나의 해석이다. 번역의 존재 안에는 번역의 기원에서 발견되었던 해석의 모든 근거들, 열림들, 층위들이 목소리를 내지 않은 채 담겨 있다. 결국 해석은 여전히 침묵하고 있는 번역을 완성한 것에 불과하다. […] 그 본질에 비추어 보면 해석과 번역은 하나이며 동일한 것에 다름 아니다.[5]

우리는 여기서 번역에 앞서 해석이 먼저 작동한다(해석>번역>들음)라는 메시지를 읽어낼 수도 있고, 둘 다 공히 언어적인 것을 대상을 삼는다는 점을 알 수 있다.

가다머 역시 유사한 맥락에서 아래와 같이 말한 바 있다.

> 모든 번역은 이미 그 자체가 해석이며, 번역자가 자신의 언어를 통해 도달한 해석의 완성이라 할 수 있다.[6]

---

4 M. 하이데거, 『사유란 무엇인가』, 권순홍 옮김, 고려원, 1993, p. 183.

5 A. 베르만, 『번역과 문자』, 윤성우·이향 옮김, 철학과현실사, 2011, p. 24에서 재인용. 원출전은 M. Heidegger, *Gesamtausgabe*, Band 55. Heraklit: 1. Der Anfang des abendländischen Denkens; 2. Logik. Heraklits Lehre vom Logos, Vittorio Klostermann, 1979, pp. 63-64. 베르만은 M. Harr ed., *Les Cahiers du l'Herne: Martin Heidegger*, L'Herne, 1984, p. 456에서 인용함.

6 가다머, 『진리와 방법』, 2권, p. 302; *Vérité et Méthode*, tr. J. Grondin et al., Seuil, 1996, p. 406. 가다머

여기서 우리는 하이데거의 그것과 유사한 전제 관계(번역은 해석을 전제한다) 를 발견할 수도 있고, (동일한 한 언어 안에 머무를 수도 있는) 해석을 넘어서, (다른 언어로 표현되거나 도달되어야만 하는 독특한) 번역의 특이성을 발견할 수도 있다. 해석은 잠재적일 수 있어도 번역은 현실태, 즉 어떤 최소한의 완결된 형태를 지녀야 한다는 것이다.

리쾨르는 다음과 같이 말한다.

> 우리는 언제나 같은 것을 다른 방식으로 말할 수 있다. [⋯] 그런데 이렇게 같은 것을 다른 말로 하는 것, 그것이 바로 외국어를 번역하는 번역자가 하는 일이다.[7]

마찬가지로 우리는 여기서 해석이나 번역이 '같은 것을 말하는 것', 즉 언어와 그것으로 표현된 바에 공히 관계되는 활동이라는 점을 읽어낼 수도 있고, 번역의 특이성이 '다르게', '다른 방식', 결국 '다른 언어'에 있다는 방점을 찍을 수도 있을 것이다.

다만 우리는 여기서 번역의 문제와 연관될 때 해석과 그 대상은 언어적인 것으로 제한된다는 점을 확인해 볼 수 있다. 더구나 이런 제한은 번역 고유의

는 또 다른 맥락에서 '해석이 이해를 완수하는 것', '번역이 해석의 결과를 종합한 것'이라는 생각을 말하기도 한다. 가다머, 『진리와 방법』, 2권, p. 321.

7 P. 리쾨르, 『번역론: 번역에 관한 철학적 성찰』, 윤성우·이향 옮김, 철학과현실사, 2006, p. 121.

논점들과 문제틀을 다시금 제대로 고려하게 하는 장점도 있다. 이미 "해석학에서 최우선의 전제는 바로 언어이다"(*Alles Vorauszusetzende in der Hermeneutik ist nur Sprache*)[8]라고 말하는 슐라이어마허는 1813년 *Über die verschiedenen Methoden des Übersetzens*(『번역의 다양한 방법에 관하여』)[9]에서 19세기 번역 담론의 공간에서 가장 "체계적이고 방법적인"[10] 번역론을 제시한 바 있다. 하지만 여기서 놓치지 말아야 할 것은 번역이나 해석의 대상으로서의 언어, 텍스트는 이미 번역이나 해석의 장(milieu, 場) 또는 매체로서의 언어와 텍스트이기도 한 것이다. 우리는 언어를 통해, 더 정확히는, 언어 안에서, 그 언어를 해석하며, 한 언어를 통해 그리고 한 언어 안에서 다른 언어를 번역하는 것이다. 우리가 언급한 네 명의 해석학자 모두, 언어나 텍스트가 언어학이나 언어과학의 연구 대상으로 간주되는 것으로서의, 즉 의사소통의 도구나 수단으로서의 '언어'에 국한된 언어론이나 언어관을 공히 비판한다는 점에서 주목할 만하다. 수단이나 도구는 본질적으로 대체 가능성이나 교환 가능성이 그 핵심인데, 언어인 도구, 더 정확히 말해, 언어라는 기관(organon)의 특성은 오히려 이 기관을 통해 달성하려는 바와 분리불가능성, 대체불가능성에 있을 것이다. 사유 활동에 '개념'이 기관인 것과 마찬가지로, 인간 행위에 '몸'이 기관인 것과 마찬가지로, 번역이나 해석

---

8 가다머, 『진리와 방법』, 2권, p. 300에서 재인용.

9 F. Schleiermacher, *Des différentes méthodes du traduire*, tr. A. Berman, Seuil, 1999. 이 저서는 슐라이어마허가 1813년 6월 베를린 왕립 학술원에서 발표한 것으로 앙트완 베르만이 1999년 독불대역으로 옮겼다.

10 A. 베르만, 『낯선 것으로부터 오는 시련: 독일 낭만주의 문화와 번역』, 윤성우·이향 옮김, 철학과현실사, 2009, p. 291.

활동에는 '언어'가 분리나 대체가 불가능한 유기적 기관이 되는 것이다.

3. 목표의 문제

해석과 번역 활동의 대상의 문제에 대한 언급을 통해 우리는 이 두 활동이 공히 언어적인 것, 조금 좁혀 말한다면 텍스트를 대상으로 삼는다는 것을 볼 수 있었다. 이는 틀린 주장은 아니지만, 아직 두 활동의 공속성과 특이성을 적절하게 논한 지점까지는 이르지 못했다. 해석이나 번역이 언어적인 것을 대상으로 삼는다면, 그 활동을 통해 목표하는 것은 무엇인가? 의문의 여지없이 많은 사람들은 의미의 추출이나 의미의 매개, 의미의 (재)구현라고 말할 것이다. 하지만 의미라는 것이 자명해 보여도, 해석이나 번역의 대상이 되는 언어의 형태가 구어냐 문어이냐, 또 시간이나 공간, 문화의 이격이나 거리에 따라, 자연 언어들 간의 차이나 이질성에 따라 해석이나 번역이 목표하는 것이 단순히 의미라고 말하는 것은 만족스런 답변이 아닐 수도 있다는 점들이 드러난다.

이미 앞서 논의한 바와 같이, 슐라이어마허는 1813년 자신의 강의에서 '통역'과 '번역'을 구분하는 데 열의를 보인다. 이는 번역담론의 역사에서 거의 최초의 이론적 구별의 시도로서 평가될 수 있는데, 요즘의 구분과 상당히 상이하다. 통상적으로 우리는 통역은 구어(말)를, 번역은 문어(글)를 담당하는 것으로 나눈다. 그런데 그는 언어의 형태보다는 그 활동 영역에 따라 전자를 '상업의 영역'에, 후자를 '학문과 예술의 영역'에서 이루어지는 것으로 구분하기 시작한다.[11] 더 나아가 그는 구어든 문어이든 번역자가 객관적인 내용을 전달하는 경우는 통역에 해당되고, 반면 번역자가 저자의 주관성, 주체성, 자기 자신을 고유하고 개별적인 표현하거나 드러내는 경우는 번역에 해당된다고 본다.[12] 이런 구분은 나중에 슐라이어마허가 진정한 번역과 그렇지 않은 번역을 나누는 기준, 즉 원저자가 자신의 모국어와 맺는 관계를 살리는 번역인가 아닌가의 논점까지 이어진다.[13] 다시 말해 객관적인 내용을 다루는 영역에서는 말이든 글이든 그 언어는 저자의 사유와 하나가 되지 않고 분리되어도 좋지만, 주관적인 것 또는 주체적인 것을 다루는 영역에서는 저자의 사유와 언어는 하나가 되기 때문에, 이를 배반한다면 진정한 번역이 아니라는 것이다. 가다머는 이를 "번역가의 고통" 또는 "해석학의 골칫거리"[14]을 안겨주는 지점이라고 말한 바이다. 바로 이 지점이 인문학도로서 번역의 과제나 임무에 종사하는 사람이라면 한 순간도 피하지 못하는 멍에를 오롯이 감당하는 지점이라는 점은 명백하다. 이럴 때 번역자들은 의미의 전달, 즉 커뮤니케이션을 위해 종종 쉽게 풀어쓰기나 바꿔 쓰기(paraphraser)의 전략을 택한다. 이런 번역적 전략의 선택 그 자체를 잘못이라고 비판할 수는 없을 것이다. 다만 그것이 번역의 전부나 핵심적 관건을 담보하지는 못한다. 언어와 그 언어의 해석이나 번역에서 그 '의미'가 전부는 아니기 때문이다.

---

11 Schleiermacher, *Des différentes méthodes du traduire*, p. 33 이하.

12 *Ibid.*, p. 35 이하.

13 *Ibid.*, p. 61 이하.

14 가다머, 『진리와 방법』, 2권, p. 327.

앞서 여러 번 주장한 바대로 19세기 번역담론에서 슐라이어마허가 차지하는 비중을 20세기에 담당하는 이는 분명 발터 벤야민일 것이다. 그는 1923년 「번역가의 과제」의 서두를 다음과 같은 도발적인 주장으로 시작한다.

> 번역은 원문을 이해하지 못하는 독자를 위한 것인가? 만약 그렇다면 예술의 영역에서 원문과 번역이 서야 할 서열의 차이는 충분히 설명된 것처럼 보인다. 심지어는 '동일한 것'을 반복하는 것이 번역의 유일한 이유인 것처럼 보이기도 한다. […] 문학에서 본질적인 것은 의사소통도, 메시지 전달도 아니다. 그럼에도 불구하고 무엇인가를 전달하려는 번역은 의사소통, 즉 비본질적인 것을 전달할 수밖에 없을 것이다. 의사소통하려는 것, 이것은 나쁜 번역의 징표들 중의 하나이다.[15]

여기서 우리는 가다머가 번역의 고통이나 해석학의 골칫거리로 표현한 독일 낭만주의 문학 전통의 20세기적 부활의 징후를 목격하게 된다. 다시 말해 슐라이어마허가 번역의 두 가지 방법으로 말한 것 중에서 '저자를 독자에게로 데리고 가는 것'에 극단적인 반대 입장을 취할 뿐만 아니라, 번역이 두 언어 사이에서 일어나는 "의미의 재현(재생)"[16]을 목표로 삼지 않는다고 명백한 선언을 하는 것으로 봐도 될 것이다. 그렇다면 벤야민은 독자를 저자에게로

15 W. 벤야민, 『발터 벤야민의 문예이론』, 반성완 옮김, 민음사, 1988, p. 319.
16 벤야민, 『발터 벤야민의 문예이론』, p. 329.

데려가는 원문 중심의 번역을 지향한다고 봐도 될까? 물론 20세기 번역담론의 공간에서 벤야민은 분명 그런 맥락에서 슐라이어마허의 계승자임에는 분명하다. 하지만 그게 다는 아니다. 벤야민에게서 번역이 원문의 반복도, 원문의 대체도, 그 의미의 복원을 지향하는 것도 아니라면 도대체 무엇을 지향하는가? 다시 그의 말에 주목해 보자.

> 번역은 하나의 형식이다. 원문은 번역을 지배하는 법칙, 즉 원문의 번역가능성을 내포하고 있기 때문이다. 하나의 작품이 번역될 수 있느냐 없느냐 하는 문제는 이중적 의미를 지니고 있다. 우선, 모든 독자들 사이에서 그 작품이 적합한 번역가를 찾을 수 있을 것인가 하는 점이고, 다음으로 문제가 되는 것은 그 작품이 그 작품의 본질의 측면에서 번역을 요구하고 있는가 하는 점이다.[17]

위 대목에서 흥미로운 것은 원작의 우연적 사건, 원작의 우발적 경로에서 발생하는 것이 번역이 아니라, 원작의 원작성, 원작품의 작품성의 조건으로서 번역을 요구한다는 벤야민의 아이디어이다. 다시 말해 원작 자체는 번역됨직함을 그것의 형식으로 요구한다는 것이며, 이런 점에서 번역은 (원작의 구성적) 형식이라는 것이다. 따라서 벤야민은 번역 속에서 원문의 생명이 새로워지고

17 *Ibid.*, p. 319. 필자가 약간 수정하여 번역하였다. 필자가 보기에 여기의 번역가능성 개념은 '번역됨직함'(*Übersetzbarkeit*, tradusibilité, translatability)을 옮기는 것이 더 적절하다고 본다. 번역을 요구한다 함은 결국, '번역을 생산할 만한, 번역이 될 만큼 가치가 있는 것'으로 이해하는 것이 맞다.

가장 포괄적인 자기 전개에 이른다고 서슴없이 말하는 것이다.[18] 번역과 해석의 공속성과 특이성, 수렴점과 발산점을 다루는 우리의 문제의식의 측면에서 보자면, 해석됨직함, 다시 말해, 해석의 요구와 소환을 작품이나 텍스트의 형식적 조건으로 주장한다면 어떨까? 해석됨직함이 없는 작품은 진정한 작품이 아니라고 말이다. 반면 가다머는 해석과 작품 자체의 관계에 대해 비교적 겸손한 입장에 서있는 것으로 보인다.

> 해석은 해석된 작품을 대체해서는 안 된다. 해석은 예컨대 자신의 서술에 시적 힘을 불어 넣어서 해석자의 자신의 입장만을 앞세워서는 안 된다. 해석은 작품 자체에 비하면 원칙적으로 부차적인 것이다.[19]

번역과 해석의 목표라는 문제로 다시 돌아오자. 하이데거가 더 이상 인식의 유형으로서가 아니라 현존재의 존재의 방식으로서 해석에 부여한 고유함이 '…로서'(어떤 것을 어떤 것으로서) 포착하는 것이라면, 가다머에게서 텍스트의 해석은 이를 "우리 자신에게 적용하는 것"이며, 이에 따라 그때그때 "다르게 이해되거나 제시되는 텍스트"[20]를 받아들이는 것이며, 리쾨르에게서도 이중적이거나 다중적인 의미의 결들을 풀어내거나 밝히는 것이 해석의 목표라

---

18 벤야민, 『발터 벤야민의 문예이론』, p. 322.
19 가다머, 『진리와 방법』, 2권, p. 324.
20 *Ibid.*, p. 321.

고 분명히 말할 수 있을 것이다. 반면 의미의 복원으로서의 번역을 넘어서고자 하는 것을 지향하는 벤야민이 겨냥하는 번역의 목표는 무엇인가? 그에 따르면 진정 좋은 번역가는 원문의 "표현, 이미지, 소리(음성)"[21]가 도착언어의 번역문 속에서 서로 결합되는 지점과 정도까지 파고들어가야 한다고 말한다. 다시 말해 원문의 의미를 재현하기보다는 의미가 표현되는 원문의 방식과 축적된 기법에 이르기까지 번역문 속에서 옮겨야 한다는 것이다. 동일한 언어 내에서이건 다른 언어들 사이에서이건 슐라이어마허나 벤야민이 말하는 진정한 번역의 사명은 소위 언어의 내용, 언어 기호의 의미만이 아니라, 언어의 형식, 언어 기호의 기표적 측면까지 충분히 고려해야 한다는 것이다. 그래서 벤야민은 "과일의 열매와 껍질"[22]의 결합 관계와 같이 결속된 깊이까지 번역이 나아가야 한다고 말한다.

4. 윤리의 문제

해석과 번역 활동의 공통점과 특이점을 다룸으로써 번역이 가지는 해석학적 쟁점이나 역량을 전개하려는 우리의 관점에서 볼 때, 윤리의 문제는 왜 언급되는가? 윤리의 영역에 등장하는 주제어들이란, 주체, 타자, 그 둘 사이의 관계, 책임, 존중, 정의, 좋은 삶, 당위나 의무, 덕, 생명, 공동체 등일 것이다. 우리는 해석활동이나 번역활동에 있어서 해석자/번역자가 타자(다른 언어, 다른

---

21 벤야민, 『발터 벤야민의 문예이론』, p. 322.
22 *Ibid.*, p. 326.

문화, 저자 등)와 관계를 맺으며 그 관계의 성격이 다분히 윤리적 성격을 띨 수밖에 없다고 판단한다. 해석활동에는 주체(해석자)가 텍스트로 표방되는 대표적인 언어 층위를 다룸으로써 원저자(타자)의 경험이나 체험을 만나거나 해석한다고 볼 수 있다. 번역활동에서는 보다 구체적으로 다른 언어, 다른 문화 그리고 다른 세계를 담은 텍스트를 만나고 번역한다고 볼 수 있다.

슐라이어마허가 가져온 해석학의 전회를 '보편적' 또는 '일반적' 전회라 부를 수 있다면, 하이데거가 가져온 전회는 '존재론적' 전회라고 부르는 것이 마땅할 것이다. 따라서 이해 개념도, 해석 개념도 하이데거에게서는 종래의 인식이나 인지의 유형이 아니라, 현존재의 존재방식으로 정의된다. 따라서 어찌 보면, 윤리 영역에서도 그런 존재론적 징후가 뚜렷하다고 볼 수 있다. 염려(*Sorge*)의 근본 방향은 자기 관계에 놓여 있으면서도, 다른 현존재와의 심려(*Fürsorge*)로, 손안의 것과는 배려(*Besorge*)로 드러난다. 현존재 스스로가 세계-내 존재로서 만나는 존재자를 현존재 자신의 존재가능의 지평에서 받아들이고 수용하는 것을 이해(*Verstehen*)라고 보고, 현존재의 존재를 위하여 어떤 것을 어떤 것으로 취하거나 포착하는 것을 해석(*Auslegung*)이라고 수상하는 것으로 볼 때, 하이데거에게서 해석이나 이해의 그 윤리적 방향이나 징후는 현존재의 자기 관계에 궁극적으로 근거한다고 볼 수 있다. 그렇다고 해서 자기 관계의 윤리에 함몰되어 있거나 닫혀 있는 폐쇄적 구조만을 가진 것이라고 볼 수는 없을 것이다. 이런 자기 관계로부터 현존재를 이끌어 낼 만한 요소로서 전기 철학의 '세계' 개념, 후기 하이데거 철학에서 '존재의 부름'이나 '언어'와의 만남 등의 중요성을 소홀히 할 수 없기 때문이다. 그런데 현존재가 자기 관계의 관점에서 어느 정도 벗어나는 윤리적 계기, 즉 현존재의 제약으로서의 윤리는 언어와 더불어 하는 체험/경험(*Erfahrung*) 개념에서 극적으로 등장하다고 본다. 『언어로의 도상』에서 등장하는 「언어의 본질」이라는 논문에서 그는 현존재를 제약하는 것으로서 언어의 체험을 이렇게 적는다.

> 어떤 것을 체험한다는 것은 […] 그것이 우리를 상처 입히든, 우리 위로 갑자기 들이닥치든, 우리를 전복시키든, 혹은 우리를 다른 존재로 만들어 놓든, 그것이 우리에게 도래하도록 내버려 두는 것을 의미한다. 체험'하다'에서 '하다'의 의미는 결코 우리 자신이 그 체험의 집행자라는 의미는 아니다. 여기서 '하다'는 '병을 치르다'고 말하듯, 어떤 것을 관통해가면서, 그로 인하여 온전히 아파하고 견디어 내고, 우리에게 다가온 것에 스스로를 내맡긴 채 기꺼이 맞아들이는 것이다.[23]

여기서 언어와 만나 그것이 허락하는 체험을 하는 현존재는 최종적 토대나 인식 근거적 야망의 출발점으로서의 주체는 아니다. 오히려 자신을 제약하고, 자신을 전복시키는 자신 아닌 것, 타자를 그대로 받아들이고 견디는 열린 주체, 뜻밖의 사건이 발생하고 생성되는 자리로서의 탈중심적 주체인 것이다.

---

23 M. 하이데거, 『언어로의 도상에서』, 신상희 옮김, 나남, 2012, p. 209; *Acheminement vers la parole*, tr. F. Fédier, Gallimard, 1984, p. 143. 필자가 프랑스어판을 참조하여 약간 수정하여 번역하였다.

여기서 발견하게 되는 해석(또는 번역)활동의 주체, 다시 말해 해석자의 주체성은 무엇인가를 자신 앞에 대상으로 소환하는 주체가 아닌, 자기 스스로가 '사물을 사물로서 존재케/나타나게 하는 말'[24]에게, 또 그런 말의 체험에 소환당하고 불려 세워지는 주체인 것이다. 여기서 언어가 모국어로 한정될 수는 없는 만큼, 다른 언어와의 만남과 긴밀한 접촉을 몸소 겪는 번역의 체험 또한 이런 체험과 본질적으로 다르지 않을 것이다.

가다머 역시, '해석학적 체험/경험의 본질'[25]을 다룰 때, 그 체험의 해석자 제약적 성격을 여러 군데에서 언급한다.

> 체험/경험이란 그 누구도 제어할 수 없는 하나의 사건으로 실현되는 것.[26]

> 체험/경험은 무엇보다도 부정의 경험, 우리가 애초에 가정한 대로 진행되지 않는 경험인 것이다.[27]

> 경험이라는 것은 결국 인간의 유한성에 대한 경험이다. 인간의 유한성을 자각한 사람, 인간은 결코 시간의 주인이 될 수 없고, 미래의 주인이 될 수 없음을 아는 자만이 본래적 의미의 경험을 통해 깨우침에 도달한 사람이다. (…) 해석학적

24 하이데거, 『언어로의 도상에서』, 224.
25 가다머, 『진리와 방법』, 2권, pp. 250-273.
26 *Ibid.*, p. 259.
27 *Ibid.*, p. 263.

경험은 전통의 전승과 관련이 있다. 전승은 경험으로 구현되어야 한다. 하지만 전승이라는 것은 단순히 경험을 통해 인식하고 마음대로 다룰 수 있는 그런 사건이 아니라 언어이다. 따라서 언어로 전승된 전통은 마치 대화의 상대방처럼 스스로 말을 걸어온다.[28]

가다머는 번역자와 해석자가 처해 있는 상황이나 과제가 정도의 차이가 날 뿐이지, 근본적으로는 동일한 것[29]이라는 주장을 펼친다. 그 논거는 해석에서든지 번역에서든지 "텍스트를 통해 드러난 사태"가 핵심이기 때문이며, 그 텍스트가 "외국어로 되어 있기에 낯설음을 극복해야 하는 만큼 해석학적 난점이 가중되었음을 뜻할 따름"[30]이라고 본다. 이는 앞서 가다머가 말한 '번역가의 고통' 또는 '해석학의 골칫거리'[31]와 연장선상의 논점이다. 하지만 가다머는 "텍스트의 언어와 해석자의 언어의 차이, 혹은 번역자와 원작품을 갈라놓는 괴리는 부차적인 문제가 아니며, 오히려 그 반대로 언어적 표현의 문제 자체가 사실 이미 해석의 문제"[32]라는 점도 인정하고 있다. 결국, 해석의 상황에서 해석자가 짊어져야 할 윤리적 입장은 가다머에게서도 분명하다. 뜻밖의 의미와 뜻밖의 세계나 사태를 해석자 중심으로 제어하거나 통제하기보다는 그것에

---

28 *Ibid.*, pp. 266-267.
29 *Ibid.*, pp. 306-307.
30 *Ibid.*, p. 307.
31 *Ibid.*, p. 327.
32 *Ibid.*, p. 309.

개방적이고 열려 있어야 한다는 것이다. 번역의 상황에서도 그것은 마찬가지일 것이다.

리쾨르는 해석이 요구되는 텍스트를 해석자나 독자가 만나게 될 때, 자기와의 배타적 관계를 벗어나서, 생산적인 우회의 과정을 가진다고 보는데, 이는 인간의 자기 이해와 자기인식의 열쇠를 스스로 쥐고 있다고 믿는 신화에서 벗어나 텍스트가 주는 그 무엇에 자기 이해와 자기인식을 내맡기는 식으로 진행되어져야 한다는 것이다.

> 그렇기 때문에, 이해한다는 것은 텍스트 앞에서 자기를 이해한다는 것이다. 결국 텍스트에게 자신의 제한된 이해 능력을 강요하는 것이 아니라, 텍스트에게 자신을 노출시키는, 그것에 자신을 개방시키는 것이며, 그것으로부터 보다 폭넓은 자기를 수용하는 것이다. 또한 이 넓은 자기(le soi)의 수용하는 것이야말로 텍스트가 드러내는 세계의 제안에 가장 적절한 방식으로 응답하는 인간 실존의 제안이다.[33]

33 P. Ricoeur, *Du texte à l'action*, Seuil, 1986, pp. 116-117. 텍스트 세계에 대한 리쾨르의 규정들은 다음과 같다.
"텍스트가 열어주고 발견케 하는 세계."(p. 72)
"조작 가능한 대상들의 총체로서가 아니라 우리 삶과 우리의 기획의 지평으로서의 세계."(p. 72)
"텍스트에 의해 펼쳐진 의미 있는 제안들."(propositions de sens)(p. 54)
"거기에서 나의 가장 고유한 (존재) 가능들 중의 하나가 기획 투사할 수 있기 위해 내가 살 수 있는 그런 세계로서의, 세계의 제안(proposition de monde)."(p. 115)
"내가 있고, 해석하고 그리고 사랑했던 모든 종류의 기술적이며 시적인 텍스트에 의해 열려진 지시 관계들의 총체."(p. 121)
"한 작품의 의미를 넘어서 그 작품이 기획하는 세계 그리고 그 작품의 지평을 구성하는 세계."(p. 121)
"가장 고유한 우리의 (존재) 가능들인 가능성들에 부합하는, 다르게 실존할 수 있는 가능성들에 부합하 리쾨르는 이런 텍스트론의 윤리적 함의를 넘어서 자신의 『번역론-번역에 관한 철학적 성찰』에서 가장 적극적인 윤리적 지향을 밝힌다.

> 자국적인 것과 이국적인 것이 하나로 환원될 수 없음을 인정하고 받아들이면서, 외국어와 모국어 사이를 끊임없이 왕래하는 것이 번역활동의 본질이며, 이는 극복할 수 없는 것이다. […] 결국 언어적 환대란 이국의 언어를 모국어라는 자신의 집에 맞아들임으로써 타자의 언어를 체험하는 기쁨을 누리는 것이다.[34]

우리는 여기서 해석과 번역 활동에서 공히 주체(해석자, 번역자 또는 독자)가 자신의 관계는 물론이고, 타자(낯선 체험, 전복적 체험, 낯선 언어, 원저자와 그 문화)와의 윤리적 관계를 가진다는 점을 확인하게 된다. 리쾨르에게서 해석의 지향점이 텍스트 세계를 드러내고 거기에 해석자가 스스로 노출되고 그것에 훈련되는 것이라면, 번역의 지향점 역시 마찬가지일 것이다. 다만 리쾨르는 번역의 상황이 이미 정해진 한 언어와 문화의 경계를 넘어서 다른 언어와 문화를 맞이하는 것임에 더 주목하고, 보다 명시적인 윤리적인 태도, 즉 타자에 대한 환대의 자세를 갖추어야 한다고 주문한다.

는 또 다른 세계." P. Ricoeur, *Cours sur L'Herméneutique*, 1971, http://fondsricoeur.fr/fr/pages/editions-digitales.html, p. 193.

34 리쾨르, 『번역론: 번역에 관한 철학적 성찰』, pp. 88-89.

5. 나가는 말

우리는 우선, 슐라이어마허에서 원저자의 주관성/주체성을 담지한 언어(표현)와 하나된 사유를 옮기는 '학문과 예술 영역'에서의 번역(자)의 과제를, 그 다음 벤야민에서 의미 복원의 번역을 넘어서서 마치 과일의 열매와 껍질의 결합 관계로 묘사한 원문의 "표현, 이미지, 소리(음성)"까지 옮기는 번역(자)의 과제를, 끝으로 가다머가 말하는 번역자의 고통과 해석학의 골칫거리로서의 번역의 과제를 언급함으로써 어느 정도 번역의 특이성을 나타내려고 하였다. 또한 하이데거나 가다머 그리고 리쾨르의 앞선 논의를 통해서, 해석과 번역의 활동에서 '동일자의 논리'[35]를 넘어서서 이를 제약하는 '타자의 논리', '차이의 논리'가 충분히 찾아질 수 있음을 언급했다. 필자는 텍스트의 사태나 텍스트의 세계의 드러냄이 해석과 번역의 공통적 지향점이라는 것을 충분히 수긍하고 인정하지만, 그 텍스트 세계의 밝혀 드러냄은 해석활동에서는 '새로운 해석', '다른 해석'을 해석자(또는 독자에게) 직접적으로 제공하는 역할을 주로 염두에 둔다면, 번역활동에서의 텍스트 세계의 드러냄은 직접적으로는 번역된 텍스트, 도착문 텍스트에서 구현되어져야만 한다는 점을 강조하고 싶다. 다시 말해, 해석은 해석자(독자)의 변형이나 변신(metamorphosis)을 직접적으로 그리고 궁극적으로 겨냥한다면, 번역은 번역된 도착 텍스트에서 그 원전의 변형이나 변신을 직접적으로

35 우리나라에도 번역되어 소개된 프랑스 철학자 뱅쌍 데꽁브(Vincent Descombes)의 저서 『동일자와 타자: 현대 프랑스 철학(1933~1978)』(박성창 옮김, 인간사랑, 1993)에 등장하는 개념으로서, 동일자, 보편자 등을 강조해온 종래 서양 형이상학을 특징짓는 존재론적 범주를 지칭하는 용어이다. 원저는 *Le même et l'autre. Quarante-cinq ans de philosophie française* (1933-1978), Minuit, 1979.

그리고 최종적으로 구현하는 것을 지향한다. 따라서 번역문을 읽는/해석하는 독자들의 자기 변형이나 변신은 원전의 변형이나 변신이 번역된 텍스트 안에서 성공적으로 이루어진 뒤에야 가능한 일이다. 이런 의미에서 독일 낭만주의에서 번역과 문화를 다룬 바 있는 앙트완 베르만은 "번역이, 특히 작품(oeuvre) 번역의 영역에서는, 드러냄의 드러냄(manifestation d'une manifestation)"[36]이라고 정당하게 말한다. 왜냐하면 이미 원작품이 자신의 언어로 그 (작품의) 세계를 드러내는 이상, 또 그러하기 때문에 번역을 요구하고 번역됨직한 이상, 그 작품의 번역은 이제, 다양한 번역 언어들마다 매번 다른 방식으로, 그 원작의 세계를 다시 한 번 더 드러내 줘야 하기 때문이다. 따라서 원작을 옮기는 번역의 체험 속에는 독특한 시련과 고통이 존재한다. 이는 번역가의 시련과 고통만은 아닐 뿐만 아니라, 번역되어지는 텍스트의 시련이자 고통이기도 하다. 즉, 원작 속에 일정한 방식으로 숨겨진 그 원작의 텍스트 세계를 도착언어, 즉 번역된 언어 속에서 구현하는 일이 번역자에게 맡겨져 있는 것이며, 원작 또한 도착언어 속에서 자신의 텍스트 세계가 그 언어로 변형되어야 하는 독특한 시련을 겪는 것이다. 아마도 낯선 언어와 문화가 주는 가장 극단적인 시련은 번역불가능의 그것일 것이다. 소쉬르의 구분을 빌리자면 그것은 시니피에(기의, 개념, 의미된 것)의 번역 불가능은 아닐 것이다. 결국 그것은 시니피앙(기표, 청각적 영상, 문자)의 번역불가능에 가깝다. 데리다는 이를 아래와 같이 말한 바 있다.

---

36 베르만, 『번역과 문자』, p. 110.

언어적 표현체(un corps verbal)란 기꺼이 다른 언어로 번역되거나 옮겨지도록 스스로 방임하지는 않는다. 그것은 번역이 내버려두는 바로 그것이다. 표현체를 내버려두는 것이야말로 번역의 본질적 에너지이다.[37]

데리다의 위 주장은 언뜻 보기에 번역 불가성의 논제를 제시하는 것으로 받아들여질 수 있으나, 이는 어떤 시(詩)가 그 시니피앙과 시니피에의 결합이 워낙 공고해서 번역이 불가능하다고 말해지는 지점에까지 이르러야만 '진정한 시'일 수 있다는 역설적인 함의를 주장하는 것으로 보인다. 따라서 그렇게 그 둘을 분리해 내서 새로운 언어 안에서 재결합하려는 번역에 최대한 저항하고, 그것에 시련을 제공하는 것이야말로 문제가 되고 있는 그 텍스트의 자기 긍정, 자기 확신의 한 방식이라는 것이다. 그래서 번역의 특이성은 한 언어가 가지고 있는 감각적 외피인 '몸'(corps)을 내버려두거나 배제하면서, 한 언어에서 다른 언어로 의미를 옮기는 것에서만 찾아져서는 안 된다. 우리가 소위, 작품이나 텍스트라 부르는 것은 그것이 쓰인 언어 안에서 — 그것이 어떤 언어이든 — 의미를 탁월하게 농축하고 전달하는 독특한 방식을 가지게 마련이다. 바로 의미 재현이나 의미 복원의 단계를 넘어서게끔 강제하는 번역의 특이성이 바로 거기에 존재하는 것이다.

---

37 J. Derrida, *L'Ecriture et la Différence*, Seuil, 1967, p. 312; 『글쓰기와 차이』, 남수인 옮김, 동문선, 2001, pp. 333-334.

제10장.

한나 아렌트의 번역론

1. 들어가는 말: 아렌트, 번역, 번역가

아렌트를 번역과 결부짓는 것이 이상해 보일지 모른다. 아렌트의 철학은 분명 인간성에 대한 심오한 관찰을 담고 있음에도 불구하고 일차적으로 정치철학 및 현상학의 관점에서만 논의되어 왔다. 아렌트의 번역에 관한 이론적 작업에 대하여 어떤 방식으로 논의할 수 있을까? 실제로 몇몇의 기존 연구에서는 번역에 대한 아렌트의 단상들을 다룬 바 있다. 대표적인 예로 크노트는 아렌트가 직접 번역과 관련하여 겪었던 문제들을 다루고 있다.[1] 이 연구에서 크노트는 아렌트의 번역에 관한 단상에 부버(Buber), 로젠츠바이크(Rosenzweig), 벤야민(Benjamin) 등의 작품을 참고하여 의미 있는 통찰을 제시한다.

본 논문은 번역에 대한 아렌트의 접근방식을 논하기 위한 것이 아님을 밝힌다. 오히려 본고는 아렌트의 몇몇 핵심 개념을 통하여 번역에 관련한 다양한 문제를 탐색하는 것을 목적으로 한다. 특히 '인간의 조건'에 관한 아렌트의 탐구는 텍스트를 기반으로 하는 행위인 번역과 어떤 연관성이 있는가? 우리는 다음에서 인간의 다원성, 나타남, 의견(doxa)에 관한 아렌트의 생각이 텍스트와 텍스트의 번역문(들)이 가지는 관계와 놀라우면서도 자연적인 유사성을 보인다는 사실을 밝히고자 한다. 또한 아렌트가 구분한 노동, 작업, 행위는 번역에 대한 우리의 이해를 넓히는데 마찬가지로 유용할 것으로 보인다. 흔히 언어와 문화 사이의 단순한 중재로 간주되는 번역사의 활동은 '행위'의 단계까지

1 M. L. Knott, *Unlearning with Hannah Arendt*, tr. D. Dollenmayer, Other Press, 2014; 배기정·김송인 옮김, 『탈학습, 한나 아렌트의 사유방식』, 산지니, 2016.

이를 수 있고 이르러야 하는가? 본 연구는 이러한 질문에서 시작한다.

2. 인간의 다원성, 언어적 다양성 그리고 번역

아렌트의 철학에서 인간 다원성의 관념은 하이데거 철학의 현존재(*Dasein*)와 세계-내-존재(*In-der-Welt-Sein*) 개념만큼의 무게가 있다. 아렌트의 인간 다원성 관념을 이해하기 위한 최상의 방법은 정반대에서 시작하는 것이다. 이 관념의 반대어는 '대표단수로서 인간을 의미하는 Man', 즉 단수인 사람이다. 아렌트는 다음과 같이 주장한다.

> 행위와 말 이 두 요소의 기본 조건인 인간의 다원성은 평등과 구별이라는 이중적인 성격을 지닌다. 사람이 동등하지 않다면, 그들은 서로를 그리고 그들 이전에 온 이들을 이해할 수 없고, 미래를 계획할 수도 없으며 그들 뒤에 오는 이들의 필요를 예측할 수도 없을 것이다. 인간은 현재의, 과거의 또는 미래의 누군가와 구별되는 존재이기 때문에, 사람이 구별되지 않는다면 그들은 자신 스스로를 이해시킬 수 있도록 하는 말을 하거나 행위를 할 필요가 없을 것이다. 인간의 다원성은 유일무이한 존재들의 역설적 다원성이다. 말과 행위는 이와 같은 독특한 구별성을 드러낸다.[2]

---

2 H. Arendt, *The Human Condition*, University of Chicago Press, 1958, pp. 175-176.

아렌트에 따르면 인간 다원성은 각 사람이 단일 개체가 아닌 다수 중 하나로 존재한다는 것을 의미한다. 이 관념은 단순히 인간이 현재 시점에서 '서로의' 관계에서만 존재한다는 점을 시사하지 않는다. 그보다 사람들은 이전 세대와 이후 세대의 관계에서도 존재한다. 게다가 사람들은 행위와 말을 통해 서로를 이해해야 한다는 점에서 동등하다. 누구도 다원성의 이와 같은 조건에서 면제되지 않는다. 사람들은 과거와 현재 그리고 미래의 타인과 구별되는 방식으로 행위를 하고 말한다. 그리고 이것이 '유일무이한 구별성'을 얻는 유일한 방법이다. 요약하자면, "다원성 개념은 아주 많은 사람들이 존재하고, 각각의 존재하는 사람은 모든 다른 이와 구별되며, 이와 같은 방식으로 누구도 과거에 살았고 현재 살고 있거나 미래에 살 그 누구와도 동일하지 않다는 이중적인 의미를 가지고 있다."[3] 이는 사람들이 세계에 끊임없이, 부단히, 단절 없이 존재하지 않고, 새로이 출생을 통하여 세계로 입장하고 그 후 죽음을 통해 퇴장한다는 전제를 바탕으로 한다.

언어는 인간 다원성과 매우 큰 유사성을 갖는다. 그 어떠한 인간도 단일하게 홀로/단수로 존재해온 바 없다는 생각은 언어에도 직접 적용할 수 있다. 그 자체로서만 존재하는 언어는 없다. 인간 다원성과 관련하여 앞에서 언급된 동등성과 구별성 역시 (언어에 적용 가능한) 중요한 개념이다. 인간과 마찬가지로 언어 역시 근본적인 동등성을 기반으로 서로(각 언어)를 이해하여야 하며,

---

3 L. Auestad, 'Plurality and Human Dignity', *Nordic Journal of Human Rights*, 3, 2005, p. 262.

이는 과거와 미래 언어의 이해에도 동일하게 적용된다. 한 언어와 다른 언어가 서로 구별되는 다른 존재라는 것이 이해되어야만 한다. 그리고 이 지점에서 번역의 필연성이 대두된다. 마치 인간의 "다원성이 말과 행위에서 발견되고 실현되는" 것처럼 언어 다양성은 번역을 통해 발견되고, 증대되며 실현된다.[4] 만일 번역이 없다면 다른 언어들은 서로를 이해하지 못하게 될 것이며 언어 간 구별까지도 불가능해질 것이다. "인간 다원성이 말과 행위의 기본 조건"인 것처럼,[5] 언어 다양성은 번역의 기본 조건이다.

그렇다면 이제 인간 다원성과 언어의 다양성을 번역과 결부시켜 검토해 보자. 글로벌 시대에서 모국어가 아닌 언어에 노출되는 것은 피할 수 없는 시대의 조류이다. 번역은 각 사회가 이 세계에서 공존하기 위한 선결조건으로 자리매김하였다. 이에 관해 아우구스티누스의 극단적이지만 동시에 유머러스한 글을 인용해 보자.

> 만약 두 사람이 서로의 언어를 알지 못하는 데다 모종의 이유로 반드시 함께 지내야만 한다면, 같은 인간 종인 이들이 함께 지내는 것보다 말을 못하는 동물 두 마리가 —심지어 다른 종이라 할지라도— 함께 지내는 편이 더 수월할 것이다. 단순히 언어가 달라 서로의 사유를 나누는 것이 불가능한 경우에는 인간이기 때문에 공통적으로 갖고 있는 그 어떤 본유의 특성으로도 두 사람 간 유대감을

---

4 *Idem.*
5 Arendt, *The Human Condition*, p. 175.

형성할 수 없다. 그렇다면, 인간에게는 언어가 통하지 않는 타인과 함께 하는 것 보다 자신의 반려견과 있는 편이 더욱 유쾌할 것이다.[6]

언어 다양성이 적대감과 갈등을 유발하는 원인이 되기도 한다는 아우구스티누스의 주장이 옳다면 어쩌다가 애초에 여러 가지 언어가 존재하게 되었을까? 슈타이너는 이렇게 질문을 던진다. "거의 모든 방면에서 유전적으로, 생리적으로 균일하고, 동일한 생물적-환경적 제약을 받으며, 동일한 진화가능성을 갖춘 호모 사피엔스 사피엔스가 왜 서로 이해하지 못하는 수천 가지의 언어를 사용하게 되었을까?"[7]

슈타이너는 인간이 생물적으로 균일한데도 불구하고 왜 여러 언어를 사용하게 되었는지에 대해 의문을 제기한다. 그는 "각각의 인간 언어는 세상을 다르게 보여준다. 한 언어가 사멸하면 그 언어가 보여줄 수 있는 세계도 함께 소멸한다"라고 답한다.[8] 슈타이너에 따르면 각 언어는 해당 언어 사용자들이 속한 세계를 보여주는 지도이며, 그 세계만의 고유한 형이상학적, 문학적 가능성을 품고 있다. 따라서 한 언어의 사멸은 그 언어가 나타낼 수 있던 세계의 상실을 수반한다. 세계를 각자 다르게 묘사하는 인간 집단이 아우구스티누스의 말처럼 "서로 생각을 주고받으려면" 번역 외에는 달리 방도가 없을 것이다.

---

6 Augustine, *City of God*, tr. J. O'Meara, Penguin, 1984, p. 861.

7 G. Steiner, *After Babel: Aspects of Language and Translation* (3rd Edition), Oxford University Press, 1998, p. 10.

8 *Ibid.*, p. 11.

비슷한 맥락에서 리쾨르는 번역을 아렌트가 말한 '행위(action)' 지속에 필요한 '과업'(task, chose à faire)—"구속하는 의무가 아닌 성취/업적이라는 의미"—이라 정의한다.[9] 리쾨르는 언어 다양성이 부정할 수 없는 인간 현실임을 고려한다면 번역은 국제 사회가 대화와 중재를 이어 나가기 위해 매우 중요한 요소라고 강조한다. 4~5천 가지 이상의 다른 자연 언어들이 이 세상에 존재하는 한, 번역은 기후변화, 전염병, 핵 피해, 대규모 전쟁, 난민과 이민의 후속 문제 등 초국가적인 문제들에 효과적으로 대응하는 데 본질적이다. 결국 인간은 서로 다른 언어들로 다양한 세계 지도를 그려왔는데, 이는 번역을 통해서만 공유될 수 있는 것이다. 이것이 바로 리쾨르가 번역이란 "같은 것을 다르게 말하는 것"이라고 결론지으며 의미하고자 한 바이다.[10]

나아가 만약 자연 언어들이 세계에 관한 지도라면 어떤 언어로 만들어진 하나의 지도를 다른 언어로 번역하는 것은 지도 원본의 또 다른 지도를 만들어내는 것이다. 결론적으로 지도 원본은 다양한 지도의 생성을 불러일으킨다. 각각의 언어는 그것이 속한 세계에 대한 지도이고, 각각의 번역은 다른 언어로 쓰인 원본에 대한 지도인 것이다. 이는 아렌트의 '나타남'(appearance)과 doxa 개념을 번역에 적용할 수 있는 적절한 토대를 제공해준다.

---

9 P. Ricoeur, *On Translation*, tr. E. Brennan, Routledge, 2006, p. 19.
10 *Ibid.*, p. 25.

3. '드러냄'(Appearance)과 '의견'(Doxa) 개념의 번역학적 적용

슈타이너의 '각 언어는 고유의 세계를 전달하고 세계를 독특한 방법으로 그려낸다'는 인식을 아렌트식으로 설명하기 위한 방법은 무엇인가? 이러한 물음에 답을 하기 앞서 상술한 바 있는 인간의 다원성(human plurality)과 함께 아렌트의 철학적 입장을 보여주는 '드러냄'(Appearance)과 '의견'(Doxa) 개념에 대해 설명하고자 한다. 적어도 서양철학에서는 전통적으로 '존재'(being)가 '현상'보다 우선시되었다. '존재'가 '진실'(true)로 표현되는 동안 '현상'(appearance)은 언제나 단순한 '*Erscheinung*'에 지나지 않았다. 마찬가지로 플라톤 역시 '의견'(doxa)을 '에피스테메'(epistēmē)보다 열등한 것으로 보았다.

그러나 존재와 현상에 관한 이러한 전통적 위계질서는 아렌트가 세계가 나타나는 본성과 현상의 특징에 대해 접근하는 방식에 의해 도전을 받게 되었고 이는 아래의 구절을 통해 명확히 나타난다.

> 우리는 이 세상에 들어와 아무 곳에서나 나타나고, 아무데서나 사라지며 이곳에서 존재와 현상은 동시에 일어난다. 자연적이거나 인공적인 생명이 없는 것들은, 가변적이든 불변적이든 그것의 드러냄, 생명체의 존재에 의해 좌우된다. 그 무엇도 존재를 마주하는 관찰자가 없이는 이 세계에 존재할 수 없다. 다르게 말하면 무언가가 나타나는 한 단수로 존재하지 않는다. 존재하는 모든 것은 누군가에게 지각되어야 한다. 이 행성에는 단수로서의 인간이 아니라 복수로서의 인간이 거주한다. 이런 인간들, 관찰자들의 다양성이야말로 지구의 법칙

이다.[11]

아렌트는 '존재'와 '드러냄'은 어느 쪽이든 지각하는 사람이 없으면 존재할 수 없다는 이유로 이 둘을 동일시하고 있다. 두 개념은 관찰자들에게 보여지는 방식으로만 존재할 수 있다. 이러한 존재론적 접근법은 텍스트의 존재를 고려해야 하는 번역담론에 함의하는 바가 있다. 텍스트는 드러나고 그것이 지각되지 않으면 존재할 수 없다. 결국, 관찰자를 전제하지 않고는 아무것도 존재할 수 없듯이 텍스트 또한 독자를 가정하지 않으면 온전히 존재를 향유하기 어렵다.

실제로 텍스트들은 다양한 독자들에 의해 지각된 현상 혹은 나타냄들의 모음이다. 원천텍스트는 (하나의 독자, 혹은 번역가에 의해서 다 드러나지 않는다) 모든 독자, 더 나아가 모든 번역자들에 의해 다르게 지각된다.

수많은 '드러냄'들에는 아무런 공통점이 없는가? 그렇지 않다. 만일 드러나는 현상들 간의 공통점이 없다면 사람들은 그 어떤 이해나 합의에 이를 수 없을 것이고 말과 행동을 통해 자기 자신을 구별하는 독특한 자기 정체성으로써 공공의 영역에 존재할 수 없다.

텍스트적 드러남도 마찬가지라 할 수 있다. 동일한 텍스트에는 서로 다른 번역본이 존재한다. 원천 텍스트를 A라는 번역자와 B라는 번역자가 서로 다

---

11 H. Arendt, *The Life of the Mind, vol. 1: Thinking*, Harcourt Brace Jovanovich, 1978, p. 22.

르게 지각했다고 해도 새롭게 생산된 두 가지 번역본이 온전히 다른 텍스트가 될 수는 없다. 그 대신 베르만이 정확하게 꿰뚫어 본 것처럼 번역은 목표언어 속에서 원천 텍스트의 "다른 면"을 드러낸다. "원천언어에는 나타나지 않는, 원본의 어떤 면이 나타나는 다른 차원이 있다. 번역이 원전을 다른 각도로 되돌려봄으로써 다른 이면을 드러내 보인다."[12]

상술한 바와 같이 베르만은 그 어떤 번역도 원전의 모든 것을 오롯이 전달할 수 있다고 믿지 않았다. 본질적으로 번역자는 그저 그들이 지각한 원천 텍스트의 어떤 한 면을 목표언어로 옮기는 것이다. 그렇다면 이제 앞서 언급한 '세계 vs 언어 vs 번역'과 '세계 vs 지도 vs 지도의 지도'의 역학관계로 돌아가 보자. 아렌트 용어로 사람은 드러냄을 통해서, 드러냄 없이 스스로 존재할 수 없고 더 정확하게 말하자면 드러냄은 존재의 유일한 방식이다.

세계의 이 같은 '드러남'은 복수의 관찰자들이 자신의 개별 언어를 통해 지각하게 된다. 그들이 인지하는 것은 그들의 의견(doxa)이고 각각의 언어는 슈타이너의 개념대로 세계의 지도이다. 그렇다면 번역은 무엇인가? 앞서 베르만의 고찰에 따르면 이 지도가 다른 언어로 번역될 때 전에는 지각되지 않았던 새로운 면이 드러난다. 간단히 말하면 번역은 지도의 지도 또는 의견의 의견인 것이다.

베르만은 이미 'manifestation' 이라는 용어를 사용하여 이러한 번역의

---

12 A. Berman, *The Experience of the Foreign: Culture and Translation in Romantic Germany*, State University of New York Press, 1992, p. 7.

측면을 설명했다. 베르만에게 원천텍스트는 "세계의 체험"이 담겨있고 그렇기 때문에 (번역은) 일종의 "세상의 나타남"을 재현한다. 여기서 중요한 것이 베르만은 언어나 번역을 "의사소통"의 궁극적인 목적으로 보지 않는다는 것이다. 또한 그는 번역을 "소통의 소통"이 아닌 "드러남의 드러남" 즉, 한 언어가 지각된 세계를 드러내는 과정이자 재배치, 재해석의 단계인 것이다. (드러내고 재배치하고, 다시 그려지고 다시 해석하는 과정이다.)

아렌트는 이어 의견이라는 개념에 대하여 이렇게 상술한다. "의견(doxa)의 핵심은 아리스토텔레스가 말한 개연성(eikos), 그럴듯함(probable), '있을 법한 여러 가지(many verismilia)'(단 하나의 진리(unum verum)와 무수한 거짓(falsa infinita)의 양분과는 구별되는 것) 등에 있는 것이 아니라 '세계가 나에게 자신을 드러낼 때' 내가 갖는 세계에 대한 이해에 있다."[13] 의견은 세계가 스스로를 드러내는 만큼을 우리가 어떻게 지각하고 이야기하는지에 대한 것이다. 이 구절이야말로 의견의 인식론적 성질을 명료하게 설명한다. 의견은 "주관적 환상과 임의성"도 아니고 "절대적이고 모든 것에 유효한 어떤 것"도 아니다. 아렌트는 의견 혹은 "도케이 모이(dokei moi, 나에게 보이는 것)"는 "보이는 세계가 인정되고 지각되는 방식이며, 어쩌면 유일하게 가능한 방식이다"라고 결론 내린다.[14] 모든 이는 각자 자신만의 의견과 세계와 통하는 자신만의 길을 갖고 있으며 "세계는 각 사람의 위치에 따라 저마다 다르게 출현한다." 이와 마찬가지로

---

13 H. Arendt, *The Promise of Politics*, Schocken Books, 2005, p. 14.

14 Arendt, *The Life of the Mind, vol. 1: Thinking*, p. 24.

텍스트 역시 번역사마다 다르게 나타나며, 그만의 고유한 독해는 번역사가 텍스트를 지각할 수 있는 유일한 방편일지도 모른다. 하지만 도케이 모이(나에게 보이는 것) 혹은 보임(seeming)이 세계를 지각하는 유일한 방식이라고 해서 그 세계의 '실제성'을 문제 삼거나 부인할 수 있는 것은 아니다. 아렌트는 다음과 같이 설명한다.

> 핵심은 대상세계를 스스로의 힘만으로 완전히 맞닿게 이해할 수 있는 사람이 없음을 우리가 경험으로 알고 있다는 것이다. 이는 세계는 언제나 스스로를 한 사람에게 단 하나의 관점에서만 보여주고 드러내기 때문이고, 이 관점은 세계에서 그 사람이 위치한 자리에 대응하며, 그 자리에 의해 결정된다. 만일 누군가가 있는 "그대로"의 세계를 보고 경험하고 싶다면 그 세계를 많은 사람들이 공유하는 것이자 많은 사람들 사이에 존재하는 것이자 많은 사람들을 분리하고, 또 연결하는 것으로 이해해야만 가능하다. 모든 이에게 각기 다른 모습으로 나타나는 세계는 많은 사람들이 이야기하고 서로 의견과 관점을 교환하고 대조할 수 있는 만큼만 이해할 수 있다. 우리가 다른 사람들과 서로 이야기할 사유가 주어진 상태여야만 세계는, 우리가 이야기하는 것으로써의 세계는 모든 측면에서 객관적으로, 가시적으로 드러난다. 진정한 세계에서 살아가는 것과 그 세계에 대해 서로 이야기하는 것은 결국 하나이며 같은 것이다.[15]

---

15 Arendt, *The Promise of Politics*, pp. 128-129.

아렌트에 따르면 나타나는 세계는 단 한 사람이 아닌 복수의 사람들에게 그 자신을 드러내기 때문에 '무궁무진(inexhaustible)하다. 텍스트를 읽거나 번역하는 것을 주어진 텍스트에 대한 한 사람이 아닌 복수의 사람들의 doxa라고 이해한다면, 하나의 원천 텍스트에 대한 다양한 번역들은 동일할 수가 없다. 실은 이러한 차이가 그것들을 더욱 무궁무진하게 만든다. 그리고 그 의미의 풍성함은 다양한 doxa 간의 차이뿐만 아니라 다툼과 충돌로부터도 생겨난다. 오늘날까지 이어지고 있는 오역을 둘러싼 어떠한 논쟁도 모든 번역들이 doxa와 마찬가지로 나타남(appearances)이라는 사실에 기반하고 있다. 아렌트는 사람들이 오직 서로 다양한 의견과 관점을 교환함으로써 "있는 그대로의" 세계를 이해할 수 있다고 본다.[16] 마찬가지로 독자들은 오직 수렴하거나 엇갈리는 다양한 해석과 번역을 교환함으로써 "있는 그대로의" 텍스트를 이해할 수 있다. 아렌트적 표현으로는 텍스트의 진리란 한 사람에 의해 지각되는 것이 아니라 복수의 사람들에 의해 공유되는 것이고, 리쾨르적 표현으로는 텍스트가 시간의 흐름에 따라 다르게 나타나거나 "그 자신을 드러낸다"는 것이다. 다시 말하면, 텍스트의 진리는 오직 다양한 doxa 형태로, 복수형으로 존재한다.

하지만 이 다양성은 언제나 보장되는 것인가? 어떤 세계가 다양성을 위협하고 다원성을 파괴하는가? 아렌트는 독재와 섬멸적 전쟁이 인간 다원성을 파괴한다고 주장한다. 독재는 오직 독재자의 의견과 관점만을 허락하고, 그 외

16 *Ibid.*, pp. 128-129.

의 것은 감시하고 무시하며 억압한다. 섬멸적 전쟁은 개인과 민족 집단, 반체제 인사들을 탄압하고 이를 통해 세계 파멸을 초래한다.[17] 독재와 전쟁이 세계를 파괴한다는 것은 세계의 건강한 존속이 말과 관점, doxa의 다양성에 근거하고 있기 때문이라고 할 수 있다. 마찬가지로 다양한 읽기, 해석, 번역이 텍스트를 존재하게 만든다. 아직 읽히거나 해석되거나 번역된 적 없는 텍스트는 온전하게 그 전체로서 존재하지 않는 텍스트다. 가다머의 주장처럼 "따라서 모든 번역은 동시에 해석이다. 나아가 번역은 번역사가 자신에게 주어진 말로 만들어낸 해석의 정점이라고도 할 수 있다."[18] 르낭(Renan)에 따르면 "번역되지 않는 작품은 절반만 출판된 것이나 다름없다."[19] 결국 텍스트는 다른 사람들에 의해, 다른 언어들을 통해, 스타이너(Steiner)의 말처럼 "다르게(differently)" (리쾨르의 표현에 따르면 "autrement") 전달되지 않는다면 그 전체로서 존재하지 못한다고 할 수 있겠다.

4. 아렌트적 용어에서의 번역의 실천: "노동"인가, "작업"인가, 아니면 "행위"인가?

서로 다른 언어를 사용하는 화자로 이루어진 글로벌 커뮤니티에서 행해지는 모든 행위는 필연적으로 통번역을 수반한다. 통·번역 없이 UN이나 EU

---

17 Arendt, *The Promise of Politics*, pp. 175-176; Arendt, *The Human Condition*, p. 202.

18 H.-G. Gadamer, *Vérité et Méthode*, tr. J. Grondin et al., Seuil, 1996, p. 406.

19 Berman, *The Experience of the Foreign*, p. 178에서 재인용.

가 작동하는 것은 상상할 수 없다. 그렇다면 통번역은 아렌트적 의미로 따지자면 '행위'라고 할 수 있는가? 아니면 행위를 위한 언어적 도구로써 기능하는 '전 행위'의 일종에 지나지 않는가? 이러한 질문에 답하기 위해서는 아렌트가 주창한 활동적 삶(*vita activa*)의 세 가지 유형, 즉 '노동'과 '작업', 그리고 '행위'를 먼저 검토해야만 한다.

아렌트는 '노동'을 생존과 자기 보존에 필요한 필수재를 획득하기 위한 인간 활동으로 정의한다. '노동하는' 인간은 자신의 물리적 존재를 유지하기 위한 목적으로만 일 하며, 그 외 지속성 있는 생산은 하지 않는다. 아렌트는 노동의 대가의 예로 "빵", "경작지"를 든다.[20] 비록 인간의 생존을 위해 필요하다고 할지라도 빵은 하루 만에 소비되고 사라진다. 게다가 빵의 주 재료인 밀을 재배하기 위해 땅을 경작하는 것은 광의의 '노동'에 해당되는데, 이때 노동은 인간의 삶을 지탱하기 위한 것이다.

이어 아렌트는 '작업'의 산물로써 '탁자'와 "의자", 그리고 "가장 조악한 신발"을 언급한다.[21] 보통, 목재와 같이 자연에서 얻을 수 있는 재료로 제작되는 탁자는 빵처럼 소비성 제품은 아니며, 외려 내구성과 도구적 유용성을 갖추고 있다. 작업의 산물은 유통을 위해서 시장을 필요로 하며, 세계의 안정성을 지탱하는 내구성 있는 개체로, 오랜 기간 존속된다. 그러나 탁자의 내구성은 유한하다.

---

20 Arendt, *The Human Condition*, pp. 94, 138.
21 *Ibid.*, pp. 94, 137.

마지막으로 아렌트는 안티고네의 "위대한 말들"(*megaloi logoi*)과 아킬레스의 영웅적 행위를 언급한다.[22] 물론 "예술작품"으로서의 "시"는 작업과 행위의 경계에 위치한다.[23] 그러나 위대한 예술 작품 혹은 영웅적 행위는 우리의 기억의 기저에 존재하며, '소비되는' 노동의 산물이나 '사용되는' 작업의 산물이 아니라 행위의 결실임을 뜻한다. 더욱이 행위의 산물은 연구와 모방의 대상으로써 미래세대에 전수된다.

여기까지 확립한 바를 바탕으로 아렌트의 노동, 작업, 행위에 대한 세 가지 층위로의 구분을 검토할 수 있게 된다.

첫 번째는 시간적 층위이다. 노동과 작업, 그리고 행위의 산물이라는 존재는 순간적인 것(예를 들어 빵이나 경작지)에서 오래 지속되는 것(탁자, 의자, 신발)으로, 그리고 종국에는 불멸적인 것(안티고네와 아킬레스)으로 이어진다.

두 번째는 공간적 층위로, 노동의 산물은 엄격히 사적영역인 가정(*oikia*)의 테두리 내에서 존재한다. 작업의 산물은 외부 세계와 접촉하기 시작하나, 그 접촉은 한정적인 범위 안에서만 가능하다. 행위의 산물은 타인의 존재하에 "말과 행위"를 통해 복수의 인간들의 공동체적 공적 공간으로 뻗어나간다.

세 번째는 인간 다원성의 관점에서 관찰된 바와 같은 활동적 삶의 성격이다. 노동을 하는 사람들은 생존과 자기 보호에 대한 자신들의 욕구를 통해 자극을 받아 활동하고 이를 통해 자연의 통치를 받는다. 작업과 관련해서 보

---

22 *Ibid.*, p. 194.
23 *Ibid.*, pp. 167, 169.

면, 인간 삶은 자연 물질에서 만든 대상의 유용성의 지배를 받는다. 행위는 자연의 힘과 투쟁을 넘어선다. 이는 다양한 사람들과 교류를 함으로써 그들 개인 고유의 정체성을 드러내는 능동적인 삶을 영위하는 것을 포함하고, 자신을 타인과 구분하는 '탁월함(excellence)'[24]을 보여준다.[25] 이 단계에서 타인과 세계에 대한 관심과 연민은 반드시 수행되어야 한다.

이제 앞의 문제로 돌아가 보자. *vita activa*의 세 개의 영역 중 번역의 실천(practice)[26]은 어디에 위치하는가? 만약 번역가가 자신들의 활동을 '삶의 필연성'(necessities of life)을 이행하는 수단으로 간주한다면,[27] 그리고 재정적 부를 '세계의 사물성'으로 바꾸거나 후세에 이를 전달하는 데 그다지 관심을 기울이지 않고 재정적 부를 축적하는 수단으로 자신들의 활동을 간주한다면,[28] 이들이 수행하는 번역은 그저 일시적인 것일 수 있다. 결과적으로 이들의 활동은 아렌트가 의미하는 단순한 '노동'으로만 남을 것이다. 게다가 만약 사회가 의도적으로 번역 실천(practice)을 특정 개인이 생계를 위해 수행하는 어떠한 것

---

24 *Ibid.*, p. 49.

25 *Ibid.*, pp. 41, 176.

26 본고에서는 매킨타이어가 제안한 '실천(practice)'의 정의를 따른다. "내가 말하는 '실천'은 모든 일관되고 복잡한 형태의 사회적으로 확립된 협동적 인간 활동을 의미하는데 이를 통해 탁월함의 기준을 달성하려는 과정에서 활동 형태에 내재된 선(goods)이 실현된다. 탁월함의 기준은 활동 형태에 적절하면서도 활동 형태에 의해 일부 한정되며, 탁월함을 달성하는 인간의 힘과 이와 관련된 목적과 선에 대한 인간의 개념이 체계적으로 확장되는 결과를 수반한다." A. MacIntyre, *After virtue: a study in moral theory*, University of Notre Dame Press, 2007, p. 187. 번역가의 "실천"은 매킨타이어의 관점에서 보면 아렌트의 "행위"와 연관이 되는데 두 개념 모두 a) 타인에게 "협조적"일 것과 b) "탁월함" 달성을 추구할 것과 c) 공동체의 "목적과 선"의 개념을 확장할 것을 함의한다.

27 Arendt, *The Human Condition*, p. 83.

28 *Ibid.*, p. 93.

으로 본다면, 번역가가 공공 영역으로 진입하는 길은 저해를 받을 것이다. 만약 번역가가 공공 영역을 감행하는 위험을 거부하고 오직 생계 문제에만 초점을 둔다면, 이는 '노예상태의 분명한 신호'로 간주될 수 있다.[29]

어떻게 번역이 '노동'을 뛰어넘어 '작업'이 되는가? 다른 말로 번역은 언제 생존과 자기 보호의 문제를 초월하는가? 번역자가 번역 실천을 통해 '지속성'[30]을 소유하고 인간 세계에 유용한 것으로 간주되는 '보고, 듣고 그리고 기억하는 것'[31]을 남길 때, 이들은 '작업'[32]에 참여하게 된다. 예를 들어 번역 생산은 텍스트, 이미지, 기록물과 같은 다양한 형태로 보존될 수 있으며 번역이 '작업' 범주로 구분되는 일종의 '도구성'[33]을 보장하면서 공동체 구축에 기여할 수 있다.

그렇다면 번역은 언제 '행위'로 발전하는가? 번역가가 다른 언어를 사용하는 화자들의 소통과 그들 간의 상호작용을 도우며 공동체의 운명과 의제를 다루는 데 참여한다면, 번역가들은 '행위자'의 지위에까지 이른다. 번역가는 더 이상 윤리적 혹은 정치적 결과를 고려하지 않고 단순히 업무를 수행하는 노동자나 작업자가 아닌 것이다. 가령 2001년도 9/11 테러 공격 이후 윤리적 결정이 요구되는 전쟁 지역이나 기타 분쟁 상황에서 일하는 번역가들의 윤리적 딜레마에 관하여 다수의 연구가 발표된 바 있다. 현재까지 번역가의 '사회적 책임' 중 일

---

29 *Ibid.*, p. 36.
30 *Ibid.*, p. 136.
31 *Ibid.*, p. 95.
32 *Ibid.*, p. 94.
33 *Ibid.*, p. 153.

부는 취약자에게 언어적 서비스를 제공하는 것이라고 주장되어 왔으나, 이러한 경험적 연구 및 자료들은 번역가들이 자신들의 바람과는 상관없이 아렌트적 의미의 '행위'를 해야만 하는 상황에 놓이게 된다는 것을 여실히 보여준다.

이 외에도 번역가들에게 비가시적 역할 및 지위를 강요해 왔던 기존 담론에 대한 몇몇 주요 논의가 있다. 아렌트의 언어로 하자면 번역가는 단순히 '번역'을 하기 위하여 고객의 요구에 따르거나 비가시적 상태로 머무르기 위하여 익명의 망토 뒤에 숨는 것이 아니라 공동체 전체의 선을 위하여 '행위'해야 한다는 것이 핵심이다. 번역가가 '더 나은 공존을 돕기' 위한 수단으로서 언어를 사용한다면 단어가 의미하는 그대로의 '행위'를 하고 있는 것이다. 이러한 차원에서의 번역 실천은 '노동'이나 '작업'의 차원에서 설명하기 어렵다.

5. 결론: 행위와 통번역의 접점

이로써 지금까지 인간의 다원성, 의견(doxa), '행위'의 가능성을 탐구하였다. 또한 이러한 개념을 번역에 적용함으로써 언어의 다양성, 의견(doxa)으로서의 각 언어를 강조할 뿐 아니라 특히 통번역을 다양한 언어와 의견의 수렴 및 차이로 강조하였다.

서로 다른 언어의 화자들이 '단일의 언어를 벗어나 외부에서 설 수 있는 능력'[34]을 갖지 못한다면, 통번역은 불가능한 위업일 것이다. 자신 자신의 외부

34 M. Cronin, *Translation and Identity*, Routledge, 2006, p. 11.

에 설 수 있는 능력은 통번역에서 뿐만 아니라 행위에서도 반드시 요구된다. 자기정의 혹은 실제적 존재는 타인과의 관계에 의존적이다. 인간은 오로지 타인과의 교류를 통해서만 번역을 하고 행위를 할 수 있다. 따라서 통번역은 그 자체로 사실적 그리고 은유적 의미에서의 탁월한 행위일 것이다.

'바보(idiot)'라는 의미의 영어 단어는 '사적', '자신의' 혹은 '개체의 유일함'을 뜻하는 그리스어의 'idion'이라는 단어에서 유래한다. 반의어인 'koinon'은 '공적' 혹은 '공동체' 의미에서의 '공동'의 뜻을 가진다. 'idiot'이 '바보'를 뜻하게 된 이유는 폴리스의 관점에서 오로지 자신만을 돌보고 공동체를 경시하는 것이 바보스럽고 해로운 것으로 여겨졌기 때문이다. 공동체를 돌보지 않고 오로지 자기 자신에만 관심을 기울이는 사람은 어리석으며, 이는 지성의 부재라는 의미에서가 아니라 오히려 자신의 의견에서 벗어나지 못하고 타인과 세계에 무관심하여 사물을 공동체의 시각에서 바라볼 수 없다는 의미에서 어리석은 것이다.

아렌트는 '인간은 행위와 말을 통해 자신을 보여주고, 능동적으로 자신의 고유한 정체성을 드러냄으로써 자신을 인간 세상에 드러낸다'고 주장한다. 번역가는 자신들의 통번역 실천(및 그 결과)를 노동이나 작업의 차원에 놓을 것인지, 혹은 인간으로서의 고유한 정체성을 끄집어내는 행위의 영역에 놓을 것인지 스스로 결정해야 한다. 이것이 아렌트가 통번역과 관련하여 현대 담론에 제기하는 철학적 및 윤리적 질문이다.

제11장.

리쾨르의 번역론

1. 들어가는 말: 번역 활동의 철학적 자리는 어디일까?

현대 해석학자들 중에서 가장 명시적으로 번역을 철학적 성찰의 대상으로 삼은 학자가 리쾨르이다. 이 글의 출발점은 2006년 8월에 번역 출간된 철학자 폴 리쾨르(Paul Ricoeur)의 『번역론: 번역에 관한 철학적 성찰』[1]에 대한 읽기에서 비롯되었다. 하지만 하나의 이해가 그 이해의 역사와 단절되지 않고, 번역도 그 선(先)번역의 역사에 어느 정도 제약되듯 나의 이 읽기도 내가 리쾨르를 읽어온 읽기의 역사에서—다행히도—자유롭지 못하다.

『번역론: 번역에 관한 철학적 성찰』은 1996년과 1998년 그리고 그 후 각각 쓴 세 편의 논문을 모아 2004년에 나온 저서이다. 보는 이에 따라 1996년이 리쾨르가 번역 문제에 대한 관심을 이론적으로 그리고 명시적으로 표명한 해라고 규정할 수 도 있겠다. 하지만 번역 활동이 가지는 철학적 의미와 자리를 한번 쯤 되새겨보는 관점에서라면 꼭 그렇게만 간주하기는 어렵다. 리쾨르 자신이 이미 후설의 *Ideen I* 에 주석을 달아 번역함으로써[2] 자신의 본격적인 학문적 인생을 첫발을 시작했다는 것은 이미 알려진 사실이다. 그것도 제 2차 대전 중에 녹일의 수용소에서 후설의 원서 사이사이에 촘촘한 글씨로 말이나.

1 P. 리쾨르, 『번역론: 번역에 관한 철학적 성찰』, 윤성우·이향 옮김, 철학과 현실사, 2006. 원전은 P. Ricoeur, *Sur la traduction*, Bayard, 2004. 이 저서에 대한 보다 직접적인 해설과 안내를 원하는 독자가 있다면 권두에 포함되어 있는 상당한 분량의 해제를 참조하면 되고, 이 해제는 「번역(학)과 해석(학): 철학적 접근 가능성에 대한 한 연구」라는 제목으로 『프랑스연구』, 37, 2006: 171-195에도 실려 있다.

2 국내에는 『순수 현상학과 현상학적 철학의 이념들』, 최경호 옮김, 문학과지성사, 1997로 번역되어 나왔고 리쾨르의 불역판은 *Idées directrices pour une phénoménologie*, Gallimard, 1985[19501]라는 이름을 달고 출간되었다. 본래 그 번역본은 리쾨르의 박사학위 논문(*Philosophie de la volonté I*, Aubier, 1950)의 부논문으로 제출되었던 것이다.

번역이 왜 철학자, 특히 해석학자에게 그렇게 문제가 될까? 번역 활동의 철학적 지위를 말하기 위해 해석 활동과의 연관성을 살피는 작업에서 시작하면 어떨까? 적어도 현상적 차원에서 발견되는 몇 가지 사실은 다음과 같은 것이다.

첫째로 번역학의 연구 대상인 번역 활동과 해석학의 연구 대상인 이해 및 해석은 모두 공히 언어 일반(langage) 또는 인간의 언어활동이라는 범주에 속하며 그것과 밀접한 연관을 갖고 있다는 점이다. 다만 문학 비평이나 언어학도 언어를 다룬다는 점에서 이런 공통점은 좀 더 해명되어야 한다.

둘째로 이 두 분야—번역학과 해석학—는 언어를 다루되 언어를 구성하는 모든 층위를 다루는 것이 아니라 주로 텍스트(texte)를 그 주요 대상으로 한다는 점에서 공통성을 갖는다. 음소, 의미소, 형태소와 같이 문장(또는 담화)의 하위 단위를 주로 다루는 언어학 일반과 달리 단어와 문장을 거치되 최종적으로는 텍스트 혹은 작품이라고 말하는 대상을 다룬다. 아무리 짧은 한 줄의 시(詩)나 경구를 번역하거나 해석해도 그것은 하나의 독립된 텍스트로서 다루어지는 것이다.

셋째로는 언어를 다루고 텍스트가 그 주요 대상이되 진정으로 이 두 분야가 겨냥하고 목표를 삼아 도달하고자 하는 지평은 언어의 의미(sens)라는 지평, 텍스트의 의미라는 지평이다.

혹자는 번역이 주로 두 개 이상의 언어들 사이의 문제라고 규정하고 해석은 주로 한 언어 내에서 발생하는 이해의 문제를 다룬다는 차이를 지적할지도 모른다. 그런 이유와 맥락에서 자연 언어들 간의 언어적 차이와 그 변환에서 발생하는 현상들을 경험 과학적으로 설명하려는 시도가 주류를 이루고 있는 오늘날의 번역학은 한 언어 내에서 의미 발생과 그 해명을 기술적(記述的)으로 취급하는 해석학과 어느 정도 거리를 두고 지내온 것이 사실이다. 하지만 외국어에서 모국어로 오는 과정을 다루든 그 반대 과정을 다루든, 또 모국어 내에서이건 해당 외국어 내에서 이건 해석이나 이해 과정이 전제되지 않거나 이를 통과하지 않는 번역 또는 언어적 표현활동이 불가능하다는 점에서는 번역학과 해석학이 공통분모를 가진다고 볼 수 있지 않을까? 이점은 번역학 내에서 해석학적 흐름을 대변한다고 거론 되는 조지 스타이너(George Steiner)의 난해한 주저 Après Babel[3]의 핵심적 테제—"이해한다는 것은 번역하는 것이다"—이기도 하다.

그런데 필자가 보기에는 해석 활동과 번역 활동은 언어, 텍스트, 의미라는 공통의 지반보다 더 근본적인 차원을 공유하고 있다. 무엇보다도 두 활동이 언어를 다루는 한 그 활동들은 언어의 지향적 상관자들인 사물, 대상, 사태 또는 세계와의 관계를 제거하고서는 제대로 이해될 수 없다. 언어의 의미, 텍스트의 의미가 도달하고자 하는 최종적 지향점을 고려해 보고, 언어 사용자인 인간으로 하여금 새로운 언어 사용의 영역과 장(場)을 부추기고 자극하는 것이 무엇인지를 고민해 본다면 이 가장 근본적인 층위에 대한 추정과 짐작이 가

3 G. Steiner, *Après Babel: Une poétique du dire et de la traduction*, Albin Michel, 1998. 원전은 *After Babel: Aspects of language and translation*, Oxford University Press, 1998[19751, 19922].

능할지도 모르겠다. 필자는 리쾨르가 자신의 『번역론』에서 여러 번 언급한 말, 즉 "같은 것을 다르게 말하는 것"[4](dire la même chose autrement)을 가지고 필자의 이런 읽기를 정당화해 보고자 한다. 이런 그의 말을 가지고 우리는 그의 『번역론』에서 발견되는 중요한 테제들도 함께 풀어가며 발전시켜보는 전략을 구사하기로 한다. 따라서 이 글의 본론은 "같은 것", "다르게", "말하는 것"이라는 세 요소를 차례로 살펴보는 것으로 이루어질 것이다.

첫째, "같은 것을 다르게 말하는 것"(dire la même chose autrement)에서 "같은 것"이라는 개념과 번역이 어떻게 연관되는지를 철학적 차원에서 밝혀내는 것이 필요하며 이 단계는 번역의 철학적 자리와 조건을 보다 심도 있게 논의하는 계기가 될 것이다.

둘째, "다르게"라는 말의 의미는 자연 언어의 다양성에도 불구하고 번역 활동이 오랜 동안 사실(事實)로서 있어왔다는 것과 그리고 또 다른 한편에서는 번역 활동이 하나의 의무나 과제로서 부과되고 있다는 것을 보여주게 될 것이다.

셋째, "말하는 것"과 관련하여서는 구어 차원과 문어 차원에서 각각 저자의 의도와 텍스트의 의미가 다르다는 것을 밝혀내고 번역이 전달한다고 자부하는 "의미"에 대해 그 궁극적 함의를 생각해 보고자 한다.

---

4 리쾨르, 『번역론』, p. 121; Ricoeur, *Sur la traduction*, p. 45.

2. "같은 것을 다르게 말하는 것"이란 무엇인가?

2.1. "같은 것"(la même chose)과 번역

"같은 것을 다르게 말하는 것"(dire la même chose autrement)에서 불어 "la même chose"를 "같은 것"으로 번역한 것은 그것을 구성하는 개념들("같은", "것")이 지닌 의미들의 놀이를 노린 번역이다. 언어가, 특히 문학적 언어들이 언어 바깥에 있는 그 무엇을 가리킨다기보다는 자기 지시(auto-réference)적인 속성과 놀이의 차원을 가진다는 주장은 문학 연구나 문학 비평에서 익히 알려진 사실이다. 하지만 하나의 단계나 과정으로서 자폐적인 언어의 제국을 형성할 수는 있겠지만, 궁극적으로 언어는 항상 무엇 무엇에 대한 언어일 수밖에 없다. 언어외재적인 실재(réalité extra-linguistique)와 근본적으로 절연된 언어를 상상하기란 매우 어렵다. 따라서 언어를 기반으로 활동하는 해석이나 번역은 모두 이 언어외적인 그 무엇과 모종의 관계를 가진다. 이 관계가 검증의 관계일 수도 대응의 관계일 수도, 일치의 관계일 수도 있다. 여하튼 이 "같은 것"은 앞서 말한 사물, 대상, 사태 또는 세계라고 옮길 수도 있을 것이다. 사물, 대상, 사태 또는 세계라는 개념들 사이에 존재하는 미묘한 철학적 거리에 대한 논의는 칸트를 비롯한 많은 서양 근대 철학자들뿐만 아니라 비트겐슈타인과 하이데거 같은 현대 철학자들을 참조할 수 있겠지만 일단 보류하자. 이것들 모두는 절묘한 우리말 "것"안에 다 포섭될 수 있을 것이다. 문제는 "같은"이라는 형용사이다.

눈앞에 하나의 사과를 두고 "사과", "apple", "pomme"(불)이라는 기표를 사용하며 직접 지칭하는 차원에서는 "같은" 것에 대해 말한다는 것을 의심할 수 없을 것이며 대다수의 번역이 목표하는 효율적 의사소통에도 별 문제가 없어 보인다. 하지만 즉물적이고 직접적인 지시의 차원이 아닌 다른 차원, 예를 들어 그 사과를 보고 생기는 느낌이나 인상, 심지어는 감흥이나 의미를 서술하는 차원에서 그 사과는 늘 "같은 것"으로서 우리에게 현상하지 않는다. "같은 것"이 없다고 말하는 것도 이치에 맞지 않지만 "같은 것"이 누구에게나 "같은 방식으로" 또는 "같게" 나타난다고 말하는 것은 더더욱 이치에 맞지 않는다. 그래서 "다르게" 말할 수밖에 없는 것은 "같은 것"이 존재하지 않기 때문이라기보다는 "같은 것" 의 존재 방식 또는 현상의 방식이 "다르기" 때문이다. 그 방식이 매번, 매 순간, 그것도 각자에게 다르다면 우리가 다르게 말하고, 다르게 해석하고 심지어는 다르게 번역하는 것이 너무나 온당한 것이 아닐까? 그 이유는 하나의 사물을 볼 때나 관찰하게 될 때 사물의 속성들 자체는 변함이 없이 유지가 될지 모르지만 그 사물이 우리에게 나타나거나 현상하는 특징들이나 면모들이 매 순간 다르다고 말할 수 있기 때문이다.

사물 안에 없던 어떤 것이 불쑥 창조된다기보다는 그 동안 주목받지 못했고 주의를 끌지 못했던 어떤 것이 우리에게 다가오는 것이 아닐까? 언젠가 가보았던 풍경을 다시 갔을 때의 색다름, 예전에는 무심하게 들었던 교향곡의 한 소절을 새로운 느낌으로 듣게 되었을 때의 체험을 한번 떠올려 보자. 하나의 풍경도, 한 소절의 음악도, 하나의 그림도 그것을 처음 우리가 지각했을 때 단번에 그리고 일시에 그 모든 양상들과 측면들이 우리에게 주어지지 않는다는 것을 우리는 알게 된다. 그래서 세계와 대상은 "무궁무진"[5](inépuisable)하며 우리의 현재적 지각을 넘어선다는 말은 옳다. 하나의 대상을 두고 그것에 대한 이해와 이 이해를 언어적으로 풀어 놓은 해석 또한 무궁무진할 수밖에 없다. 프로이트는 좀 다른 맥락에서 "끝없는 분석"을 말한 바 있고, 가다머 또한 사후에 수정되거나 재고될 수는 있을지언정 "선입견" 또한 긴 이해의 첫 단초 혹은 전제와 같은 것이라고 말한 바 있다. 하나의 (번역 또는 해석 대상으로서) 텍스트 또한 번역자나 해석자의 현재적인 지각과 이해에 단숨에 파악되거나 포착되는 것이 아닐 것이다.

따라서 재번역과 재해석이 부단히 시도되고 이루어지고 있다면 그것은 오역이나 틀린 해석이 반복된다는 차원에서 보다는 텍스트가 번역자나 해석자에게 내보이는 애매성이나 양의(兩意)성의 차원에서 접근되어야 할지도 모른다. 사태가 현상하는 방식들이 지닌 양의성이 1차적인 양의성이라면 그것에 대해 말하고 언급하고 기술해 놓은 언어적 집적물로서의 텍스트는 가중(加重)적으로 양의적일 수밖에 없지 않을까? 본래 다의(多義)적인 사태와 세계를 다의적인 그물코인 언어—해석자와 번역자의 언어를 포함하여—를 통해 규성하거나 기술하게 된다면 더 더욱 그렇다. 어쩌면 평범한 일반 독자의 읽기에까지 그 다의성이 남아 있게 된다면 그 복잡성은 더 할지도 모른다. 하지만 그 여러 층위의 다의성에도 불구하고 세계에 대한 이해와 해석이 늘 이루어지고 또

5 Ricoeur, *Philosophie de la volonté I*, p. 147.

부단히 그 언어적 표현물인 텍스트에 대해 번역이 이루어지고 있다는 것은 그 다의성들이 의사소통이나 메시지 전달을 불가능하게 하는 조건으로 작동하는 것이 아니라 의사소통의 일방성이나 폐쇄적인 자족성을 제한하고 규제하는 조건으로 기능한다는 반증이 아닐까? 빈틈없는 의사소통을 만들어내는 것이 아니라 하나의 의사소통에게 그 자체에는 구조적으로 부재한 여백과 빈자리를 마련해 주는 조건으로서의 중층적인 다의성이 아닐까?

따라서 번역 활동의 최종적인 심급과 자리가 사태와 세계의 다의성에 마련되어야 하고 그것에 뿌리박고 있다는 필자의 주장은 1. 세계 > 2. 언어를 통한 그 이해와 해석 > 3. 자연 언어들 간 번역이라는 질서와 위계를 낳게 될지도 모른다. 적어도 시간의 발생(發生)적 선상에서는 그럴지도 모른다. 하지만 이런 주장을 뒤집어서 역방향의 논증이 가능할 수 있다. 다시 말해 궁극적으로는 하나의 자연언어로 번역되거나 표현되지 않는 탈(脫) 언어적인 이해나 해석은 없으며, 그런 이해와 해석을 틀에 담기지 않는 세계의 양상이나 현상들은 없을 것이며, 있다 해도 우리가 인식하거나 파악할 수는 없다는 논증도 가능하다는 것이다. 이런 논증들이 가지는 상반성과 모순성을 당장 해결하거나 피하려고 하지 말고 오히려 그 긴장을 좀 더 내버려 두자.

적어도 "같은 것"(la même chose)을 논하는 현재의 단락에서 우리는 명시적으로 밝히지는 않았지만 그 "같은 것"은 최소한의 존재성이나 실재성을 담보하는 것으로 전제했다고 볼 수 있다. 그래서 언어의 지향적 상관자로서 "같은 것"은 충만하거나 자명하지는 않다 하더라도 "없는 것" 또는 "있지 않은 것"은 아니었다. 하지만 "있는 것" 또는 "존재하는 것"과는 다른 것, 다시 말해 "존재하지 않는 것"도 허다한 것이 우리가 사는 이 세계가 아닌가? 우선 거짓말은 "없는 것"을 꾸며낸 말이고, 상상력 또한 "없는 것" 또는 "현존하지 않는 것"에 대한 능동적인 구성능력에 다름 아니며, 유토피아적인 것[6] 등등을 떠올려 보면 "같은 것"의 범주에 즉자적으로 현존하는 대상만을 포함시킬 수는 없을 것이다. 따라서 "같은 것" 이라는 존재자의 범주에 이런 부류까지 포함하게 되면 이해나 해석 또는 번역의 장은 훨씬 복잡해지고 광범위해진다.

2.2. "다르게"(autrement)와 번역

사실 "다르게"(autrement)라는 표현이 우리를 좀 더 직접적으로 번역의 영역으로 이끈다. 그것은 "다르게"란 "다른 방식으로" 또는 더 정확히 말해 "다른 말로" 또는 "다른 언어로"를 뜻하기 때문이다. 지구상에 존재하는 자연언어들의 수만큼이나 서로 다르게 "같은 것"을 말하고 표현하고 기술하는 일이 가능하다는 믿음을 반박하기란 쉽지 않다. 이런 언어들의 다양성은 번역이라는 활동이 사실적이고 현상의 차원에서 존재하게 된 근본적인 배경일지도 모른다. 이 다양성은 번역 활동이 역사적으로 오랜 동안 있어 왔고 지금도 있다는 것을 가능하게 할 뿐만 아니라, 번역이 우리에게 의무나 과제 그리고 임무로서 부과되는 사태까지도 가능하게 한다. 다시 말해 "왜 우리가 꼭 번역을

---

6 리쾨르, 『번역론』, p. 126.

해야 하는가?"라는 물음에 "언어들이 여럿이 존재하기 때문에"라고 답하는 것이 가장 가치중립적이라고 할 수 있기 때문이다.

물론 리쾨르가 즐겨 인용하는 정치 철학자 한나 아렌트의 중요한 개념인 "다원성"(pluralité)이 언어의 다양성에 앞서 논의되어야 하지도 모른다. 아렌트는 지구상에 인간들이 여럿이 존재하고 이들이 어울려 정치 공동체를 꾸리며 살아갈 수밖에 없다는 논지를 주장하며 이것이 인간 조건의 중요한 특징이라고 말한다. 혼자가 아니라 복수적으로 존재하기에 인간 현존재는 자신의 개별성과 개체성을 타자와의 관계에서 이루어 나가야 할 고유한 정치적 행위를 통해 찾아야 한다고 그녀는 주장한다. 다시 언어의 다양성으로 돌아와서 물어본다면 하나의 자연언어는 어떤 계기를 통해 자신의 자기다움과 고유성을 획득하게 되는 것일까? 다른 언어와 만나고 접촉하면서 심지어는 다른 언어를 자신의 언어로 번역하면서 또는 그 반대 과정을 통해서가 아닐까? 데카르트가 말하는 코기토의 자기 정립(position de soi)같은 것이 자기다움을 만들어 가는 것이 아니라 타자와의 살적 만남이 나를 구성해나가는 것이 아닐까? 그렇다는 답을 성급하게 내리기 보다는 아직 그 언어적 다양성이 함의하는 철학적 의미를 좀 따져봐야 할 것이다.

개별적 종(種)에 속한 동물들도 나름의 언어—언어라고 부르는데 주저스럽다면 적어도 신호 또는 기호—를 가지고 의사소통한다는 사실을 부인하는 사람은 없을 것이다. 이를 입증하는 동물학적 관찰이나 실험들을 참조하는 것은 더 이상 어려운 일이 아니다. 더 이상 동물들이 주고받는 소리를 "소음"으로 간주하는 사람은 없을 것이다. 인간적 언어들의 다양성과 이에 따른 필연적인 번역 활동을 동물 언어와 짤막하게 비교하고 있는 한 학자(Marcel Hénaff)의 글은 주목할 만하다.[7] 그에 따르면 침팬지 같은 동물의 경우 다른 지역에서 살다 온 이방 침팬지가 토착의 수용 그룹의 침팬지들과 거의 시간차 없이 바로 소통의 가능하다고 하며 또한 이방 침팬지가 토착 그룹의 관용적 신호들을 빠르게 자신의 것으로 채택함으로써 정착에 별 문제가 없다고 한다. 그래서 하나의 동일한 동물종 안에서 그들이 사용하는 언어들은 상당한 수준에서 안정적이고 동일하며 보편적이기까지 하다는 결론을 낼 수 있다는 것이다. 사정이 그렇다면 생물학적 존속과 욕구 충족에 필요한 "적응"(adaptation)을 넘어서는 번역이란 동물들에게 없다고 봐야만 할 것이다. 그들이 비록 처음 보는 동일종의 동물적 신호의 생경함이나 소통에 따른 애로가 있다 하더라도 그것은 주로 텃새 싸움이나 먹을 것 또는 이성의 호기심을 독차지하기 위한 것이지 다른 의도는 없는 것이다. 인간의 다양한 언어들이 서로 소통될 때 겪는 다의성이나 애매함, 또는 "이국적 언어가 주는 시련" 따위는 그들에게 없다는 것이다. 이 점은 언어적 타자나 문화적 타자를 안고 살아갈 수밖에 없는 우리 인간들에게 함의하는 바가 적지 않다. 역사를 통해 부인될 수 없는 증거들이 보여주는 바에 따르면, 우리 인간은 언어나 문화가 이질적인 한 지역이나 나라의 사람들을 절멸시키고 말살시키려는 충동의 실현을 끊임없이 보여주었기 때문이다. 여러 언어가

---

7 M. Hénaff, 'La condition brisée des langues: diversité humaine, altérité et traduction', in *Esprit*, 323, Mars-Avril 2006, p. 77.

만나고 여러 문화가 다양한 층위에서 대립하고 만나는 현재의 지구촌 상황에서 보자면 해석이나 번역이 지닐 수 있는 윤리적 지평 또는 정치적인 역할을 조심스럽게 모색하거나 탐색해야 하는 때가 바로 지금인지도 모른다.

진정한 의미의 번역 활동은 인간들만이 할 수 있는 일인지도 모른다. 이때 번역의 "진정성"이란 아직은 윤리적이거나 정치적인 의미를 가진 것이 아니라 현상의 차원에서 자연 언어들 간의 번역을 지칭하는 것이다. 그동안 많은 학자들과 사람들이 궁금해온 것 중의 하나는 지구상에 왜 그렇게 많은 언어들이 현실적으로 존재하는지였다. 마치 "다르게" 말할 수밖에 없는 운명을 타고난 사람들이 지구인인 양 이 별에는 대략 5-6천 개의 언어가 존재한다고 한다. 그럼에도 생물학적 종으로서의 인간은 언어나 문화의 다양한 만큼 현저한 개별성과 차이를 보여주지 않는다는 견해가 우세하다.[8] 왜 한 개의 유일한 보편적 언어가 또는 2-3개의 지배적인 언어가 존재함으로써 얻는 이득이나 이점을 포기한 채로 그토록 많은 언어들이 존재해서 "같은 것을 다르게" 말하도록 우리는 강요받거나 저주받는 것일까? 지배적인 외국어를 배우기 위해 비주류 언어권의 사람들이 지출하는 노력과 수고를 생각해 보면 더 더욱 그렇다. 그래서 보편적이고 완전한 언어에 대한 탐구를 통해 완벽한 번역에 대한 이상이나 꿈을 시도해 본 사람들이 적지 않았다. 언어를 구사하는 능력이나 그런 재능의 보편성의 매혹에 빠진 나머지 그 능력이 국지적으로 그리고 지역적으로 수행

---

8 Steiner, *Après Babel: Une poétique du dire et de la traduction*, p. 92.

되거나 실현될 때 보이는 분산과 분화를 아주 못마땅하게 여긴 사람들이 바로 그들일 것이다. 성경의 바벨(Babel) 이야기에 나오는 언어의 분화를 두고 인간에 대한 신의 저주 또는 분노로 해석하는 사람들이 역사적으로 다시 발견하고 하고파 하는 것이 바로 그런 원초적인 언어들이 아니겠는가? 하지만 리쾨르는 문제의 성경의 그 대목을 자세히 언급하면서 그 어디에도 그런 분산을 언어적 재앙이나 신의 처벌로서 기술하고 있지 않다고 반박한다.[9] 언어적 분화와 분산에 대한 어떤 "비난이나 통탄, 비판"[10]도 담겨져 있지 않다는 것이다. 따라서 인간의 언어가 그다지도 많이 다양하게 나누어지게 된 것은 흔히 생각하듯 인간의 도전에 대한 신의 분노가 끼친 결과가 아니라 삶이 본래적 모습이 그와 같이 되어 있는 것("C'est ainsi") 이라는 점이다.

아렌트는 『인간의 조건』[11]에서 지구라는 정치공동체의 공동적 운명성을 강조하며 "노동", "작업", "행위"라는 인간의 세 가지 조건들을 제시한 바 있다. 아렌트는 이 중에서 타자와 함께 능동적이고 적극적으로 정치공동체에 참여하는 활동으로서의 "행위"를 가장 중요시 하는데 이것은 인간이 함께 살아가려는 의지를 가지고 지구에 존속하려는 인간의 가장 중요한 조건이라고 주장한다. 바로 그런 "행위"가 가능하려면 "다르게" 말하는 사람들이 꽉 찬 지구에서, 다시 말해 다양한 언어들이 존재하는 지구에서, 번역 활동이야말로 그런

---

9 리쾨르, 『번역론』, pp. 109-113.

10 *Ibid.*, p. 113.

11 H. 아렌트, 『인간의 조건』, 이진우·태정호 옮김, 한길사, 1996.

조건의 선결(先決) 사항이 되는 것이다. 이런 의미에서 번역은 오래전부터 있어왔던 것이기도 하지만 앞으로 계속 이루어져야 할 "하나의 과제"인 것이다.

번역을 압축적으로 서술한 리쾨르의 표현인 "같은 것을 다르게 말하는 것"에서 "다르게"란 결국 어떻게 보면 1차적으로는 한 언어와 그것과는 다른 언어가 서로 대면하고 접촉하는 사태를 표현하는 것이기도 하고, 2차적으로는 더 깊이 한 언어가 가지는 최소한의 자기 동일성이 다른 언어의 이타성을 어떻게 대우하느냐를 언급하는 것이기도 하며, 마지막으로는 이국언어가 주는 체험이 수용언어인 모국어에 반성적으로 어떤 지평을 열어나가는지에 대한 것일 것이다. 또한 이 마지막 언급은 "왜 우리가 꼭 번역을 해야 하지" 라는 물음에서 "우리가 왜 번역을 하자고 하는 욕망을 가지게 되는 걸까"라는 물음에로 전환되는 시점을 알려주는 언급 일 것이다.

좀 더 논의를 진전시켜 보자. "다르게"란 자연 언어들 간의 접촉과 대면을 뜻하는 것으로 앞에서 언급했는데 이런 지적은 그 만남의 성격과 속성에 대한 구체적인 규정을 여전히 누락시키고 있다. 이것은 아주 중립적이고 추상적인 수준에서 기술한 것에 불과하다. 적어도 우리가 현 단계에서 말할 수 있는 것은 하나의 독점적이고 지배적인 언어—그것이 자연언어이든 인공적으로 상정되거나 역사적으로 발견된 원초적 언어이든—의 출현에 반대한다는 것이다. 그래서 만약 번역이 언어들 사이에서 한 주도적 언어의 헤게모니를 잡는 것에 악용되거나 오용된다면 그 자체가 번역 활동의 존립과 조건에 반하는 것이고 자기 모순적인 것이 아닐까? 그것은 "다르게" 말하는 것을 포기하고 유일한 하나의 언어가 존재하듯 "한 가지로" 방식으로만 말하게 되는 파국에 이르게 될 것이다. 하지만 "다르게"라는 주장은 하나의 독점적 지배를 반대하는 메시지를 담고 있을 뿐 다수 언어들의 공존이 어떻게 이루어지는지에 대해서는 말해 주지 않는다.

많은 사람들은 번역이 결국 출발언어와 수용언어 사이에서 일어나는 언어적 변환의 사건으로 이해한다. 출발언어의 의미를 수용언어의 언어적 틀과 의미의 장(場)속으로 바꾸어준다는 것이다. 문제는 그렇게 언어들 간의 변환들이 제대로 이루어지고 있는지를 검증하거나 입증할 제3의 언어, 제3의 텍스트, 제3의 의미란 존재하지 않는다는 것이다.[12] 그래서 번역학에서는 등가(équivalence) 개념으로 이 문제를 해결하려고 하고, 특히 리쾨르는 그 개념의 본질적 성격을 "동일성 없는 등가"[13](équivalence sans identité)라고 주장한다. 그럼에도 의미상의 등가를 구현한다고 믿어지거나 추정되는 도착언어의 입장에서 보자면 이질적이고 생경한 출발언어의 타자성은 여전히 남게 된다. 출발언어가 도착언어 안에서 남김없이 용해되거나 일체가 되지 못하는 것이 번역활동의 마지막 규제적 한계와 같은 것이라면 외국어의 타자성은 번역 작업의 기술적 문제이거나 세부적인 문제가 아니다. 어떻게 보면 번역(철)학자 앙트완

12 미국의 유명한 논리학자 콰인(Quine)이 주장했던 "원초적 번역의 불확정성 테제"(The thesis of indeterminacy of radical translation)를 한번 생각해 보자. 보다 자세한 것은 필자가 『번역론』의 pp. 80-81에 단 주석 15를 참조할 것.

13 리쾨르, 『번역론』, p. 116.

베르만(A. Berman)이 자신의 주저 *L'épreuve de l'étranger*[14]에서 말하는 "이국적인 것의 시련" 또는 "낯선 것이 주는 시련"은 번역 활동의 진정한 윤리적 태도와 지평에 관한 중요한 물음을 제기한다고 볼 수 있다. 이에 대해 리쾨르는 번역 활동의 본질이 "자국적인 것과 이국적인 것이 하나로 환원될 수 없음을 인정하고 받아들이면서, 외국어와 모국어 사이를 끝없이 왕래하는 것"[15]이라고 말하며 "언어적 환대"(hospitalité langagiére)가 이국언어를 맞이하는 모국어의 윤리적 태도가 되어야 한다고 주장한다. 환대가 진정한 환대이려면 낯선이가 주는 불편함과 생경함을 감내하고 그것을 기꺼이 기쁨으로 맞이하려는 모국어(수용언어, 수용 주체)의 개방적 허용성(disponibilité)가 반드시 필요할 것이다.

마지막으로는 이국언어에 대한 환대가 수용언어인 모국어의 윤리적 자세를 말하는 것이라면 이 환대를 통해 모국어에서 어떤 변화가 일어나는지를 물어야 할 것이다. 이 물음은 "왜 우리가 꼭 번역을 해야 하지"라는 물음에서 "우리가 왜 번역을 하자고 하는 욕망을 가지게 되는 걸까"라는 물음에로 전환되는 시점을 알려주는 언급일 것이다. 번역의 필요성과 과제에 대한 물음은 언어의 다양성을 통해 답변이 가능했다. 번역에의 충동이나 욕망은 좀 더 나아

---

14 A. Berman, *L'épreuve de l'étranger*, Gallimard, 1984.

15 리쾨르, 『번역론』, p. 88. 하지만 호주 출신의 번역학자 안써니 핌(A. Pym) 같은 이는 번역사의 위치가 전적으로 문화들 사이에, 결국 언어들 사이에 머물며 서로 간의 협력과 교류에 공헌하는 것으로 주장한다. 보다 자세한 것은 핌의 저서 *Pour une éthique du traducteur*, Artois Presses Université/Presses de l'Université d'Ottawa, 1997, p 13 이하 참조할 것.

간 문제라고 할 수 있다. 환대의 사건이 일어나는 심급(instance), 다시 말해 이국언어의 타자성이 그 자체로서 문제가 가 되는 지점이 최종적으로는 수용언어, 즉 모국어일 수밖에 없다면 우리는 다음과 같이 다시 물어볼 수 있는 것이다. 모국어에 어떤 영향과 반향을 불러일으키기에 그런 번역에의 욕망을 가지게 되는 걸까? 왜 타자성의 어떤 것을 우리 자신의 어떤 것에 수용하고자 하고 또 우리 자신의 어떤 것으로 바꾸어 놓으려는가? 리쾨르는 모국어와 외국어[16] 모두에 대해 "이중의 도야 과정"[17](double processus de *Bildung*)이라는 훔볼트(Humboldt)의 착상을 빌어 이런 욕망의 존재 이유에 대한 답을 시도하기도 한다. 서로가 상생하고 발전하고자 하는 소망에서 번역이 생겨나기 시작했다는 것이다.

번역에의 욕망에 앞서는 근본적 현상이 있다면 그것은 아마도 우리 인간에게 모국어를 배우는 능력은 물론이고 이를 뛰어넘어 다른 언어를 배우고 익힐 줄 아는 능력이 있고 실제로 그렇다는 점이다. 외국어를 배우다 보면 모국어를 수많은 언어들 중의 하나로 보게 되는 경험을 하게 되는데 이것은 세계가 지닌 질적 다양성에 대한 풍부한 묘사나 이해에 있어서 모국어가 그 유일한 길을 제공해 주는 것은 아니라는 각성을 가져다주게 될 것이라는 점이다.

---

16 발터 벤야민(W. Benjamin)은 압축적이면서도 난해한 에세이 「번역가의 과제」, 반성완 편역, 『발터 벤야민의 문예이론』, 민음사, 1983에서 "번역 속에서 원작품의 생명이 거듭 지속적으로 새로워지고, 그 생명이 가장 때늦게 그리고 가장 포괄적으로 자신을 전개"할 수도 있다고 말한바 있다. 그 점에 대한 논의는 졸고 「발터 벤야민의 번역론 소고」, 『번역학 연구』, 8(1), 2007, pp. 183-184를 참조할 것.

17 리쾨르, 『번역론』, p. 85.

세계의 어떤 측면이나 양상은 특정언어를 통해 더 잘 기술되거나 묘사될 수 있는 것이다. 따라서 모국어는 여러 다른 언어들 중 한 언어로서 간주될 수밖에 없는 것이다. 역설적이지만 모국어는 외국어의 한 종류[18]로 다가올 수도 있다는 것이다.

어떻게 보면 한 언어의 타자성은 이국언어에게서만 느껴지는 것이 아닐지도 모른다. 다시 말해 타자성은 외국어의 (외재적) 타자성과 모국어의 (내재적) 타자성이라는 두 차원으로 나누어질지도 모른다는 것이다. 이국언어의 이질성과 접촉하고 대면함으로써 자신의 모국어 안에서 발견되는 부재와 결핍의 영역, 심지어는 무(無)의 영역까지도 새삼 발견하게 될지도 모른다. 실제로 번역의 상황에서는 외국원문의 의미 파악도 중요하지만 그에 못지않게 그 파악된 의미를 모국어로 풀어 표현하게 되기까지 겪게 되는 곤궁함과 어려움에 늘 직면한다. 자기 자신을 내가 제일 잘 알고 이해한다고 자만하거나 우쭐댈 수 없듯이, 모국어를 그 사용자가 반드시 제일 잘 안다고 말할 수 없다는 것이다. 그래서 횔덜린은 오래전에 "이국적인 것을 배우는 것도 중요하지만 자신의 것을 배우는 것도 중요하다"[19]라고 말했는지도 모른다. 그렇다면 결국 번역에의 욕망은 리쾨르의 말대로 이국적인 것을 배우면서 모국적인 것의 지평이 확장되고 그 본래의 경계가 넓어지고 "미개척 상태로 남아 있던 모국어의 자

---

18 *Ibid.*, p. 86.
19 *Ibid.*, p. 115에서 재인용.

원"[20]을 다시금 발견할 수 있게 되는 것과 연관되어지는 것이 아닐까? 앎과 이해의 영역에서 자기 폐쇄성과 자기 순환적 동일성을 거부하고 오히려 자기 자신에로의 접근과 파악이 타자와의 접촉, 이국적인 것이 주는 체험과 시련을 통해서만이 가능하다는 생각이 번역에의 충동 저 밑에 깔려 있는 생각이 아닐까? 정확히 이런 의미에서 베르만은 "번역의 목표(visée)가 문어(文語)의 차원에서 타자와 어떤 관련을 열어 나가는 것, 이국적인 것의 매개를 통해 자국적인 것을 풍부하게 하는 것"[21]이라고 말하고 있는 것이다. 해석에의 욕망이나 충동 또한 다르지 않을 것이다. 비록 다른 용어를 사용하고 있기는 하지만 오래전에 리쾨르는 인간의 자기 인식, 자기 이해, 자기 파악이 이미 주어진 기지(旣知)의 것이거나 직관적으로 주어질 수 있는 것이 아니라고 거듭 강조한 바 있다.[22] 인간이 만들어낸 기호에 대한 해석을 매개하거나 거치지 않는 자기 인식이란 빈약하며, 그런 자기 이해란 추상적인 직관에 불과하다는 것이다. 번역이 하나의 과제인 것처럼 해석도 하나의 과제일 것이다.

2.3. "말하는 것"(dire)과 번역

"같은 것을 다르게 말하는 것"(dire la même chose autrement)에서 "말하기"란 흔히 구어/문어로 구분될 때의 구어는 아니다. 번역이 물론 통역의 상황과는

---

20 *Idem.*
21 Berman, *L'épreuve de l'étranger*, p. 16.
22 P. Ricoeur, *De l'interprétation: essai du Freud*, Seuil, 1965, p. 50.

다르기 때문에 구어보다는 문어로서의 "말하기"[23]임에는 틀림없을 것이다. 외국어와 직접적으로 부딪치는 상황에서 구어로서의 "말하기"가 통역이라면, 문어로서의 "말하기"가 번역일 것이다. 이미 슐라이어허마허는 통역과 번역의 차이를 그 적용 영역, 그 한계의 측면에서 논한바 있다.[24] 구어로서의 "말하기"와 문어로서의 "말하기"는 번역 상황에서뿐만 아니라 해석의 상황에서도 큰 차이를 보여준다고 하겠다. 그것은 구어에서 화자의 의도와 발언의 의미는 문어에서 저자의 의도와 텍스트의 의미와는 다른 위상을 점하기 때문이다.

예를 들어 구어적인 대화의 상황에서 이해의 어려움을 불러일으키는 단어나 표현은 대화자들 간에 원칙적으로 다시 질문되어지거나 다시 해명되어진다. 따라서 구어의 상황에서 발화자의 "의도"는 그 발화의 언어적 의미를 해석하거나 파악하는데 결정적인 역할을 하는 법이다. "그게 아니고요, 제가가 말하고 싶었던 것은…"이라는 표현은 오해를 가진 상대방에게 빈번하게 사용하는 말이 아닌가? 마치 발화자의 진정한 의도가 그 발화 내용의 의미를 결정하고 받아들이는 최종적인 심급이나 되는 것처럼 말이다. 따라서 발화자의 의도와 발언의 언어적 의미 사이에 일치와 동일성이 전제되어 있다고 믿어지는 경우가 아주 일반적이다. 만약 그렇지 않다면 우리는 서로를 신뢰할 만한 대화

23 정확히 말하면 이 때 "말하기"란 인간 고유의 능력으로서 사물과 대상 또는 세계를 언어 기호일반과 연결시키고 이를 언어적으로 표상하거나 재현시키는 능력 전반을 가리키는 것으로 간주해야 할 것이다. 물론 그런 보편적 언어 능력은 그 실행이나 수행의 차원에서는 국지적으로 그리고 지역적으로 서로 다른 기표를 사용하는 자연언어의 하나로 귀결될지도 모른다.

24 이 점에 관해서는 최신한, 『이해의 한계와 번역불가능성의 문제』, 『해석학 연구』, 19, 2007, pp. 29-56에서 특히 '2. 통역과 번역' 부분을 볼 것.

상대자라고 여기지 않을 것이며 결국 대화 자체가 어려워질 것이기 때문이다. 그래서 구어의 상황에서 발화자 A와 발화자 B 사이에 "의미"의 문제는 "그 발화를 통해 그들이 말하고자 하는 바"와 원칙적으로 다르지 않다. 물론 구어의 상황에서 오해와 이해, 그리고 그 사이의 순환 같은 것이 존재하지 않는다는 말은 아니다. 하지만 대화의 상황에서 있을 수 있는 오해는 화자와 대화자 사이의 직접적인 대면과 지체 없는 물음 및 답변의 교환을 통해 원칙적으로 풀릴 수 있다. 하지만 구어로서의 말이 굳어져 문어로서의 글이 되는 경우라면 사정은 매우 달라진다. 서로 다른 체계에 속한 시니피앙과 문자를 다루는 번역의 상황도 어떤 점에서는 문어로서의 글이 가지는 해석학적 문제를 마찬가지로 지닐 것임에 틀림없다.

우선 번역학에서나 해석학에서 종종 "저자의 의도"를 명시적으로 거론하며 텍스트의 번역이나 해석에서 번역자와 해석자가 그 의도를 명백히 파악 가능한 것으로 여기는 경우가 있는데 "저자의 의도"와 "텍스트의 의미"가 동일하다는 주장은 단지 추정이나 작업가설에 불과한 것이다. "저자의 의도"가 명백하지 않는 경우가 많을 뿐만 아니라 그런 경우라도 저자의 의도에 따라 텍스트를 번역하거나 해석한다는 것은 텍스트의 의미를 해명하고자 하는 과정에서 피할 수 없는 것들인 시공간적 거리의 문제를 소홀히 하는 것이며, 최종적 의미 부여자인 독자의 지위나 역할을 간과한 것이 될 것이다.

이미 시공간적으로 서로 다른 시간과 공간에 위치한 번역자나 독자에게 저자의 의도대로 텍스트를 바라본다는 것은 중요한 참고사항이 될 것임에 틀림없지만 과거가 현재의 읽기를 강요하는 꼴이 될 것이다. 새로운 "삶의 자리"(*Sitz im leben*)에서 새로운 번역이나 해석이 요구되는 것은 너무도 당연한 것이 아닌가? 재번역이나 재해석의 빈번한 출현은 그런 배경에서 이해되어야 하지 않을까? 번역해야 할, 또는 해석해야 할 텍스트는 저자(의 의도)로부터 끊임없이 탈(脫)맥락화면서 번역자나 독자의 상황 속으로 재(再)맥락화되어야 하는 것이 아닐까? 저자에 반하는 해석이나 번역을 해야 한다는 것이 아니라 그것과는 다른 의미를 텍스트가 지닐 수밖에 없는 문제의 상황에 정직하게 대응해야 하지 않을까?

"저자의 의도"와 동일시된 "의미" 문제도 문제거니와 소위 "의미"라는 것이 차지하는 철학적 지위도 매우 복잡한 것이 사실이다. 단어나 문장 또는 문단의 의미를 순수하게 개념적인 차원이나 관념적인 차원의 것으로 축소할 수 없는 복잡한 메커니즘이 존재하기 때문이다. 한 텍스트에서 한 단어의 의미는 그 시니피앙(signifiant)이 포함된 보다 더 큰 맥락—그것이 문장이든, 문단이든, 텍스트의 (구조)전체이든, 그 저자 또는 다른 저자와의 상호 텍스트이든 , "세계"라고 부르는 맥락의 전체이든—에 의존할 수밖에 없다. 그와 같은 부분과 전체의 해석학적 순환은 이해의 과정에서뿐만 아니라 번역의 과정에서도 마찬가지로 적용된다. 따라서 소위 "의미"라는 것이 단어나 문장의 차원에서 개념적으로 또는 시니피에(signifié)의 차원에서 결정되어지는 것은 아니다. 물론 텍스트 자체 내에서 밝혀져야 할 변별적 또는 대립적 요소나 구조적 관계는 해석에서건 번역에서건 꼭 밝혀내야 할 중요한 것이다. 베르만도 번역이란 단순한 읽기나 비평이 감지해낼 수 없는 "작품의 다른 경사면"[25](un autre versant)을 드러내 주는 것이라고 말하고 있다. 리쾨르 역시 텍스트 해석에서 텍스트의 구조적 측면과 텍스트를 이루는 담론적 형식들에 대한 분석과 그 강조를 여러 번하고 있다.[26] 따라서 "의미"란 독자나 번역자 또는 저자의 정신적이거나 의식적 차원에서 이루어지는 단순한 "표상(表象)"적인 것은 아니다. 따라서 시공간적 변화에 불구하고 변하지 않는 그 무엇으로 남는 이데아와 같은 것은 아니다. 잊어지기도 하고 증감되기도 하고 억압되기도 하고 훼손되기도 하고 발굴되기도 하고 심지어는 어느 정도 부재의 공간 또는 빈 공간을 허용하는 그 무엇이 아닐까?

두 언어 사이에서 메시지나 의미의 전달을 번역의 진정한 본질로 간주한다면 본래 그 시니피에가 뿌리박혀 있던 시니피앙은 별 고려의 대상이 되지 못한다. 의미와 시니피에가 시공간적으로 보편적인 차원에서 보존되고 구현된다는 입장에서는 하나의 자연언어가 지니는 특정의 요소들, 특히 형식적 및 형태적 요소들은 도외시되는 것이다. 이미 벤야민이 이런 점을 비판했고 베르만 또한 보다 체계적으로 이 점을 비판하고 있다.[27] 그래서 그들은 언어의 형식 및 형태적 요소와 의미가 분리 불가능하며 오히려 그 형식이 그 의미를 남지하고 있다고 주장한다. 그래서 번역의 진정한 대상은 의미 자체가 아니라 그

---

25 Berman, *L'épreuve de l'étranger*, p. 20.

26 P. Ricoeur, *Du texte à l'action: essai d'herméneutique II*, Seuil, 1986, pp. 120-123. 또한 『텍스트에서 행동으로』, 박병수·남기영 편역, 아카넷, 2002, p. 135 이하를 참조할 것. 보다 자세한 논의는 졸저 『폴 리쾨르의 철학』, 철학과 현실사, 2004의 4장 『언어와 주체: 텍스트 해석학을 중심으로』을 참조할 것.

27 벤야민의 경우는 「번역가의 과제」의 도입부만 읽어보아도 알 수 있고, 베르만의 경우는 Revue d'Esthétique, 12, 1986에 실린 그의 논문 'L'essence platonicienne de la traduction'을 참조하면 된다.

의미와 분리 불가능하면서도 그것의 담지자인 시니피앙, 랑그, 문자(lettre, 형태의/形態意)라고 말한다.[28] 이런 접근은 "의미"가 주어지고 결정되는 또 다른 중요한 차원을 보여준다는 점에서는 큰 의의가 있다. 하지만 여전히 그 의미는 언어내재적인 특성을 벗어나지 않는다. 단어이건 문장이건 텍스트이건 그 의미는 언어라는 큰 틀을 벗어나지 않는다는 것이다. 물론 의미가 탁월하게 언어적이라는 사실을 부인할 수는 없을 것이며, 언어로 표현되지 않는 의미는 결여적인 의미일 것임에 틀림없다. 하지만 의미를 만들어내고 형성하는 모든 것이 언어적이라고만 할 수는 없을 것이다. 해석해 내야 할 또는 번역해 내야 할 텍스트의 의미가 단지 텍스트 안에서, 단지 언어 안에서 전부다 해명되어지거나 밝혀진다는 것은 순수한 작업가설 또는 전제에 불과하다. 의미를 언어와 텍스트 내재적으로 바라보는 관점은 틀린 것은 아니지만 그것만을 고집한다면 많은 것을 놓치게 될 것이다. 과연 의미를 구성해 내는 것들 중에는 언어의 성질을 띠지 않는 어떤 것들이 있을까? 우리가 텍스트의 의미를 파악해 낼 때 텍스트 내재적인 울타리를 벗어나게끔 하는 것이 무엇이 있을까?

이미 하나의 텍스트는 그것이 생산되는 당시의 환경과 세계와는 다른 세계에서 읽혀지고 번역되기 마련이다. 마치 저자의 글쓰기 자체에 독자가 부재하는 것과 마찬가지로 텍스트의 해석이나 번역에 저자—특히 의미의 주인으로서의 저자—가 부재하는 현상이 그다지 곤혹스런 현상만은 아닐 것이다. 구

28 A. Berman, *La traduction et la lettre ou l'auberge du lointain*, Seuil, 1999을 참조할 것.

어의 차원, 즉 대화적 상황 속에서 화자와 청자(또는 대화자)는 그들의 대화 속에서 공통의 직접적인 지시 대상을 가지지만 갖게 된다. "여기" "저기" 그리고 "지금" 등등의 이런 지시(指示)사들은 우리 눈에 제시될 수 있는 이런 실질적인 현실과 관계를 가지게 되는데 문어의 상황, 텍스트의 차원에서는 일단 이런 직접적인 지시 관계는 모두 은폐된다. 더구나 몇 세기를 지나 우리에게 나타난 텍스트의 경우 직접적인 지시 관계는 사라진지 오래이다. 단지 "읽을 수 있는 사람이면 누구나"(quiconque sait lire) 또는 독자 그리고 번역자가 남게 되며 그들이 마주한 새로운 현실에서 텍스트의 의미를 추적하기 마련이다. 그 새로운 현실 속에는 번역자나 해석자라는 다소 중립적인 의미 발굴자들만이 있는 것은 아닐 것이다. 시간과 경비를 거론하는 번역발주자로서 출판사나 고객, 기관 등등이 존재할 수도 있다. 의미를 전달하는 것보다는 필요한 정보나 메시지만을 주문할 수도 있는 것 아닌가?

이미 일정한 세계 속에 내던져진 자(者)로서 번역자나 해석자는 텍스트 출현 당시의 환경과는 다른 세계 속에서 읽어내고 번역해 내야 하는 것이다. 교향곡의 악보 자체는 변함이 없지만 악보의 의미는 그것을 연주하고 해석하고 번역해 내는 연주자와 그것을 듣는 관객에게 맡겨져 있는 것이다. 누구의 말대로 "모든 각각의 연주 기회가 새로운 하나의 포이에시스"[29](Chaque exécution musicale est une nouvelle poiesis)이다. 만약 사정이 그렇다면 "같은 것을 다르게 말

29 Steiner, *Après Babel: Une poétique du dire et de la traduction*, p. 62.

하는 것"에서 번역사에 주어진 일인 이 "말하기"란 "같은 것"을 "독창적으로 반복"[30](répétition originale)하는 일일 것이다. 그런데도 우리는 해석자나 번역자에게 왜 "제2의 저자", 아니 단적으로 "저자"라는 타이틀을 부여하는 것을 꺼리는 걸까? 그것은 오히려 외국어 원문이 번역문보다 존재론적으로 우월하다는 모종의 전제를 깔고 있기 때문이 아닐까? 해석이 존재론적 질서에서 창작보다 못한 것으로 간주하는 믿음 때문이 아닐까? 이 믿음은 원문이나 창작품 외에 그 모든 것을 그것의 복제품이나 모방으로 여기는 플라톤주의적인 입장에서 못 벗어나는 것이 아닐까? 하나의 사물이 그 자신이외에 다른 것이 될 수 없다는 강한 자체 동일성적 순환에 사로잡힌 세계관에서는 번역이나 해석은 그다지 고유한 자리를 차지하기 어려울 것이다. 하지만 하나의 사물은 그것이 우리에게 주어질 그 순간에 자신이 가진 모든 측면과 양상이 일거에 그리고 동시에 전부 다 드러나고 주어질까? 하나의 텍스트 역시 단번에, 일시에 그리고 전면적으로 그 의미가 전부 다 독자나 번역자에게 종결(終決)적으로 주어지는 것일까? 사물이든 텍스트이든 그 의미는 이해의 순환 안에서 감추어지기도 하고 드러나기도 하는 생성과 성장의 과정을 겪어 나가는 것이 아닐까?

3. 나오는 글

우리는 아직까지 번역과 해석 사이의 관계를 분명하게 구별하거나 차이

---

30 *Idem.*

를 두지 않고 서로 밀접한 관련이 있는 어떤 활동으로 간주하고 논의를 전개시켜 왔다. 그 둘은 얼마나 다르고 얼마나 같은가? 아니면 한 뿌리의 두 줄기일까? 리쾨르는 미국 시카고 신학대학의 교수인 앙드레 라콕(André LaCoque)과 함께 *Penser La Bible*[31]을 공동으로 저술한 바 있다. 동일한 성서 원문에 대해 구약성서학자인 라콕과 해석학자인 리쾨르가 주고받는 형식을 띤 글이다. 출애굽기 3장 14절 'ehyeh 'ăšer 'ehyeh (I Am Who I Am/sum qui sum)에 대한 라콕의 주석에 답하며 다음과 같이 시작하고 있다.

> 순수한 번역이란 없다. 내 말은 본문의 수용 역사, 즉 역사 스스로가 곧 해석의 역사라는 사실을 피할 수는 없다는 것이다. 번역은 이미 해석이다. 이것은 올브라이트, 차일즈, […] 라콕 자신도 피해나갈 수 없는 한계이다. 이들은 모두 읽기와 해석의 긴 역사에 참여한다. 여기서 우리가 명확히 해야 할 것은 이런 주장이 곧 학문적인 주석에 대한 비판은 아니라는 점이다. 반대로 다른 번역, 다른 해석을 위한 노력은 수없이 많은 전승과의 씨름을 통하여 그 힘을 이끌어 낸다. 현대의 주석학자들은 우리와 같은 사람들이다. 그들은 역사의 끝자락에서 연구하고 심사숙고한다. 이런 점에서 주석이 전통적인 해석의 중재 없이도 본문의 원래적인 중요성, 심지어 저자의 추정된 의도와 일치할 수 있다고 믿는 것은 주석의

31 P. Ricoeur & A. Lacocque, *Penser La Bible*, Seuil, 1998. 우리나라에서는 이 저서의 영문판 *Thinking biblically: exegetical and hermeneutical studies*, The university of Chicago Press, 1998이 『성서의 새로운 이해: 주석학과 해석학의 대화』, 김창주 옮김, 살림, 2006으로 번역되어 나왔다.

순진한 주장일 것이다.

해석이 이미 번역의 과정에 이미 포함되어 있거나 그렇지 않더라도 선결의 과정으로서 전제된다는 의미에서 번역은 순수하지 않을 것이다. 이때 "순수"하다는 것은 선입견이나 단순한 오해 따위는 좀처럼 허용하지 않는 번역, 일정하게 번역하도록 견인하거나 유도하는 상황에서 벗어난 번역일 것이다. 하지만 이런 진공(眞空)의 입장에서, 투명한 객관의 입장에서 결정적으로 매듭지어지는 해석 또는 번역이 가능하기나 한 것일까? 이런 점에서 해석의 긴 역사에 동참하지 않고 오히려 이를 거부하고 인식론적 단절을 요구하는 번역, 특히 동서고금의 작품의 경우 이런 번역이란 있을 수 없을 것이다. 하나의 개념에 대한 이해, 예를 들어 "존재"(einai, esse, être, sein)라는 개념이 단순히 "존재자"를 의미하는 것인지, 존재자의 "존재"(존재하는 것들의 "있음")를 가리키는지 아니면 "존재의 방식이나 양식"을 뜻하는 것인지 아니면 중세 시대의 최고 존재자인 "신"(神)을 뜻하는 것인지는 그 개념을 둘러싼 긴 해석의 역사에 참여하지 않고서는 진정으로 이해되지도 번역되지도 못할 것이다.

번역은 그것이 하나의 언어적 표현이라는 점에서 명백히 그 명시적 표현을 앞서는 복수적이고 중층적인 의미의 주름들과 해석의 장(場)을 통과하게 마련이다. 번역은 일단 시작된 해석의 사이클 끝에서 드러나고, 그 과정의 시작에서부터 해석을 잉태하지 않는 번역이란 없다. 단지 번역이 외국어 텍스트를 다루기 때문에 의미 이해나 해석에서 어려움을 가지게 되고, 경우에 따라 재번역의 끊임없는 노고의 과정을 밟는 것은 아니다. 모국어로 된 작품들 중에서도 단순한 의사소통이나 메시지 및 정보의 전달을 거부하는 것처럼 보이는 텍스트도 적지 않다. 이미 말했듯이 환대해야 할 언어적 타자성이 외국어에서만 발견되는 것은 아니기 때문이다. 따라서 모국어도 번역되어야 할지도 모른다.

이해나 해석에로 이르는 길을 가로막는 여러 가지 장애는 번역에로의 길도 막을지 모른다. 타자를 매개하지 않고서 직접적으로 해석에 이르는 것에 만족하는 유아론적 자기 해석은 모국어만으로 충분하다는 입장과 맥을 같이 하는 것이며 번역에의 욕망이 존재한다는 것을 부인하는 잘못을 저지르는 일이다. 또한 완벽한 이해나 해석의 환상만큼이나 완벽한 번역도 환상이다. 바벨 이후의 자연언어의 의미론적 난맥상에 곤란함을 느껴 제3의 언어나 인공 언어를 꿈꾸는 일이 남길 것은 세계와 그 관점의 빈곤일 것이다. 해석이 총체적일 수 없고 전면적일 없다면 번역 또한 총체적일 수 없을 것이며 남김 없는 번역일 수는 없을 것이다. 해석이 나와 너의 차이에 눈을 뜨게 하고 그것을 적어도 인식론적으로 또는 존재론적으로 감당하는 작업이라 하더라도 너와 나 사이의 차이 자체는 환원 불가능할 것이다. 차이는 늘 잔여와 부재를 남기기 때문이다. 마찬가지로 외국어와 모국어 사이에 이해의 가교를 놓는 일이 번역임에는 틀림없지만, 그 다리에서조차도 차이가 완전히 극복되지는 않을 것이다. 차이에 겸손하게 된다면 언어들은 축복이 될 것이지만 차이에 오만하게 된다면 누군가에게 그것은 비극이 될 것이다. 생경하고 낯선 차이들이 득실대고 부딪치는 현실에서 해석하고 번역하는 긴 우회의 길 말고 다른 길이 있을까?

제12장.

포스트모던 번역담론: 들뢰즈를 중심으로

1. 서론: 문제의 성격

이 글의 목적은 국내에서 상당한 정도로 논의된 들뢰즈의 차이 철학, 차이의 존재론이라 불리는 이론적 자산과 성과를 통해 이를 번역담론의 장(場), 번역 활동의 영역에 적용할 경우 어떤 방향들이 가능한지를 탐색해 보려는 것이다. 달리 말하면, '차이'에 기반한 번역론의 가능성을 모색하는 것이다. 따라서 이미 우리에게 어느 정도 익숙한 '차이' 개념, '차이의 존재론'의 착상들에서 번역과 관련되는 요소들과 문제제기의 지점들을 살펴야만 할 것이다. 이는 결국 최종적으로는 수행가능성 및 실천가능성의 차원에서 검토된 들뢰즈의 번역론을 탐색해 보는 일일 것이다. 또한 이런 탐색은 들뢰즈 차이 존재론의 번역담론적 울림과 반향을 살피도록 초대한다. 다시 말해, 들뢰즈의 차이 철학을 번역담론과 번역수행의 차원에 명시적으로 적용하여 논의를 전개시킨 번역학자인 로렌스 베누티(Venuti)의 작업은 물론이고, 베누티 보다 앞서 그리고 들뢰즈와는 다르게, 번역의 장에서 플라토니즘적인 번역론의 전복과 '낯선 것', '다름', '타자'의 도래를 주장한 앙트완 베르만(Berman)의 작업에 주목해야만 한다. 결국, 번역담론, 번역이론 등에서 동일자의 논리에서 차이의 논리에로의 이행이 보다 분명히 감지된다는 점에서 우리의 논의가 유의미할 것이다

2. 번역의 철학적 문제 상황: 이원성 각축전

차이 존재론의 어떤 측면을 활용해야만 번역에 대한 존재론적 탐색이 보다 용이할 수 있는가? 번역을 사유하고자 할 때 들뢰즈의 차이 존재론의 기여

는 어떤 것일까? 한편, 우리는 들뢰즈가 현대철학의 과제로 제시한 바 있는 플라토니즘의 전복[1]을 적극적으로 고려하고자 하며, 이는 개념적 차이에서 개념 없는 차이에로의 이행, 특히 번역담론과 번역실천의 장 안에서 이 이행이 갖는 의미와 맞물려 있다고 본다. 이 논의는 다음의 절에서 본격적으로 논의될 것이다. 다른 한편으로, 들뢰즈의 이 존재론적 기여가 부각되는 것은 전혀 우연히 아니다. 그 이유는 번역 행위 그 자체, 이에 대한 번역 담론들 그리고 번역 이론들 안에 근원적인 이원성이 존재하기 때문이다. 이 이원성이란 다름 아닌 원전-번역, 출발언어-도착언어, 출발문화-도착문화, 동일자-차이, 일(一)-다(多)의 구도를 말한다. 앞으로 보게 되겠지만, 들뢰즈의 차이 존재론은 이 이원성의 그 위계적 틀과 힘의 패러다임을 근본적 문제시하는 존재론일 것이다.

먼저 번역의 실천 안에서는 다음의 이원성이 존재한다. 즉 번역자가 독자를 우선시하며 보다 자유롭게 하는 번역을 할 것인가, 아니면 원전의 언어적 형식에 충실한 번역을 할 것인가 라는 이원성이 있다. 달리 말해 보면 형식 대(對) 내용, 문자 대 의미, 원저자 대 독자, 원전 대 번역, 심지어는 번역불가능성 대 번역가능성이라는 이원성이 바로 그것이다. 또한 번역행위를 성찰하는 번역연구와 번역담론에도 이런 이원성 관련된 문제가 늘 자리 잡고 있었다. 다시 말해 번역의 현장에는 물론이고 번역연구에는 언어 간의 근원적 차이와 특이성으로 인해 번역이 도대체 가능하겠냐 하는 물음에서부터 출발언어의 내용

---

1 G. 들뢰즈, 『차이와 반복』, 김상환 옮김, 민음사, 2004, p. 149.

이나 의미 또는 관념을 중심으로 번역해야 하느냐 아니면 원전에 충실하게 그 언어적 형태나 문자에 맞게 옮겨야 하느냐라는 이론적/논쟁적 물음들이 아포리아처럼 버티고 서 있는 것이다.

여기서 관건은 이 이원성의 어떤 쪽이든 권력이나 세력 관계의 함수로부터 결코 자유롭지 못하다는 것이다. 형식, 원저자, 원전에 힘이 실리게 되는 상황에서는 아무리 훌륭한 번역이라 하더라도 원전을 대체하거나 그것과 같은 수는 없다는 직관과 판단이 자리 잡고 있어서, 결국 번역이란 아무리 잘 해도 원전의 모방에 불과하다는 인상과 평가가 떠나지 않게 되는 것이다. 좋은 번역이든, 나쁜 번역이든 그것이 번역인 한에서는 원전의 모방에 불과하다는 착상에서 벗어나지 못한다는 것이다. 따라서 원전과의 닮음, 그것과의 유사성, 원저자의 의도와 해석에 따른 번역의 평가 및 번역비평, 그리고 번역이론이 우선시된다. 이런 형국에서 아무리 번역자의 노고와 악조건, 심지어 탁월한 부지런함을 역설한다 해도, 원저자의 권위나 가치에 비할 바가 못 된다. 번역자가 저자임에는 틀림없지만, 그는 원저자의 존재론적 우위를 넘어설 수 없게 될 운명에 처해 있는 것이다.[2] 실상 모든 원전이 텍스트 차원에서 그 자체로 더 훌륭한 것도 아니고, 모든 번역본이 마찬가지로 그 자체로 더 못한 것도 아닌데도 말이다. 이런 이원성의 구도는 철학적, 존재론적 차원을 넘어서서 법적 및 권리적 차원까지도 확장되어 원저작권과 번역저작권의 불평등한 관계에도 영향

2 P. 리쾨르, 『번역론: 번역에 관한 철학적 성찰』, 윤성우·이향 옮김, 철학과현실사, 2006, p. 76.

을 끼치고 있는 것이 분명하다.

반면, 권력과 힘의 방향이 의미, 독자, 번역본에 실리게 된다면 번역은 다른 언어, 다른 문화, 즉 타자를 자신의 언어, 자국의 문화, 국가의 다양한 정치적 및 문화적 지배와 정복의 전략에 복속시키며, 이에 복무하는 방향으로 움직이게 된다. 앞서 나온 전자의 방향이 원문, 원저자, 원문화의 우월한 지위와 권위에 충실하게 충성하는 방향의 번역이라면, 이제는 타자를 자국의 기준과 관점에서 자국화하고, 자문화 중심적으로 번역하고 재현하는 방향이 이것이다. 이는 번역의 상황만은 아닐 것이다. 오리엔탈리즘은 말할 것도 없고, 서구의 학문, 서구의 문화, 서구의 언어가 자신 외의 낯선 것을 바라보고, 해석하고, 활용하는 전반의 품세와 태도와 긴밀히 결속되어 있는 것이다. 이런 의미에서 자언어중심주의, 자문화중심주의, 자민족중심주의는 어찌 보면 각 언어와 문화, 민족 그리고 국가의 우발적이고 우연적인 경향이라기보다는 근원적이고 태생적인 한계와 조건의 문제일지도 모른다.

따라서 번역의 상황에서 발생하는 문제는 언어의 문제만도, 문화의 문제만도, 권력의 문제만도 아니라, 이 모두가 아주 구체적이고 첨예하게 만나, 융합하기도 하고 불화하기도 하는 일상의 수행적이고 지적인 장이다. 다시 말해, 일과 다, 동일성과 타자, 동일성과 차이, 나와 남, 우리와 그들, 이 모두가 먼지의 단위에서 우주(관)의 단위까지 격돌하기도 하고 융합하기도 하며, 불화하기도 하고 사랑하기도 하며, 지배하기도 하고 해방되기도 하는 그런 장이다. 다른 것, 차이, 낯선 것이 우월하고 좋아 보여서 추종하고 숭배하다가도, 이것들을 나의 것, 익숙한 것 안에 포섭해 버리려는 운동들이 뒤섞이고 서로 충돌하고 격돌하는 공간이 바로 번역의 공간인 것이다.

3. 들뢰즈의 차이 존재론: 그 번역학적 의미

번역의 상황에서 동일성을 담지한 것으로 상정되는 것은 당연 원전, 원문, 원저자라는 계열이다. 반면에 결코 그 자체로 이해되거나 평가받기보다는, 이 동일성과의 유사성을 기준으로 부단히 평가되고 재단되는 쪽이 바로 번역문, 도착텍스트, 번역자라는 계열이다. 번역 속에서 아무리 새로운 것, 특이한 것이 나와도 이것은 이미 그리고 오래전에 원전과 원저자의 의도 속에 숨겨져 있었던 것의 현재화나 현동화일지도 모른다는 것이다. 들뢰즈가 『프루스트와 기호들』에서 말한 것에 빗대어 풀어보자면, 번역은 원전 속에 "이미 주어져 있는 것을 다시 발견할 뿐이"며, 이미 "우리가 사물 속에 집어넣은 것만을 사물로부터 끄집어 내"는 재인(再認)의 작업에 견주어 번역의 작업은 평가될 뿐이다.[3] 이렇게만 번역을 본다면, 번역은 전형적으로 들뢰즈가 말하는 개념적 차이의 전형이다. 다시 말해, 첫 번역에서이든 재번역에서이든 거기에서 등장하는 모든 새로운 것이나 특징적인 것, 즉 차이들은 원전에 나오는 불변하고 여일한 문맥, 표현, 용어, 개념 등의 관점에서 이해되고 평가된다. 이런 방식으로 번역의 실천을 본다면 그것은 개념적 차이로 환원된 번역론이라 볼 수 있다.

---

3 G. 들뢰즈, 『프루스트와 기호들』, 서동욱·이충민 옮김, 민음사, 2004, p. 156.

마치 모든 개별자들의 모델이자 원인인 이데아는 항상 동일자로 머물지만, 개별적 존재자(모사물, copies)들은 스스로를 규정해 주는 이 이데아들에 종속됨으로써만 인식과 평가의 대상이 되는 것과 엇비슷하다. 이렇게 되면, '동일한 개념(이데아)-유사한 개별사물(모사물) = 원전-번역'이라는 유비는 우리에게 아주 낯익게 된다. 하지만 이 친숙한 유비가 정확한 유비인지는 다시 살펴야만 한다. 이런 번역의 상황을 타개하기 위해 들뢰즈에 기대어 본다면 우리는 무엇을 그에게서 빌려올 수 있는가?

널리 알려진 대로, 이런 개념적 차이에 반대하는 들뢰즈는 개념 없는 차이의 적극적인 옹호자이다. 즉, 동일한 하나의 개념으로 환원되지 않는 차이의 대변자이다. 차이의 존재론이라는 이름으로 그가 하고자 했던 작업이 그 하나로 귀결될지도 모를 정도이다. 개별적 존재자로서 모사물들이 이데아에 대해 가지는 차이, 또는 모사물들 사이에서의 차이가 이데아와의 유사성과 닮음을 통해 매개되는 동일한 개념에 귀속되는 차이가 바로 개념적 차이인 반면, 동일성과 유사성 그리고 닮음에 의해 매개되지 않는 시뮬라크르들(모사물의 모사들, simulacres) 사이의 차이는 차이 자체, 개념 없는 차이로 묘사된다. 이데아들이 불변의 모델이자 동일자들이라면, 이데아와 유사성을 공유한 존재자들이 첫 번째 모사물들인 것이다. 이에 반해 이데아와 아무런 닮음이나 유사관계를 갖지 못하는 근거 없는 나쁜 모사물이 있는데 이것이 바로 두 번째 모사물, 즉 모사물의 모사물로서 시뮬라크르들이다. 이데아들이 제1의 위계를 점하는 존재라면, 모사물들은 두 번째 자리를, 시뮬라크르들은 말석, 즉 세 번째의 자리를 점하는 존재자들이다. 플라톤이 바라보는 우주와 세계의 구도는 바로 그러한 것이며 이를 플라토니즘이라 부른다. 들뢰즈는 플라톤 철학의 근본적 동기를 이데아-모사물, 모델-시뮬라크르의 나눔에 있는 것만이 아니라 오히려 첫 모사물과 (두 번째 모사물로서) 시뮬라크르를 구분 짓는 데 있다고 본다.[4] 따라서 이데아로부터 무한히 이완되어져, 더 이상 자신의 모델을 갖지 않으며, 오히려 모사물들의 유사성의 원천이 되는 이데아와의 비유사성, 닮지 않음, 부조화 위에서 구성되고, 차이 위에서 구성되는 존재자들이 바로 시뮬라크르들인 것이다. 그래서 플라토니즘의 전복이란, 보다 정확히 말하자면 들뢰즈에게서, 시뮬라크르에 대한 모사물의 우위를 전복하고, 시뮬라크르를 부상시키는 것이다. 시뮬라크르들은 그 자체로 그 어떤 모방해야 할 모델을 갖고 있지 않기에, 위계도, 질서도, 토대나 근거도 수용하지 않는 것이다.[5] 이런 급진적인 차이의 존재론을 번역의 상황에 대입한다면 어떤 논의가 가능할까? 이데아에 해당되는 원전과의 관계에서 그 유사성이나 닮음의 정도에 따라 번역물들이 평가되거나 재단되는 방식이 아니라, 원전과 얼마나 많은 차이를 확보하느냐 따라, 또 이런 차이를 넘어서서 더 나아가 여러 다양한 (재)번역물들 사이에서 향유되는 차이의 방향에 따라 번역활동 전제가 논의되고 평가되는 차이의 번역론이 아닐까?

---

4 G. 들뢰즈, 「플라톤과 시뮬라크르」, 『의미의 논리』, 이정우 옮김, 한길사, 1999, p. 409; 『차이와 반복』, p. 164.

5 들뢰즈, 「플라톤과 시뮬라크르」, p. 418; 『차이와 반복』, p. 164.

그 구체적이고 개별적인 차이들이 중요해지는 논점을 드러내기 위해 좀 더 나아가보자. 플라톤의 물음이 모든 서구 형이상학의 근본 물음이었던, 즉 "이것은 … 무엇인가"였다.[6] 들뢰즈에게 오면 그 물음은 전복되어져야 하고 완전히 뒤집혀진다. 다시 말해, "아름다움이 무엇이고 정의로움이 무엇인지를 묻는 것이 아니라, 무엇이(또는 누가) 아름답고, 무엇이(또는 누가) 정의로운지를 묻는 것"이 된다.[7] 들뢰즈의 입장에서는 아름다움, 정의로움, 좋은 것 등의 본질을 묻는 물음은 플라토니즘에 따라는 전형적인 물음일 뿐, 새로운 것, 차이나는 것들을 길어올 수 있는 생생한 물음이 전혀 아닌 것이다. 따라서 물음의 전복, 이를 통한 탐색과 탐구의 전복이 요구된다는 것이다. 필연적으로 불변적으로 이데아나 원전이 가진 아름다움 자체를 학문적이거나 이론적으로 묻거나 찾는 것이 플라토니즘의 방향이라면, 들뢰즈의 그것은 삶의 각 순간에 우발적으로 그리고 생성 속에서 포착되는 구체적인 아름다운 것들, 정의로운 것들, 좋은 것들이 무엇인지를 물어야 하고 또 그것을 찾고 말해야만 한다. 왜냐하면 아름다움 자체, 정의로움 자체, 선한 것 자체는 하나이며 불변할지 몰라도, 아름다운 것들, 정의로운 것들, 좋은 것들은 하나일 이유도 그럴 필요도 없는 복수적인 것이고 개별적인 것들이기 때문이다. 복수적이고 개별적인 것들을 그 자체로 향유되고 생산되도록 허용하고 장려하고 격려해야 한다는 것이다. 더 나아가서 비록 "그것은... 무엇인가"라는 물음이 제기될 때 일지라도,

---

6 들뢰즈, 『차이와 반복』, p. 409; 『니체와 철학』(신장판), 이경신 옮김, 민음사, 2001, p. 143.
7 들뢰즈, 『니체와 철학』, p. 145.

그 물음은 "내게 있어서, 우리에게 있어서, 살아 있는 그 모든 것에 있어서 그것은 무엇인가?"라는 물음으로 받아들여져야 한다고 들뢰즈는 말한다.[8] 마찬가지로 "얼마만큼?", "어떻게?", "어떤 경우에?", "누가?", 또는 "누구에게" 라는 물음들이 이제는 더 중요해진다는 것이다.[9] 무슨 말인가? 불변의 것으로 믿어지는 본질이나 존재는 실상 들뢰즈가 보기에는 누군가의, 어떤 이의 관점에 의존하는 하나의 리얼리티일 뿐이며, 오히려 이런 누군가들의 그리고 이런 어떤 이들의 "복수성/다원성"을 긍정하고 전제해야 한다는 것이다.[10] 이를 번역의 상황에 적용해 보자면, 원전 그 자체가 무엇을 말하느냐의 쟁점이나 논점은 덜 중요해지는 반면, 어떤 독자에게 어떻게 읽히느냐, 그리고 어떤 번역자에게는 이렇게, 다른 번역자에게는 또 다르게 읽히고 번역되는 생생한 현상이 더 중요할 수 있다는 것이다. 더 나아가 하나의 동일한 원전을 어떻게, 어떤 상황이나 맥락에서 번역하게 되는가도 어느 것 못지않게 중요해지는 것이다. 이제는 번역자, 독자 그 각각의 관점이 그 자체로 리얼리티로 이해되어지거나, 오히려 원전이나 원전의 문화라는 리얼리티가 그 각각의 독자와 번역가의 관점에 속한 것으로 봐야만 한다는 것이다. 그렇게 되면 결코 여일한 동일성을 지닌 것으로 생각될 수 있는 리얼리티나 사물은 없다. 따라서 그런 리얼리티나 사물에 해당되는 그 자체로서의 원전은 없다는 것이다. 이런 들뢰즈의 차이 존

---

8 *Ibid.*, p. 146.
9 들뢰즈, 『차이와 반복』, p. 410.
10 들뢰즈, 『니체와 철학』, p. 146.

재론의 구도에서 보자면, 답을 미리 가지고 만들어진 물음들이 진정한 물음들이 아닌 것처럼, 번역의 모든 문제점들의 해답이 원전에 있으며 원전에서 찾아져야만 한다는 익숙한 공리나 해묵은 전제들은 문제시될 수밖에 없다. 개별 독자, 개별 번역자들이 원전을 만나고 조우하는 특정의 상황과 기회가 그만큼이나 중요하다는 것이다.

이와 같은 차이의 존재론으로부터 얻게 될 차이의 번역론의 구체적인 물음들과 구상은 어떤 것일까? 과연 이데아의 우월성/동일성에 해당하는 원전의 우월성/동일성이 어떻게 확보될 수 있는 것인가? 원전이라는 이유만으로, 그것과의 우발적이고 사건적인 만남이자 마주침인 번역과의 관계없이, 그것은 자기 완결적이고 통일적인 의미의 담지자인 텍스트가 될 자격이 되는가? 원저자의 의도와 의미는, 그 시간적 (해석의) 변화와 그 수용(도착)언어와 문화와 무관하게, 더 나아가 그 어떤 번역자와의 만남과도 무관하게, 동일하고 여전한 것으로 남는 것인가? 언제, 어디서, 누가 번역해도 원전은 동일한 그것으로 존재하는가? 번역이 원전을 여러 다양한 각도에서 돌려보게 만듦으로써, 원문 자체에서는 드러나지 않았던 원전의 이면이 오직 번역을 통해서만이 드러날 수 있는 것이 아닌가? 하나인 아름다움 자체와 여럿인 아름다운 것들에 관해 들뢰즈가 물었던 전복의 물음 방식으로 물어보자. 원전은 그 누구와도 상관없이, 그 누구에게서라도, 그에게서 동일한 것으로 그리고 초월적으로 존재하는가? 우리가 이런 물음들에 자신 있게 "예, 그렇다"라고 자신 있게 말할 수 있는가? 구체적인 논증의 부담 속에서도, 우리 마음속에 일어나는 "아니오"라는 부정의 의지와 저항감은 정말로 만만치 않다. 존재론이나 형이상학적으로 이데아-개별 존재자 사이에서 들뢰즈의 차이 존재론이 보여주는 반전이나 전복은 너무나 명백하지만. 이것이 원전-번역 사이의 관계를 위해 직접적으로 사용되어도 좋은지는 좀 더 두고 봐야 할 것이다. 그럼에도 우회적으로나 간접적으로 그의 차이론이 이런 (번역론적)직관을 부추기고 추동시키는 것은 부인할 수 없다.

서양 번역담론사를 살펴보건대, 원전-번역 사이의 위계적이고, 서열적인 관계 설정을, 적어도 선언적 차원에서나마, 문제시한 사상가가 없는 것은 아니다. 1923년 「번역가의 과제」를 세상에 내놓은 발터 벤야민이다. 그 논문의 서두에서 벤야민은 번역이 원작의 형식으로서 등장할 수 있으며, 어떤 작품들에서는 그 작품의 본질로서 번역을 요구한다고 말한다.[11] 경험적 차원에서 우리가 어떤 사건이나 일들을 잊을 수는 있어도, 사건들 자체가 기억되기는 요구하는 사건들이 있는 것처럼, 원작이 그 본질적 요구로서 번역을 요청하는 원작들이 있다는 것이다. 특히 벤야민은 원작들의 사후적인 삶에 번역이 그 재생, 부활로서 직접적으로 관여한다고 주장함으로써, 원작의 일방적이고 우월하며 비가역적 지위를 문제시하며, 번역의 가역적이며, 대등하며, 상호적 지위를 전면에 내세운다. 둘 사이에는 크로노스적 시간 말고, 아이온적 시간을 가질 수 있는 것이다. 다시 말해, 원전과 번역 사이에 연대기적이고 가역불가능한 시간

---

11 W. 벤야민, 「번역자의 과제」, 『언어 일반과 인간의 언어에 대하여 번역자의 과제 외』, 최성만 옮김, 길, 2008, pp. 129.

관계가 아닌, 그것들이 서로 뒤섞이고 전후가 없는 시간 관계가 가능하다는 것이다. 번역이 원작의 사후적 발견, 사후적 의미 부여의 기원이 될 수 있는 것이다. 원작은 독특한 방식으로 번역에 의존하는 것이다. 과거와 현재가 서로 공명하는 일이 있는 것과도 같이, 원전과 번역이 서로 공명할 수 있는 것이 아닌가? 벤야민의 직관과 암묵적 선언에 따라서 생각해본다면, 번역을 요구하지 않는, 번역될 만하지 않는, 그리고 아직 번역되지 않았다면, 그 원전은 아직 제대로, 온전히 출판된 것이 아니라고 말할 수 있는 것이 아닌가?

4. 번역의 실천론: 들뢰즈, 베누티, 베르만

존재론의 차원이나 거시적 개념의 차원에서, 번역과 관련된 플라토니즘의 전복을 감행하는 것은 그 실험적 모험의 측면이 아무리 부각된다 하더라도, 그것은 여전히 사유의 모험이지, 수행적 난제가 아닐지 모른다. 그 전복이 실천적으로 어려운 이유는, 원작이 "항구성 또는 비사멸성, 불가침성, 유일성, 불변적 존재성"을, 번역이 "사멸성, 변형가능성, 다수성, 변화적 존재성"을 가진다는 두 언어, 두 작품, 두 저자 사이의 우위나 위계의 문제가 더 이상 아닐 수 있기 때문이다. 수행적 어려움의 기원은 바로 이것이다. 출발언어(원전)에서 기의-기표 관계, 또는 의미-문자 관계가 도착언어(번역)에서의 그것과 같지 않기 때문이다. 즉, 출발언어에서 의미는 독특한 방식으로 문자에 밀착되어 있다. 즉, 출발언어에서 의미와 문자 사이의 관계는 고유하고 또 일회적 관계라서 그것을 재천명하거나 재언표할 가능성은 없기 때문이다. 그 누구도, 심지어

셰익스피어도 (원전으로서) 『햄릿』을 다시 쓰지는 않았다. 셰익스피어는 단 한 번 유일하게 그것을 썼을 뿐이다. 우리가 『햄릿』을 재번역할 수도 있고 또 재번역해야 하지만, 그 작품을 다시 쓸 수는 없으며, 그래서도 안 된다. 반면, 도착 언어에서는 기의-기표, 의미-문자 관계가 분리되거나 이완될 수 있기에, 다르게 그리고 새롭게 (재)번역하는 것은 가능하다. 따라서 차이를 생산하는 방식의 번역이 과연 구체적으로 어때야 하는지에 대한 논의는 (원전에서의) 밀착성과 (번역에서의) 새로운 밀착성을 어떻게 구상하고 실행해 내느냐를 살펴야 할 것이다.

4.1. 들뢰즈

들뢰즈의 존재론적 논의가 원문(원저자, 원천 언어)의 존재 자체를 부정하지는 않지만, 그것이 하나의 이데아나 모델로서 누리는 권위를 부정하는 것으로 해석할 수 있다면, 그의 번역론은 번역이 원문과 동일해야 한다거나 최대한 닮아야 한다거나 하는 논리를 뿌리부터 흔드는 번역론이어야 할 것이다. 번역은 원문과의 만남을 통해 차이를 드러내고 실현하는 역할을 하는 것이다. 들뢰즈가 존재론적으로 플라토니즘의 전복을 내세우는 이상, 그의 언어론이나 번역론도 그 입장에 동조적일 수밖에 없을 것이다. 이데아를 숭배하지 않으므로 위계적이지 않고, 개별자들을 억압하지 않으므로 지배하려 하지 않으며, 자신이 위치한 장에서 중심/주류에 서지 않으므로 탈권위적이며, 윗분들을 모시지 않으므로 스스로에게나 다른 것들에게 해방적인 그런 언어론과 번역론의 성격을 띨 것이라는 추측이 가능하다. 들뢰즈는 그런 번역의 실천에 대해 구체적 설명을 제공하지는 않기 때문에 그의 언어론이나 문학론에서 일정한 간접적인 참조가 불가피해 보인다. 『천개의 고원』에서 이미 들뢰즈는 기존 언어에 대한 비판적 분석의 입장에서 언어가 명령어의 성격을 가지며, "언어는 믿으라고 있는 것이 아니라, 복종하거나 복종시키기 위해" 존재한다고 말한다.[12] 따라서 복종하지 않은 언어, 저항과 대항의 언어를 만들어 내는 일이 그에게 중요해진다. 특히나, 그의 소수어(小數語, langue mineure) 개념을 주목해서 살펴야 할 것이다. 적어도 번역수행이나 번역담론의 관점에서 두 가지 정도의 제안이 가능한데, 그 어떤 원전이든 그것이 다른 언어로 번역되는지의 유무와 상관없이, 그 원전이 위치한 출발언어 전체에서 소수적인지 여부, 그리고 번역이 이뤄질 경우, 그 번역이 도착언어 전체 안에서 소수적인지의 여부일 것이다. 결국, 더 나아가서는 원본-번역본-(재)번역본들 사이의 위계질서를 허물고 그 자체의 차이들이 생성되거나 만들어지도록 하는 번역이 이뤄지는지의 여부가 관건일 될 것이다. 이 소수어라는 개념에 관한 그의 논점은 『천개의 고원』을 중심으로 몇몇 문학을 다룬 저서들에 나타난다.

> 소수어는 단순히 방언이나 개인어 같은 하위-언어가 아니다. 소수어는 다수어의 모든 차원들과 요소들이 소수화 되게 하는 잠재력을 지닌 작인이다. 우리는

---

12 G. 들뢰즈 & F. 가타리, 『천개의 고원』, 김재인 옮김, 새물결, 2001, p. 148.

소수어들, 다수어, 다수어의 소수화-되기를 구분할 것이다. 물론 소수파들은 객관적으로 정의될 수 있는 상태이다. 하지만 소수성이 가치 있는 생성의 씨앗, 생성의 결정체가 되는 것은 중간치나 다수파의 통제 불가능 운동과 탈영토화를 열어 놓을 때뿐이다. 이런 이유로 파졸리니는 자유 간접 화법에서 본질적인 것은 언어 A나 언어 B에 있지 않고 오히려 "실제로 언어 B가 되어가고 있는 언어 A에 다름 아닌 언어 X에" 있다는 점을 보여주었던 것이다. … 확실히 방언 같은 소수어를 사용하거나 게토나 지역주의를 만든다고 해서 우리가 혁명적으로 되는 것은 아니다.[13]

위 인용문에서 쟁점은 두 가지다. 첫째, 소수어는 수적으로나 통계적 의미에서 얼마 안 되는 적은 숫자의 사람들이 사용하는 언어가 아니라 다수어, 즉 기존의 지배적 표준어나 도착언어에서 위계적 정점을 차지하는 형태의 언어를 변화시키고, 그것에 저항하며 탈영토화시키는 혁명적 언어라는 점이다. 둘째, 소수어 지향적 번역은 단순히 언어 A에서 언어 B로 옮겨가는 번역이 아닌, 각 언어 A, B 안에서 각 언어의 수뉴석 지배성이나 위계성에 균열을 가셔다주는 언어적 변수로서의 소수어인 언어 X를 만들어 내는 일이다. 하지만 여기서 언어 X의 성격이 무엇인지는 여전히 모호하다. 들뢰즈가 설명을 덧붙이거나 해명을 더 하지 않는다. 곧 보게 되겠지만, 번역학에서 들뢰즈를 계승하

13 들뢰즈 & 가타리, 『천개의 고원』, pp. 204-205.

는 베누티는 언어 X를 방언이나 지역어, 구어, 의고(擬古)적 문체로 규정하고 이를 따르고 있으나, 과연 들뢰즈가 언어 X를 그런 것으로 규정했는지 여부는 불확실하다. 결국, 들뢰즈에 따르면 모국어를 주류 모국어에 부합하는 방식으로 사용하는 작가는 지배 집단과 지배 질서의 동일성 메커니즘을 공고히 하는 데 일조하는 작가라는 것이다. 들뢰즈는 "어떤 통사적 창조가 거기서 일종의 외국어를 그려 나가도록, 그리고 언어 전체가 모든 통사법을 넘어 자신을 바깥에서 드러내도록 해야" 한다고 말한다.[14] 과연 번역가들이 또는 위대한 작가들이 실제 번역의 과정에서 한 언어에 내재하는 지배적 통사와 문법의 쓰임에 도전하면서 들뢰즈가 말하는 언어 X를 과연 어느 정도까지 만들어내는 것일까? 들뢰즈의 차이의 존재론이 그러한 과정에 대한 설명을 실천적 차원에서 제시하는 데까지 성공했는지는 여전히 불투명하다.

4.2. 베누티(Venuti)

사실 들뢰즈의 언어론과 번역론을 번역 담론과 실천의 장에서 가장 적극적으로 수용한 사람이 로렌스 베누티일 것이다. 이점은 아마도 국내의 철학계에서나 번역학계에서 그다지 알려지지 않았다. 실제로 베누티의 『번역윤리: 차이의 미학을 위하여』에서는 들뢰즈가 심심치 않게 등장하고, 더구나 1장의 목차들인 '소수 문학 쓰기', '소수화를 지향하는 번역 기획' 등에서 들뢰즈

14 G. Deleuze, *Critique et clinique,* Minuit, 1993, pp. 16-17. 서동욱, 「들뢰즈 문학론은 일관성을 가지고 있는가?: 프루스트론과 카프카론을 중심으로」, 『철학과 현상학 연구』, 38, pp. 109-110에서 재인용.

의 문학론이나 언어론의 핵심적 개념들이 명시적으로 등장한다. 한발 더 나아가 베누티는 자신의 언어관이 들뢰즈의 그것을 따른다고 밝히고 있다.[15] 특히 두 가지 점을 우리가 유의해서 주목해야만 할 것이다. 통상의 언어학자들이 언어를 의사소통의 수단으로 간주하는 작업적 가설에 베누티가 반대한다는 점이 우선 중요하다. 이 논점은 언어가 의사소통의 수단이 아니라고 주장하는 것이 아니라, 개인 간의 의사소통이 언어를 바라보는 기본적인 전제가 되어서는 안 된다는 것이다. 그렇다면 무엇을 근본적인 전제로 간주해야만 한다는 것인가? 언어를 개인이 사용하는 도구의 차원이 아니라 다양한 문화 계급들과 집단들이 자신의 지배적인 위치와 권력을 위계화하는 하나의 힘으로 간주한다는 점에 더 주목해야 한다는 것이다. 바로 이점이 들뢰즈를 추종하는 베누티의 핵심적인 관건이다. 따라서 개인의 모든 언어적 이용과 활용은 다수의 집단과 계급들이 일정한 관계를 맺는 힘과 권력의 장이라는 것이다.[16]

들뢰즈의 언어론을 따른다는 베누티의 명시적인 언급은 여러 각도에서 그 의미를 살펴볼 필요가 있다. 특히 들뢰즈의 언어론의 비판적 요체가 언어가 명령어라면, 이 명령어에 저항하거나 대항하는 언어, 즉 반(反)명령어를 만들어 내거나 유포하는 것이야말로 진정한 작가나 번역가가 해야 할 과제로 충분히 상정할 수 있을 것이다. 어찌 보면 베누티가 하려는 작업도 번역의 상황에서 그런 저항의 언어를 어떻게 산출하느냐로 모아진다고 볼 수 있다. 여러 권

---

15 L. 베누티, 『번역의 윤리: 차이의 미학을 위하여』, 임호경 옮김, 열린책들, 2006, p. 24.
16 *Ibid.*, p. 24.

의 저서와 논문들을 집필한 번역학 이론가이자 전문 번역가인 베누티의 입장을 몇 마디로 요약하는 것은 매우 부당할 것이다. 하지만 국내에서 베누티는 이국화(foreignization) 지향의 번역과 번역자의 가시성(visibility)을 높이는 방향의 쟁점을 제공한 중요한 학자로 알려져 있다. 이는 번역자는 최대한 비가시적이어야 하며 그 스스로의 입장이나 색깔이 드러나지 않아야 한다는 상식적인 번역론이나 이상적인 번역이란 유리가 없다고 믿을 정도로 투명한 유리가 되는 것이라고 말하고 하는 통상의 번역학자들과는 정확하게 대척점에 있는 입장이다. 베누티의 이국화하는 번역은 지배적인 표준어를 고수하며 번역투가 느껴지지 않는 번역의 반대개념이다. 베누티가 지향하는 번역의 지점은 분명하다. 도착언어의 문학 정전들의 주제와 테제에 벗어나는 작품을 선택해서, 그것의 낯섦과 이국성이 잘 드러나도록 옮기되, 자국의 지배적인 주류의 표준어에서는 이탈하는 주변적인 언어형태들로서 작업해 낸다는 것이다.[17]

베누티가 『번역윤리: 차이의 미학을 위하여』 첫 번째 장의 제목으로 '혼질성(heterogeneity)'을 제시한 것은 우리가 눈여겨볼 만하다. 그 혼질성이란 저항성, 대항성, 운동성에 다름 아니다. 다시 말해, 자국어, 표준어, 지배적 담론과 지배적 서사형태, 그리고 지배적 개념들이 가진 동일성을 뒤흔들어 놓을 차이, 다양성, 균열을 그것들에다 퍼트리는 작업이 바로 번역작업이라는 것이다. 자국의 지배담론의 경계를 허물고 자국 문화 내에서 차지하는 위계질서에 저항

---

17 *Ibid.*, p. 27.

하는 번역이야말로 베누티가 지향하는 번역인 것이다. 그에게서 번역이란 다수 언어에 대한 소수 언어의 저항과 도전을 감행하는 활동이자 작업이다. 물론 여기서 다수와 소수의 개념은 수적 많음과 적음을 뜻하는 것이 아니라, 지배적이고 권력행사적인 위치에 있다면 다수적인 것이고, 그것에 도전하거나 저항하는 것이라면 소수적인 것이다. 바꾸어 말하면 표준어의 옷을 입고 있는 자국어의 균질성과 동일성에 균열을 내는 작업인 것이다. 물론 이러한 베누티의 입장에 대한 비판들도 없지 않다. 세계적 지배언어인 영어가 베누티의 이국화 전략을 얼마나 수용해 낼지, 그리고 무엇보다도 출판시장 및 출판계의 요구에 종속되어 있는 실무번역자들이 지배적 표준어로부터의 탈주(脫走)와 투쟁을 현실적으로 얼마나 실천해 낼 수 있을지의 문제가 제기될 수 있기 때문이다.

4.3. 베르만(Berman)

데리다와 함께 '국제철학학교'를 만드는 데 참여했으며, 거기에서 오랫동안 서양 번역담론사, 번역윤리 등을 강의한 베르만의 경우, 자신의 주저들[18] 속에서 들뢰즈의 차이 철학이나 차이 존재론의 영향을 명시하지는 않지만, 번역의 실천이나 번역의 이론에서 자기 방식으로 '플라토니즘의 전복'을 주장한 사람으로 평가받을 만하다. 여기서 플라토니즘, 플라톤주의라는 아주 분명하고 구체적인 지시 내용을 가진 것이 아닐 수 있다고 본다. 따라서 플라

---

18 A. 베르만, 『낯선 것으로부터 오는 시련: 독일 낭만주의 문화와 번역』 윤성우·이향 옮김, 철학과현실사, 2009; 『번역과 문자: 먼 것의 거처』, 윤성우·이향 옮김, 철학과현실사, 2011.

토니즘의 전복이라는 것도 앞서 전개된 들뢰즈의 차이 존재론의 방식으로도 충분히 가능하며, 곧 보게 될 베르만의 방식으로도 가능하다고 본다. 이런 주제와 관련하여 베르만의 중요 저서들은 물론이고 그의 입장을 아주 분명하게 보여주는 한 논문에서[19] 베르만이 플라토니즘에 입각한 언어론 및 번역론에 대한 비판적인 분석을 전개하는 이상, 베르만 자신의 번역론이 이런 플라토니즘에 대한 공격과 비판을 통해 어떤 "현대적인" 번역학 또는 번역론을 겨냥하고 있는지는 응당 물어볼 만한 일이다. 필자가 보기에 이 논문에서 언어의 본질에 대하여, 특히 번역현상과 관련하여, 베르만의 입장과 논조는 겉으로는 냉정한 분석에 가까운 것처럼 보이나 내용적으로는 뜨거운 비판을 은밀히 보여주고 있다.

플라톤적인 형이상학에 따른 언어와 번역의 본질에 대한 베르만의 논의는 다음의 세 가지 방향으로 정리될 수 있을 것이다.

(1) 여기서 중요한 것은 언어의 기원과 사물과의 관계를 다룬 플라톤의 유명한 대화편 *Cratylos* 에서 플라톤이 언어가 사물과 맺는 관계가 관습적이냐 본래적이냐 하는 논의를 다루지 않는다는 점이다. 베르만도 플라토니즘에 대한 비판을 하면서도 정작 그 대화편을 언급하지 않는데 그것은 아마도 그 대화편에 나오는 언어와 사물과의 관계가 현대적인 의미의 언어관이나 번역론의 쟁점을 새롭게 해석하는 방향보다는 플라톤 자신의 이데아론의 확장된 버

19 A. Berman, 'L'essence platonicienne de la traduction', *Revue d'Esthétique*, 12, 1986: 63-73.

전으로서의 언어론을 다루기 때문일 것이다. 따라서 베르만의 플라톤에 대한 접근은 현대적의 의미의 언어학이나 기호학의 맥락에서 다분히 이뤄진다고 볼 수 있다. 베르만에 따르면, 플라톤의 형이상학은 감각적인 것과 비감각적인 것, 개별적인 것과 보편적인 것, 신체적인 것과 영혼적인 것을 나누고, 철학함은 전자에서 후자로 이행하는 것이다.[20] 베르만은 플라토니즘의 입장에서 보자면 그 어떤 자연언어든 그 자연언어를 지탱하는 요소를 두 가지로 본다. 즉, 감각적인 부분과 비감각적인 부분이다. 언어에서 전자에 해당되는 것은 소리와 문자(le son et la lettre)이고 후자에 해당되는 것은 의미작용과 의미(la signification et le sens)라는 것이다.[21] 사실 언어의 구성요소를 이 두 가지로 보는 것은 플라톤의 형이상학에 충실한 이분법이기에 그다지 새로운 것은 아니다. 이미 소쉬르 같은 언어학의 창시자도 언어 기호를 시니피에(기의)와 시니피앙(기의), 개념과 청각적 영상의 결합으로 보면서 정신적인 것과 물질적인 것의 요소들의 결합으로 파악한 바 있다. 인간 언어가 감각적인 성질과 동시에 비감각적인 성질을 동시에 가진다는 것이다. 여기서 진정 쟁점이 되는 것은 플라토니즘의 본질이 비감각적인 것에 존재론적 우위를 두는 것이기에 언어와, 그와 본질적으로 관련된, 번역에서도 비감가적인 것이 중요해지고 우위를 점한다는 것이다. 그렇다면 언어와 번역에서 비감각적인 것이 더 본질적이고 더 근본적이라는 주장은 무슨 의미인가? 그것은 결국 "의미"는 "소리"나 "문자"보

20 *Ibid.*, p. 63.
21 *Ibid.*, p. 64.

다 더 많은 존재성을 가진 것으로 파악되며, 자연언어의 복수성에도 불구하고 “변하지 않고 영원한 것”의 자리는 의미에게 주어지는 것인 반면, 소리나 문자는 그런 지위를 획득하지 못한다는 점이다. 시니피앙은 개별 언어마다 다 다르고 개별적이어서 진정한 추구나 탐구의 대상이 되지 못한다. 의미를 위하여 소리나 문자를 버려야만 하는 것이다. 따라서 의미와 시니피에만이 개별 언어와 독립되어, 그리고 시니피앙들 간의 차이와 상이성도 불구하고, 동일하며 보편적으로 존재하다고 믿어진다. 보편자와 불변자를 추구하는 플라토니즘에 따르자면 언어와 그 구성요소에서 본질적인 것은 의미나 정신적인 것임이 명백하다. 심지어 언어 기호는 동일한 시니피에를 간직하면서도 상이한 여러 시니피앙들을 대체하거나 교환할 수 있는 성질을 가지다고 까지 말할 수 있을지도 모른다. 이것이 플라토니즘에 입각한 언어론이라고 볼 수 있다.

⑵ 플라토니즘에 따르면 비감각적인 의미는 감각적인 문자로부터 분리될 수 있으며, 또 그래야만 언어에서 참되고 본질적인 요소인 의미가 변화하지 않고 보존되는데, 바로 이런 플라톤적인 나눔과 분리를 통해 번역이 가능해진다. 다시 말해, 언어의 차원에서 모든 개별적이고 우연적인 요소는 제거되고, 불변적이고 보편적인 것만이 중요하게 되는데 이런 나눔과 분리를 통해 번역의 작업이 수행되고 가능해진다는 것이다. 다양한 자연 언어적 외피들이나 외관들은 사멸할 수밖에 없지만 인간 언어를 언어이게 하는 불변적 요소는 “의미”이기에 번역은 다양한 언어들에서 이 의미를 찾아 또 다른 언어의 시니피앙들에 연결해야만 한다. 이를 베르만은 “형-이상학적 운동으로서의 번역”이

라 부른다.[22] 어떤 개별적이고 구체적인 자연언어를 만난다 하더라고 번역의 소임은 그 개별성이나 특이성에 주목할 것이 아니라 그것들을 넘어서서(meta, trans, tra) 한 개별언어의 구속이나 제약을 받지 않으면서도 개별언어 간 소통이나 전달을 가능하게 하는 보편적인 "의미"를 찾는 것이야말로 번역의 임무라는 것이다. 보편적이고 정신적인 차원의 의미나 내용은 특정 언어 형식이나 형태와 필연적 관계를 가질 필요가 없기에, 의미의 전달을 위해서라면 언어적 형태나 장르는 부차적인 문제라는 것이다. 이를 통해 우리는 베르만이 플라톤적인 번역론의 핵심에 이르렀다고 볼 수도 있다,

(3) 『번역론: 번역에 관한 철학적 성찰』에서 리쾨르는 베르만의 번역학적 성과를 해석학적으로 성찰하는 자신의 저서에서 "현대기호학의 성과"로서 언급하며 이 성과 번역(학)적 의미를 논한다.[23] 한 마디로 하면 "의미와 소리의 통일성, 시니피에와 시니피앙의 통일성(unicité)"이다. 그가 더 이상의 상세한 설명을 덧붙이지 않는 이 통일성은 도대체 무슨 뜻인가? 소리나 문자, 청각적 영상이 의미를 위한 단순하고도 흔한 담지자나 전달자가 아니라 오히려 그 소리나 시니피앙을 통해서만이 그 고유한 의미의 실현과 보존이 가능하다는 것이다. 의미란 소리부터 쉽게 분리되어 떠돌아다닐 수 있는 것이 아니라 그것과 일체를 이루고 있다는 것이다. 특히 운문이나 속단을 번역하는 경우 그 통일성을 살리는 노력이 쉽지 않은 것은 거의 번역학적 상식에 가까운 이야기가

22 *Ibid.*, p. 70.
23 리쾨르, 『번역론』, p. 155.

아닌가? 그렇다면 베르만은 자신만의 의미-소리 통일성을 어떤 방식으로 번역의 맥락에서 구현해 내는가? "문자의 번역"(traduction-de-la-lettre), 즉 시니피앙들간의 놀이나 유희에 주목하는 번역을 표방하면서 그는 이를 수행해 나간다.[24] 하지만 베르만은 자신의 번역론을 여러 가지 방식으로 여기저기 산재해서 놓고 있는 것은 사실이지만, 그것을 긍정적 방식으로 체계화해서 정식화한 적은 없는 것 같다. 다만 『번역과 문자: 먼 것의 거처』 같은 저서에서 부정적인 방식으로 그리고 피해야만 할 번역의 메카니즘을 비교적 상세히 논하고 있을 뿐이다.[25] 오히려 횔덜린이나 클로소프스키 등을 예로 들면서 자신의 문자번역에 맞는 텍스트를 골라 번역가로서 그들이 얼마나 철저하게 문자번역론을 충실하게 수행했는지를 보여주는 데 치중한다. 또 벤야민을 주석하면서, 그리고 『낯선 것으로부터 오는 시련』에 등장하는 많은 저자들을 분석하면서, 베르만은 자신의 번역론의 지향점과 그것이 동조하고 따르는 번역철학을 공개적으로 천명하지만 정작 자신만의 번역론을 체계적이고 정식화하는 데는 오히려 덜 적극적이다.

결국 베르만의 플라톤 분석과 비판은 들뢰즈의 플라토니즘 전복과 베누티의 저항 언어의 산출같이 명료하거나 공개적인 전선(戰線)을 펼친다고 보기는 어려운 면이 없지 않다. 다만 번역의 장에서 베르만의 번역론은 특히, 문학번역의 영역에서 "의미" 중심의 번역이 갖는 한계를 지적하고, 출발언어의 물

24 베르만, 『번역과 문자』, p. 31.
25 *Ibid.*, pp. 51-68.

질적 조건이나 시니피앙들 간의 관계를 도착언어 안에서 그 도착언어의 타자로서, 그것의 낯선 것으로서 받아들이고 향유하는 것에 더 강조점을 두는 번역론에 가깝다고 볼 수 있다.

5. 결론: 번역의 논리는 동일자의 논리인가, 차이의 논리인가

스타이너는 자신의 주저 *After babel*의 서문에서 "각각의 언어는 세계를 다르게 보여주는 지도와 같은 것이며 … 가능세계의 총체와 기억의 지리(地理)의 총체를 구성하고 한다. 만약 하나의 언어가 사라진다면 그 죽게 되는 언어와 더불어 하나의 가능적 세계 또한 사라지는 것"이라고 말한 바 있다.[26] 이것은 개별 언어들 자체의 복수성, 다양성에 대한 옹호이다. 그 가능 세계들 간의 우위나 위계는 없는 것이다. 다른 것. 차이나는 것들 간의 위계란 없으며, 또한 없어야만 한다, 들뢰즈, 베누티, 베르만 역시 같은 맥락에서 언어를 단순히 의사소통의 체계로 보는 것에 반대하면서, 번역을 통해 위계 없는 차이, 권력의 서열을 다투지 않는 다름을 적극적으로 생산하고 담지해 내는 기여와 공헌의 가능성에 공히 천착한다고 볼 수 있다. 다수의 개별 언어들(des langues)이 있을 뿐, 이 다른 언어들이 거기에 종속되고 그것을 섬겨야 할 유일한 하나의 언어란 없으며 또 없어야만 한다. 번역의 공간이 '동일자의 논리'(la logique du même)가 재현되거나 재생산되는 곳일 수도 있고, 타자의 복수성과 다원성을

---

26 G. Steiner, *After babel: aspects of language and translation* (3rd ed.), Oxford University Press, 1998, p. 11.

인정되고 차이가 향유되는 차이의 논리, '타자의 논리'(la logique de l'autre)의 공간이 될 수도 있을 것이다. 전자의 공간을 따르는 대표적인 입장이 플라톤인 반면, 후자의 공간을 따르는 대표적인 입장이 우리가 살펴본 들뢰즈, 베누트, 베르만일 것이다. 적어도 우리가 결론의 자리에서 말할 수 있는 것은 동일자의 논리에서 차이의 논리에로의 이행이, 전자에 대한 후자의 도전이, 전자에 대한 비판과 후자에 대한 옹호가 빈번히 번역의 실행, 번역담론 그리고 번역이론의 영역에서 등장하고 있다는 것이다.

제13장.

베르만의 번역론

1. 20세기 이후의 언어와 번역에 대한 관심의 부상

철학에서 언어를 다루는 방식은 기타 인문학의 그것과 몇 가지 측면에서 차이가 있다. 일반적으로 인문학에서는 개별언어의 특성, 혹은 개별언어가 속해 있는 문화에 관심을 둔다. 반면 철학에서는 개별언어의 실제 사용자가 아닌 추상적 차원에서의 화자, 지시 대상으로서의 사물, 그리고 개별언어들로부터 독립적으로 존재하는 보편적 의미들을 파악하고자 한다. 비트겐슈타인이 'The limits of my language mean the limits of my world'(5.6)라고 말할 때조차도 그가 말하는 '언어(language)'는 비록 "나의 언어"라고 말하지만 언어일반(language in general)을 가리키는 것이지 한국어, 영어, 프랑스어 등 개별의 자연 언어들(langues)을 지시하는 것은 아니다.[1] 이는 physical한 것을 넘어서서 meta-physical한 것을 찾아내려는 철학 본연의 지향에서 유래한 것이다.

반면 철학과는 달리, 언어를 개별자(individual entity)의 수준에서 그 사용자와 공동체, 개별 언어 사이의 관계의 측면에서 다루고자 하는 학문을 꼽는다면 첫 번째로 언어학을 들 수 있겠고, 두 번째는 이 분야로부터 빠르게 자율성을 획득해 가는 번역학이다. 초기의 번역학이 주로 응용언어학의 영역에서 이루어진 학문적 성과들, 보다 구체적으로는 비교언어학이나 대조언어학의 방법론을 대거 차용하였던 것도 이러한 개별언어 간의 공통점과 차이점을 파악하는 것이 번역행위의 이해에 도움이 된다고 상정하였기 때문일 것이다.

---

1 L. Wittgenstein, *Tractatus Logico-Philosophicus*, tr. D. F. Pears and B. F. McGuinness, with an intro. by B. Russell, Rouledge, 2003, p. 68.

그런데, 상당히 이질적으로 보이는 언어에 대한 위의 두 접근을 화해시키려는 시도가 없었던 것은 아니다. 구체적 언어를 대상으로 한 번역경험을 토대로 하면서도 이를 철학적 반성의 수준에까지 끌어올리려 시도했던 소수의 학자들이 존재하며, 본 연구에서 살펴보게 될 앙트완 베르만(Antoine Berman, 1942-1991) 역시 그중 하나이다. 베르만은 슐라이어마허의 핵심 저작 '*Ueber die verschiedene Methode des Uebersetzens*'(On the different methods of translating)을 프랑스어[2]로 번역 소개한 전문 번역가이면서 다른 한편으로는 자신의 번역경험을 철학적 성찰로 승화시킨 보기 드문 번역철학자이다. 베르만은 번역학의 닫혀진 공간 안에서 번역을 연구할 것이 아니라 철학을 포함한 다른 많은 분야들과의 학제적 접근을 통하여 번역의 복합적이고 다원적인 측면을 이해해야 함을 성공적으로 증명해 내었다[3]. 보편적 차원의 언어라는 지평에서 출발하여 번역이라는 주제를 다루기보다는 역으로 개별 언어간 번역 현상에 대한 관찰을 통하여 좁게는 번역의 본질을, 넓게는 언어 일반의 본질을 파고들어간 베르만의 업적을 재구성해 보고 음미해 보는 것은 나름의 의미를 가지는 작업이라고 생각된다. 사유와 표현의 일체성을 강조한 슐라이어마허와 언어의 형식성을 강조한 벤야민의 깊은 영향을 받은 베르만은 언어의 본질적 차원을 시니피앙과 문자에 둠으로써 탈감각적이고 보편적, 정신적 요소를 존재론적으로 우월하게 생각하는 플라토니즘적 언어관과 번역관을 비판한

---

2 *Des différents méthods du tradiure*, tr. A. Berman, Seuil, 1999.

3 상세한 내용은 *L'épreuve de l'étranger* 의 'conclusion' 부분을 참고한다.

다. 이는 플라톤 없는 번역론의 현대적인 가능성에 대한 적극적인 탐색이 아닐 수 없다. 따라서 본 연구에서는 베르만이 '번역'이라는 현상을 통해 어떻게 언어의 본질에 접근하였으며, 번역과 언어에 대한 베르만의 작업이 철학적, 번역학적으로 어떠한 함의를 가지는지를 짚어보고자 한다.

2. 베르만 이전의 논의들: 슐라이어마허와 벤야민

이미 오래 전부터 수많은 문학가들이나 철학자들[4]이 번역에 대해 논해 왔으나, 그중 특히 베르만의 번역철학에 영향을 준 인물을 꼽아야 한다면, 주저 없이 슐라이어마허(F. Schleiermacher)와 벤야민(W. Benjamin)을 언급하여야 할 것이다. 베르만은 자신의 주저 *The Experience of the Foreign*에서 슐라이어마허의 '*Ueber die verschiedene Methode des Uebersetzens*'을 가리켜 'the only study of that period in Germany to constitute a systematic and methodical approach of translation'으로 규정하며 슐라이어마허의 해석학적 공간 속에서의 그의 번역철학을 상세히 소개하고 있다.[5] 한편 베르만은 자신의 번역철학을 집약적으로 정리한 논문에서[6] 벤야민의 강의석이고 식관석인 번역 성찰을 세밀하게 분석하고 있다. 이 두 철학자의 방대한 업적을 세부

4 이에 관해서는 D. Robinson, *Western translation theory: from Herodotus to Nietzsche,* Robinson, Douglas, St. Jerome Pub, 2002를 참조할 것.

5 Berman, *The Experience of the Foreign*, p. 144.

6 A. Berman, *L'âge de la traduction: 'La tâche du Traducteur' de Walter Benjamin, un commentaire*, Presses Universitaires de Vincennes, 2008.

적으로 논의하는 것은 본 연구의 목적에서 벗어나므로 여기서는 베르만의 번역철학과 직접적으로 관계된 몇 가지 사항들을 언급하는 정도에 머무르고자 한다.

우선 슐라이어마허와 베르만의 관계를 간단히 살펴보자. 슐라이어마허는 베르만, 베누티 등 소위 직역주의(Source text oriented approach)를 옹호하는 번역학자들에게 사상적 영감을 준 철학자로 널리 알려져 있다. 그러나 슐라이어마허의 기여를 이렇게만 정리한다면 이보다 더 중요한 몇 가지 논점들을 간과하는 것이 된다. 슐라이어마허가 번역과 통역을 구분하면서 상업영역에서 이루어지는 번역행위는 'mere interpreting(*Dolmetschen*)'으로 학문과 예술영역에서 이루어지는 행위는 번역으로 genuine translation(*Ubersetzen*) 으로 정리하였음은 잘 알려진 사실이다. 그러나 이러한 구분보다 더 중요한 것은 번역의 본질을 규정하기 위해 그가 제시한 기준이다. 즉, 상업 영역의 내용일지라도 '(원)저자'의 자유롭고 창의적인 개입이 많은 텍스트를 옮기는 작업은 '번역'에 가까우며, 반면 가시적인 대상이나 즉각적으로 규정될 수 있는 사물 및 상황을 다루는 텍스트를 옮기는 작업은 아무리 학문적 영역의 담론이라도 '통역'에 가깝다는 것이다.[7] 그리고 원 저자의 주관적 개입 여부에 따라 그 텍스트를 번역하는 번역주체(sujet traduisant)가 번역에 얼만큼 개입해야 하느냐가 결정된다. 예를 들어 원저자가 원문의 언어와 밀착된 관계를 맺고 있을 경우, 그

---

7 F. Schleiermacher, *Des différentes méthodes du traduire et autre texte* (1813), tr. A. Berman, Seuil, 1999, p. 35.

텍스트를 번역하는 번역자 역시 저자의 주관성에 대한 심오한 이해를 통해 번역어에서도 그것을 살려내야 한다는 것이다. 슐라이어마허의 유명한 이분법, 즉, '독자를 저자에게로 데리고 가는 것'(moves the reader towards the author)과 '저자를 독자에게 데리고 가는 것moves the author towards the reader' 중, 슐라이어마허 자신은 전자를 지향했음은 명백한 사실이다. 그리고 여기서 '독자를 저자에게 데리고 가는 것'이라 함은 결국 번역주체로서의 번역자에게 주어지는 하나의 과제이다. 번역주체의 문제를 통하여 슐라이어마허는 결국 '타자의 언어를 어떻게 수용할 것인가'라는 번역윤리적 문제를 제기한 것으로 볼 수 있다. 그런데 이것이야말로 베르만이 여러 번 명시적으로 밝힌 번역의 윤리적 지향과 일치하는 것이다. 베르만이 말하는 낯선 것(The Foreign)을 담는 공간으로서의 번역, 자민족중심적(éthnocentric)인 번역이 아닌 탈중심(décentrement)의 공간으로서의 번역은 슐라이어마허가 말한 '독자를 저자에게 데리고 가는' 번역과 크게 다르지 않다. 슐라이어마허가 '저자의 사유와 그 담화는 하나'라고 말하는 대목에 이르러서는 슐라이어마허와 베르만을 이어주는 명백한 연결고리를 발견하게 된다. 왜냐하면 저자의 주관성은 저자의 사유로 집약되고, 저자의 사유는 저자의 표현 (또는 담화)을 떠나서 존재할 수 없다는 일종의 낭만주의적 착상을 두 사람이 공유하고 있기 때문이다. 그리고 저자 고유의 표현이나 담화 개념은 뒤에서 다루게 될 베르만의 문자(letter) 개념과도 무관할 수 없는 것이다.

이제 벤야민을 살펴보자. 벤야민과 베르만의 관계를 단 몇 줄로 정리한다면, 이는 그들 사이의 영향사(Wirkungsgeschichte)의 무게를 간과하는 것이다. 벤야민의 학위논문(*Der Begriff der Kunstkritik in der deutschen Romantik*, 1920) 주제와 베르만의 대작인 *The Experience of the Foreign*은 공히 독일낭만주의 시대를 대상으로 삼고 있다는 점에서 이미 의미심장하다. 물론 벤야민과 베르만의 번역에 대한 관점이 모든 면에서 일치한다고 말하기는 어렵다. 그러나 베르만의 핵심적 착상이나 직관 등에서 우리는 벤야민의 흔적을 쉽게 발견하게 된다. 이를 몇 가지로 다음과 같이 정리할 수 있겠다.

첫째, 베르만과 벤야민은 공히 '번역가능성(traductibilité, linguistic translatability)'라는 진부한 개념대신에 '번역됨직함(tradusibilité, *Übersetzbarkeit*, translatability)'이라는 개념을 즐겨 사용하였다.[8] '번역가능성'이 경험적 차원에서 그 작품을 번역할 만한 사람을 찾을 수 있는가의 문제를 말하는 것이라면, '번역됨직함'은 선험적 차원에서 그 작품이 번역될 만한 가치가 있는가의 문제를 지칭하는 것이다.

둘째, 두 저자 모두 번역을 단지 소통(communication)을 목적으로 하는 행위라고 보는 세간의 시각을 강도 높게 비판하였다. 번역을 단지 정보전달과 소통의 수단으로 보는 것은 번역의 문화사적, 철학적 의미를 간과한 극단적으로 기능주의적인 접근이라는 점에 두 사람은 깊이 공감하고 있는 것이다.

셋째, 벤야민과 베르만은 또한 번역이 원문을 모르는 독자들을 위한 소통

---

8 Berman, *The Experience of the Foreign*, p. 126.

의 기능을 넘어서 원문자체를 주목하게 하고 결국에는 원문의 생명을 연장하거나 소생시키는 사명을 가진 것으로 보았다. 원문이 궁극적으로 도달하고자 하는 지점에, 원문의 번역문 역시 원칙적으로 도달할 수 있다고 본 것이다.

결국 이들의 화두는 동일자와 타자의 관계, 원전과 번역문의 관계 그리고 모국어와 번역언어간의 관계로 요약된다. 베르만과 벤야민은 나름의 논리를 통하여 번역이 시간적, 경험적으로 원전보다 나중에 오기 때문에 존재론적으로 원본보다 열등하다는 종래의 편견에 맞서고자 했던 것이다.

3. 플라톤의 언어론에 대한 비판적 읽기

베르만의 작업을 소위 '번역에 대한 철학적 사유', 혹은 '번역철학'의 범주로 분류하는 것에 대해서는 큰 이견이 없을 것이다. 반면 '언어철학'은 어떤가? 언어철학을 '언어에 대한 체계적이고 일관된 성찰'로 정의한다면 베르만의 성찰에는 분명 언어철학적인 요소들이 담겨 있다. 그렇다면 어떤 성격의 언어철학인가? 여기서 우리는 베르만의 언어에 대한 성찰이 집약적으로 소개되어 있는 'L'essence platonicienne de la traduction'이라는 논문을 살펴보고자 한다[9]. 이 논문의 제목으로부터 성급한 추론을 해서는 안된다. 이 논문이 암시하는 것처럼 플라톤이 직접적으로 번역의 본질에 대해 명시적으로 언급한 적은 없다. 그러나 베르만은 감각계와 가지(可知)계, 개별자와 보편자를 구분

---

9 A. Berman, 'L'essence platonicienne de la traduction', *Revue d'esthétique*, 12. 1986, pp. 63-73.

하는 플라톤의 형이상학이 오늘날의 언어관과 번역관에 어떠한 영향을 미쳤는지를 치밀하게 분석해 나간다. 베르만의 분석은 아래와 같다.

플라톤의 형이상학은 감각적인 것과 비감각적인 것, 개별적인 것과 보편적인 것, 신체적인 것과 영혼적인 것을 구분한다. 플라톤에게 있어서 철학함의 본질은 전자에서 후자로 이행하는 것이다.[10] 플라토니즘의 입장에서 보자면 모든 자연언어는 감각적인 부분과 비감각적인 부분으로 이루어진다. 사실 이러한 이분법 자체는 플라톤의 형이상학 전반에 걸쳐 드러나는 것으로 그다지 새로운 것은 아니다. 중요한 것은 플라토니즘의 본질이 감각적인 것보다 비감각적인 것에 존재론적 우위를 두고 있다는 점이다. 이를 언어에 대입할 경우 언어에서 감각적인 부분에 해당되는 것은 소리와 문자(le son et la lettre)이고 비감각적인 것에 해당되는 것은 의미작용과 의미(la signification et le sens)가 된다.[11] 보편자, 불변자를 추구하는 플라토니즘의 연장선상에서 번역이나 언어를 바라볼 경우, 비감각적인 '의미'가 감각적인 '소리'나 '문자'보다 우위를 점하게 되며, 여기서 한발 더 나아가면, 자연언어의 복수성에도 불구하고 '변하지 않고 영원한 것'은 의미이지 소리나 문자가 아니라는 결론에 이르게 된다. 다시 말해 시니피앙은 언어마다 다르고 개별적인 것이어서 진정한 고려의 대상이 되지 못하는 반면, 개별 언어들로부터 독립적으로 존재하는 시니피에만

10 본고에서 논하고자 하는 플라톤의 언어관은 *Cratylos* 편에서 제기되는, 언어가 사물과 맺는 관계가 관습적이냐 본래적이냐 하는 논의라기보다는 플라톤의 형이상학 일반을 통하여 유추해낸 그의 언어관과 번역관이다.

11 *Ibid.*, p.64.

이 보편적으로 존재하는 것으로 상정되는 것이다. 결국 언어기호는 동일한 시니피에를 간직하면서도 상이한 여러 시니피앙으로 대체되거나 교환될 수 있다고까지 말할 수 있게 된다. 이것이 플라토니즘에 입각한 언어론의 핵심이다.

이상에서 소개된 내용은 베르만이 플라톤의 형이상학을 통하여 그의 언어론이나 번역론을 유추해 낸 것에 불과하다. 그러나 베르만의 성찰의 정수는 바로 플라톤의 형이상학에 대한 비판적 읽기를 토대로 고유의 번역철학을 구축해 낸 데에 있다.

번역은 기본적으로 언어 안에서, 보다 정확히는 언어를 '통해서' 이루어지는 것이다. 따라서 언어를 바라보는 관점이 번역을 바라보는 관점에 영향을 주지 않을 수는 없을 것이다. 그렇다면 이러한 플라톤적 언어관이 번역에 적용되면 어떠한 결과를 초래하게 되는가? 이를 아래와 같이 몇 가지로 정리할 수 있겠다.

첫째, 플라토니즘은 다양한 자연 언어적 외피들이나 외관들은 사멸할 수밖에 없으며, 인간 언어를 언어이게 하는 불변적 요소는 의미라고 상정한다. 따라서 언어가 가지고 있는 모든 개별적, 우연적 요소를 제거하고 남는 불변적이고 보편적인 의미를 옮기는 것이 번역 작업의 본질이 된다. 번역자는 다양한 언어들 속에 담겨있는 의미를 찾아내어 이를 또 다른 언어의 시니피앙들로 표현해야 한다. 구체적인 자연언어의 개별성이나 특이성에 주목하지 않고 그것을 넘어서서(meta, trans/tra) 보편적인 '의미'를 찾는 것이야말로 번역의 임무라는 것이 바로 플라톤적 번역담론인 것이다. 플라톤의 번역담론을 '형-이상학적 운동으로서의 번역'(translation as meta-physical mouvement)으로 정리한 베르만의 분석은 결코 부당한 것이 아니다.[12]

두 번째는 첫 번째로부터 파생된 결과로, 플라토니즘에 따른 언어관은 결국 원전텍스트의 기의와 기표가 맺고 있는 고유한 관계를 부정하게 된다. 플라톤적 논리에 따르면 원문에서건 번역텍스트에서건 기표와 기의는 서로 분리 가능한 것이 된다. 하지만 베르만은 원문텍스트 안에서 의미는 문자에 밀착되어 있고 하나의 텍스트나 작품(oeuvre)으로서의 원문은 일회적이며 고유하며 대체 불가능하다는 점에 주목한다. 따라서 베르만은 기표와 기의가 분리된다고 보는 플라톤적인 시각이 의미가 고유한 방식으로 문자와 결합되어 있는 원전언어의 고유성을 간과하고 있다고 지적한다. 그 누구도, 심지어 카프가도 『변신』을 다시 쓰지는 않았다. 카프카는 단 한 번 유일하게 『변신』을 썼을 뿐이다. 셰익스피어의 『햄릿』에서 의미와 문자 사이의 관계는 워낙 밀착되어 있어서 제2의 『햄릿』을 꿈꾸기란 불가능하다. 베르만의 표현을 빌자면, 원문텍스트는 기표와 기의가 고유하게 결합된, '문자의 법칙'에 지배되는 것이다.

4. 베르만의 언어철학과 번역철학

헤겔은 시문학에 대해 언급하며 정신은 "언어요소를 때로는 단지 전달수단으로, 때로는 직접적인 외면성의 수단"으로 갖기 때문에, "어떤 시문학 작품

12 *Ibid.*, p. 70.

이 읽히는가 아니면 청취되는가 하는 것은 원래 시문학과는 아무 상관이 없으며, 시는 다른 언어로 번역되거나 시에서 산문으로 번안되어 전혀 다른 음조를 띠어도 그 가치를 본질적으로 왜곡하지는 않는다"라고 말한 바 있다.[13]

특정한 의미나 내용이 반드시 특정한 언어 형식으로 전달될 필요는 없다는 그의 말은 결국 언어적 형태나 장르는 의미의 전달에 있어서 부차적인 문제라는 것이다. 이러한 헤겔의 주장은 적어도 번역학적 차원에서는 언어의 본질이 의미나 내용에 있지 그 언어적 형태나 시니피앙에 있지 않다고 보는 플라토니즘의 연장선상에 있는 것으로 볼 수 있을 것이다. 그의 논리대로라면 의미를 위해서 언어적 형식을 바꾸는 것은 하등의 문제가 되지 않으며, 정신을 위해 몸은 희생되어도 문제가 없다.

철학자 들뢰즈(Deleuze)는 현대철학의 과제를 '플라토니즘의 전복'(to overturn Platonism /renversement du platonisme)이라고 말한 바 있다.[14] 그리고 전복은 현대기호학의 영역에서 구체적으로 진행되었다. 다시 말해 소쉬르 이후로 언어 기호의 본질을 논할 때 시니피앙의 중요성을 시니피에보다 열등하게 상정하는 이는 없다. 언어 기호의 자의성만 해도 시니피앙의 다양성과 개별성에서 기인하는 것으로 봐야 한다.

리쾨르는 베르만의 번역학적 성과를 해석학적으로 성찰하면서, 베

13 G. W. F. 헤겔, 『헤겔 미학 III: 개별 예술들의 변증법적 발전』, 두행숙 옮김, 나남, 1998, p. 429.

14 G. Deleuze, *Difference and Repetition*, tr. P. Patton, Columbia University Press, 1993, p. 59; *Différence et Répétition*, PUF, 1968, p. 82.

르만이 메쇼닉과 함께 '현대기호학의 성과(an achievement of contemporary semiotics)를 간과하지 않고 수용한 연구자라고 언급한다.[15] 이는 어떤 의미인가? 리쾨르가 말한 현대기호학의 성과란 '의미와 소리의 통일성, 시니피에와 시니피앙의 통일성(the unity of meaning and sound, of the signified and the signifier)에 대한 자각이다. 그가 더 이상의 상세한 설명을 덧붙이지 않는 이 통일성은 무슨 뜻인가? 소리가 의미를 위한 단순한 담지자나 전달자가 아니라 오히려 그 소리나 시니피앙을 통해서만이 그 고유한 의미의 실현과 보존이 가능하다는 것이다. 의미란 소리부터 쉽게 분리되어 떠돌아다닐 수 있는 것이 아니라 소리와 일체를 이루고 있는 어떤 것이다. 의미와 소리의 통일성이라는 논리에서 한발 더 나아가면, 특정 시니피앙을 통해서만이 구현되는 시니피에가 존재한다는 것이다. 이러한 주장은 (시나 다른 문학장르의) 번역불가능성을 위한 논거로 종종 오해되지만, 그보다는 오히려 시니피앙과 시니피에가 분리 가능한 것이 아니라 지극히 공고하게 결합되어 있음을 환기시키는 데에 그 목적이 있다.

그렇다면 플라토니즘에 입각한 언어론 및 번역론에 대한 비판적인 분석을 전개한 베르만은 궁극적으로 어떤 '현대적인' 번역학 또는 번역론을 구축해 내는가? 구체적인 것과 개별자의 복권을 주장한 '아리스토텔레스적' 번역론을 확립하는 것이 베르만의 목표인가? 베르만 자신이 선택한 제목을 패러

15 P. Ricoeur, *On translation*, tr. E. Brennan, Routledge. 2006, p. 38; *Sur la traduction*, Bayard, 2004, p. 68.

디하여 물어보자. 번역의 베르만적인 본질(Beramanian essence of translation)은 과연 무엇인가? 이 물음에 대해 답하는 방식은 여러 가지가 있겠으나 본 연구에서는 베르만이 플라톤적인 언어론과 번역론을 논하면서 지적했던 중요한 논점들을 어떠한 방식으로 반박해 나가는지를 중점적으로 살펴보고자 한다.

베르만이 의미-소리 통일성을 과연 어떤 방식으로 구현해 내는지를 파악하기 위해서는 베르만의 작업들 속에 드러난 언어관을 살펴볼 필요가 있다. 그러나 베르만의 언어론과 번역론을 파악하는 것은 생각처럼 간단한 작업은 아니다. 베르만은 자신의 언어론을 읽어 낼 여러 단서들을 자신의 글 여기 저기에 배치해 놓고 있을 뿐, 이를 일목요연한 방식으로 체계화한 적이 없었기 때문이다. 베르만이 시니피에와 시니피앙의 통일성을 중요한 전제로 삼고 있었음은 사실이나, 그 어디에서도 '언어 자체' 또는 이데아로서의 언어의 본질을 다룬 적이 없다. 베르만이 관심을 가졌던 것은 늘 다수적/복수적으로 존재하는 구체적 언어들이었다. 스타이너는 "Each human language maps the world differently" 그리고 "Each tongue construes a set of possible worlds and geographies of remembrance [⋯] When a language dies, a possible worlds dies with it"이라고 말한 바 있다.[16] 이것은 개별 언어들의 복수성, 다양성에 대한 옹호이다. 베르만 역시 같은 맥락에서 언어를 단순히 의사소통의 체계로 보는 것에 반대하며, 언어의 두께와 시니피앙스(signifiance)의 상실, 구

16 G. Steiner, *After Babel*, Oxford University Press, 1998, p. xiv.

어적 창의성의 빈곤화, 방언의 죽음 등을 우려한다. 그러나 베르만은 들뢰즈처럼 언어를 그 사용자들간에 힘과 권력들이 지배하는 투쟁의 공간만으로 보지는 않는다.[17] 베르만에게 다수의 개별 언어들(des langues)이 있을 뿐, 유일한 그 언어(The Language)라는 것은 없다. 언어들은 제각기 다르다. 그 다름과 차이를 옹호하는 일이야말로 베르만이 진정으로 고민했던 화두 중 하나이다. 그가 번역의 작업을 'The experience of the foreing'이라 말할 때 그것이 반드시 고통이나 장애만을 의미하는 것은 아니다. 낯선 것(The foreign)은 오히려 자국적인 것에 만족하려는 폐쇄적인 경향을 막아주는 어떤 것이며, 우리에게 부족한 것을 환기시켜주고 나아가 채워주는 어떤 것이다.

이제 우리는 베르만이 최종적으로 자신의 고유한 번역론으로 제시한 '문자(letter)의 번역'에 도달하게 된다. 플라토니즘에 입각한 번역론이 시니피에(의미)를 문자(시니피앙)로부터 분리 가능한 것으로 보고, 보편적으로 구현 가능한 의미를 위해 문자/시니피앙을 포기하는 방향으로 나아간다면, 베르만의 문자 번역(traduction-de-la-lettre)은 의미를 포기하지 않으면서도 오히려 그 의미의 번역이 문자 번역에 의해, 또 그것을 통해 충분히 가능하다는 입장이며, 더 나아가 문자의 번역이야말로 언어의 본질에 더 가까운 번역이라고 상정한다. 베르만의 문자 번역이 구체적으로 어떤 의미인지 역시 체계적으로 기술되어 있지는 않다. 단지 문자의 번역에 반하는 번역의 종류들과 그러한 번역이

---

17 G. Deleuze, *A thousand plateaus: capitalism and schizophrenia*, tr. B. Massumi, Univ.of Minnesota Press, 1987, p. 75.

작동하는 메커니즘을 비교적 상세히 기술하고 있을 뿐이다.[18] 대신 베르만은 횔덜린의 안티고네 번역이나 클로소프스키의 아이네이스 번역을 문자 번역의 예로 제시하고 있다. 예를 들어 횔덜린은 *Antigone* 20절 번역을 살펴보자.

Was ist's, du scheinst ein rotes Wort zu färben

(What is it? You seem to pain a purple word, p. 167)

이 부분을 Mazon은 프랑스어로 다음과 같이 옮겼다.

De quoi s'agit-il donc? Quelque propos te tourmente, c'est clair

(What' matter; something is bothering you, clearly, p. 167) (Les Belles Lettres, 1967)

의미중심적으로 번역된 프랑스어본과 문자성을 살리는 방식으로 번역된 횔덜린의 독일어 번역이 좋은 대조를 이루고 있다. 이러한 내용을 토대로 볼 때, '문자'의 형용사인 literal은 종종 word for word라는 의미로 사용되지만 적어도 베르만 번역철학에서 문자적 번역은 결코 단어 대 단어 번역과 혼동되어서는 안 될 것이다. 문자의 번역은 의미 위주의 번역에 맞서 제시된 것이다. 의미 위주의 번역이란 출발어의 시니피에만을 포획하여 번역하고 출발

---

18 이와 관련된 내용은 *Berman, La traduction et la lettre ou l'auberge du lointain*을 참조할 것.

텍스트가 가진 낯선 문자를 고려하지 않는 번역으로, 이는 결국 자신의 모국어 안으로 낯섦을 있는 그대로 받아들이기를 거부하고 낯선 것을 모국어에 거슬리지 않은 형태로 자기화하여 받아들인다는 점에서 도착어의 우위와 신성불가침성을 획책한다. 그러나 모든 작품은 의미의 포착을 무한히 넘어선다는 것이 베르만의 믿음이다. 따라서 베르만의 번역론은 의미의 번역을 부정하거나 부인한다기보다는 그것을 넘어서서 문자의 번역에까지 나아가는 것이라고 볼 수 있다. 이는 번역의 플라토니즘을 넘어서 새로운 번역의 지평을 열어나가는 것일 수도 있는 것이다. 결국 문자의 번역이란 언어의 정신과 살, 의미요소와 형태요소를 전부 살리는 번역이 아닌가? 베르만의 설명에 따르면, '문자에 대한 작업'이란 '모사도 복사도 아닌 시니피앙들 간의 유희에 주목하는 것'이다.[19] 그런데 시니피앙의 유희가 처음으로 일어나는 장소는 어디인가? 그곳은 출발언어, 원문의 영역이다. 따라서 번역자가 먼저 주목해야 하는 것은 원문텍스트 속, 시니피에가 굳게 결속되어 있는 시니피앙의 양상들(formes)이다. 그리고 원전에 담겨 있는 그러한 유희를 파악한 뒤에 도착어 안에서 구현할 언어적 방안을 찾는 것이 바로 번역자가 할 일인 것이다. 여기서 시니피앙이란 주어진 자연언어의 내재적 요소들, 즉 개별 음소나 형태소나 어휘를 의미하는 것은 아니다. 왜냐하면 자연언어 내에서 고유하거나 내재적인 이러한 요소들은 또 다른 자연언어로 번역되기 어려운 것들이기 때문이다. 따라서 음소나 형

19 Berman, *La traduction eet la lettre ou l'auberge du lointain*. p. 14.

태소 자체가 아닌, 서로 다른 시니피앙들 간의 관계나 구조들이야말로 번역자가 도착어 내에 담아내야 하는 것이다. 여기서 마지막으로 베르만이 제시하는 결정적인 문자번역의 예를 들추어 내어 보자. 베르만은 자신이 프랑스어로 번역한 로아스 바스토스(Roas Bastos)의 소설 『나, 지존자 Moi, Le Suprême』에서 등장한 스페인어 속담을 다음과 같이 번역하고 있다.

> A cada día le basta su pena, a cada año su daño.
>
> A chaque jour suffit sa peine, à chaque anneé sa déveine.[20]
>
> (그날의 애로로 족하고, 그해의 액운으로 족하다)

베르만은 스페인어 원문에 나오는 이중의 운율인 día/pena, año/daño을 프랑스어의 다른 운율인 peine/déveine로 대체함으로써 원 속담의 운율적 구조를 새로운 형식으로 번역해낸 것이다.

결국 개별 언어의 다양성에 천착하는 베르만의 언어론과 문자의 번역을 지향하는 그의 번역론 사이에는 상당한 조응이 있다고 봐도 무방할 것 같다. 앞서 언급한 현대언어학의 성과, 즉 시니피에는 시니피앙과 분리되어 존재하는 것이 아니라는 인식은 원전의 언어를 구성하는 요소들 사이에서의 굳은 결속관계에 대한 이해를 토대로 한다. 이미 언어의 본질에 대한 직관적 성찰을

20 *Ibid.*, p. 14.

통해 '의미의 재생'(reproduction of meaning) 에 반대하고 철저하게 번역은 '형식의 재생'(reproduction of form)[21]에 집중해야 한다고 말한 바 있던 벤야민의 통찰 역시 이러한 맥락에서 새롭게 이해되어야 할 것이다.

5. 결론: 동일자의 논리를 넘어서 타자의 논리에로

결국 언어를 구성하는 감각적이고 살적인 요소를 적극적으로 담아내고자 하는 베르만의 번역론은 감각적, 구체적인 것의 결여를 의미의 과잉으로 보상하려는 플라톤적인 번역론과 대조를 이룬다. 언어나 번역을 의미 및 의미의 전달 차원으로만 바라보는 것은 플라톤적인 번역관은 한 언어의 진정한 모습 전체를 받아들이기 보다는 자신의 모습은 변하지 않은 채로 타 언어의 특정요소만을 한정적으로 수용하는 것이라는 점에서 동일자의 논리(logique du même)를 번역의 공간에서 재현하는 것으로 볼 수 있겠다. 이러한 논리의 연장선상에서 번역을 바라볼 경우, 번역자는 단지 원문의 의미를 파악하여 전달하는 communicator에 머무르게 되며 번역텍스트가 원문에 비해 secondary/auxiliare 지위를 가지는 현실을 부정하기 어려울 것이다. 이것이 바로 번역의 역할을 의미의 전달과 소통에 국한시킴으로 인해 파생되는 위험인 것이다. 이것은 우리가 의식하든 그렇지 않든 간에 플라토니즘의 형이상학에 머무는 한

---

21 W. Benjamin, 'The task of the translator: An introduction to the translation of Baudelaire's Tableaux Parisiens', in *The Translation Studies Reader*, ed. by Lawrence Venuti, Routledge, 2000, p. 22.

빠져 나오기 어려운 (번역학적, 번역학내에서 발견되는) 함정인 것이다.

반면 감각적인 것의 복원을 지향하는 문자중심적 번역론은 도착 언어 내에서 출발언어의 본질적 측면을 가능한 한 살려내고 수용하려는 번역론인 만큼, 타자의 복수성과 다원성을 인정하고 타자를 있는 그대로 받아들이면서 그 차이를 향유하는 '차이의 논리', "타자의 논리"(logique de l'autre)를 따르는 번역론이다. 그렇다고 해서 이것이 모든 것이 번역 가능하다고 믿는 환원주의적 논리와는 다르다. 오히려 환원 불가능한 것들의 존재와 개별 자연언어들 간의 다름을 인정하는 것이 바로 베르만의 번역론의 출발점이다. 한 언어 안의 어떤 것이 다른 언어로 환원불가능하다 함은 오히려 그 언어의 고유함을 드러내 주는 자기긍정의 계기이다. 하나의 언어가 그 언어가 관계하는 사태나 세계의 전 모습을 온전하게 지칭할 수 없음을 인정할 때, 다른 언어의 존재는 그 자체로 소망스럽고 좋은 것이다. 그리고 그 두 언어가 상호성의 원칙에 따라 관계 맺게 하는 것이 바로 번역인 것이다. 현실적인 여러 언어들 사이에서 이 관계가 어떠한지 그리고 어떠해야 하는지는 또 다른 차원의 문제이며 여기서 당장 다룰 수 있는 문제는 아니다. 다만 우리는 한 언어가 고유하게 가지고 있는 환원 불가능한 요소들을 그대로 유지하면서, 다른 한편으로는 자신을 열어내어 타자적인 요소를 자기화하려는 노력 간의 아슬아슬한 균형이야말로 베르만 번역론의 핵심이라고 말할 수 있으며 이는 플라토니즘 없는 현대적 번역론의 진지한 시도라고 명명할 수 있을 것이다. 하이데거의 '현존재' 개념의 근본규정으로 '세계-내-존재'에 등가하는 '언어들-내-존재'라는 새로운 개념의 등장을 베르만을 통해 목격하게 된다. 그동안 번역이 언어들 주변에서 발생하는 우발적이고 우연적인 사건이 아니라, 따라서 숨겨지고 감춰져야만 하는 변수가 아니라, 오히려 다수의 언어들에게서 그들의 관계를 규정해줄 뿐만 아니라, 그 관계 맺음 자체인 번역을 통해 언어들 각자의 정체성이 규정된다는 번역의 사유를 베르만은 주장한다.

제14장.

영미권의 번역담론: 크로닌을 중심으로

1. 들어가는 말

번역담론에서 타자(他者, the other, l'autre)가 과연 어떤 모습으로, 어떤 형태로 등장하는지를 대강이나마 그려 보려는 의도에서 기획된 것이다. 번역담론에서는 물론이고 인문학 전반에서 '타자'란 흔히 나(우리) 아닌 다른 사람, 다른 언어, 다른 문화, 다른 세계관으로 이해된다. 번역담론 초기에서부터 지금까지 논의될 수 있는 타자의 유형은 아주 다양할 수 있다고 본다.[1] 하지만 그 모습 전부를 시도하기 보다는 지면이 제한된 본 연구에서는 2001년 이후에 주로 등장하는 타자의 유형들을 살펴보되 '윤리적', '정치/사회적', '생태학적' 전환을 중심으로 접근해 보고자 한다.

번역학에서 등장하는 타자의 유형에 관심을 둔 본 연구는 2000년 이후로 주목할 만한 변곡점 중의 하나가 '윤리적' 전환이라고 판단한다. 그 단적인 예로 2001년 핌이 편집자로 참여해서 만든 *The Return to Ethics* (Special Issue of *The Translator: Studies in Intercultural Communication*, 2001, 7(2))와 최근 2017

---

1 우리에게 접근 가능한 번역의 역사를 다룬 몇몇 문헌들과 연구들을 통해서 보건대, 번역을 둘러싼 인간의 여러 실천적 장(場)—예를 들어 전쟁과 정복, 국제 교역, 보다 순수한 의미의 문화/문학/학문의 교류 등—에서뿐만 아니라, 20세기 후반에 번역에 대한 이론적이고 성찰적 분과학문으로서의 번역학에서 타자는 부단히 그 모습을 바꾸어 가며 등장한다. 이 논문의 본문에 비교적 자세하게 다루지는 윤리적, 정치/사회적, 생태학적 타자라는 유형 이전의 모습을 다음과 같이 아주 개괄적으로 묘사할 수 있을 것이다.

1. 폭력적인 타자: 스페인 (대(對) 말린체), 미군 함선 (대(對) 일본 사무라이), 일본 제국주의/미국 점령군 (대(對) 한국 문학자와 여성 번역가).
2. 우월한 타자: 그리스·로마/프랑스 (대(對) 독일(낭만주의)
3. 경험과학으로서의 번역학에서의 타자: "비교"(비네-다블레)와 "접촉"(조르쥬 무냉), "중재"(안소니 핌) "이국화"(베누티)의 대상으로서 타자.

보다 역사적이고 완결적인 타자 유형에 대한 차후의 연구에 앞서, 지금의 연구는 현재 시점에서 비교적 가까운 2000년을 전후 한 논의에 집중하고자 한다.

년 같은 저널에서 역시 Special Issue로 나온 Translation Ethics and social responsibility(2017, 23(2))라는 제목의 특집호들을 들 수 있다. 이 두 특집호의 키워드가 'ethics'여서만은 아니다. 1990년을 전후로 해서 '윤리'가 중요한 주제가 된 것은 서양 철학 담론(예를 들어, 앞으로 언급할 한스 요나스, 피터 싱어 등)에서는 물론이거니와 번역학의 다양한 진영 안에서도 마찬가지였다. 프랑스의 베르만, 영국에서의 스타이너, 그 후로 이어지는 베이커(M. Baker), 잉힐레리(M. Inghilleri), 라파엘(V. L. Rafael), 미국에서는 베르만을 명시적으로 따르는 베누티, 또는 양 대륙을 오가며 활발하게 활동했던 핌, 체스터만 등에게서 윤리는 중요한 한 꼭지를 차지했던 게 틀림없다. 스코트랜드의 번역학자 크로닌은 우리에게 결정적인 타자로서의 동물을 제시함으로써 번역담론의 생태학적 전환의 선두에 서게 된다.

2. 우리 인간의 말이 아닌 다른 말을 하는 동물로서의 타자, 그리고 자연 환경 그 자체로서의 타자: 아렌트, 피터 싱어

번역담론에서 타자의 유형이 더 확장되어 가고 복잡화되어 간다는 점을 우리는 여러 대목에서 확인할 수 있었다. 통번역사들이 중재/매개하는 것은 단지 언어, 문화, 세계관일 뿐만 아니라 정치적 강자와 약자, 사회의 기득권 구조와 소외된 사람들까지도 포함된다는 점을 확인하였다. 하지만 여기서 번역담론의 타자의 유형의 여정이 끝나지는 않는다. 우리가 통역하고 번역하고 결국 이해해야 할 타자들의 목록이 여기서 끝나지 않는다는 것이다. 번역담론에서 마지막 타자의 유형으로서 동물과 자연 그 자체(또는 환경)을 제시하는 마이클 크로닌을 언급하기에 앞서, 타자의 언어(입장 및 상황)에 대한 적확한 이해야말로 전체주의를 막을 수 있다고 역설한 한나 아렌트의 생각과 동물들이 우리와 질적으로 다른 존재가 아님을 고통 개념을 통해 역설한 윤리학자 피터 싱어의 주장을 크로닌으로 가기 위한 중간 논의로 삼고자 한다.

『예루살렘의 아이히만: 악의 평범성에 대한 보고서』에서 아렌트(Arendt)가 희대의 전범자 아이히만에 대한 언급에서 결정적인 것은 바로 이것이다. "그가 말하는 데 무능력(inability to speak)하다는 것은 그가 생각하는 데 무능력하다는 것(inability to think), 즉 타인의 입장에서 생각하는 데 무능력과 깊이 연관되어 있음이 점점 분명해진다. 그와는 어떤 소통도 가능하지 않았다. 이는 그가 거짓말을 하기 때문이 아니라, 그가 말(the words)과 다른 사람들의 현존(the presence of others)을 막는, 따라서 현실 자체(reality as such)를 막는 튼튼한 벽으로 에워싸여 있었기 때문이다."[2] 번역담론과 번역 활동에 있어 나타나는 타자의 유형에 관심이 있는 필자로서 아렌트의 이 구절은 아이히만이 타자에 대한 번역과 현실에 대한 번역에 실패했다는 뜻으로 파악된다. 아렌트의 전후 분석에 따르면, 그가 관청용어나 상투어만을 반복해서 말하는 언어습관을 가졌다는 점,[3] 그리고 "학살은 최종해결책, (수용소로의) 이송은 재정착"으로,[4] 불

2 H. 아렌트, 『예루살렘의 아이히만: 악의 평범성에 대한 보고서』, 김선욱 옮김, 한길사, 2006, p. 107.
3 *Ibid.*, p. 105.
4 *Ibid.*, p. 149.

치병에 걸린 사람들을 가스실로 보내면서 이를 "살인"이라 부르지 않고, "안락사"로[5] 바꿔 부르는 독특한 언어규칙을 가졌다고 한다. 우리의 관점에서 이를 읽어본다면, (유대인으로서의) 타자들이 어떻게 느끼고 체험할지에 대한 공감과 이해를 불가능하게 하는 철벽같은 것이 그를 보호하고 있었고, 그 벽을 뚫고 실재와 현실을 파악하게 하는 것과는 거리가 너무나 먼 관청의 상투어들을 아이히만이 사용함으로써, 타자들이 자신에게 보내는 고통과 절망의 기호들을 그가 전혀 번역해 내지 못했다는 것이다. 아렌트가 말하는 '평범한'(banal) 악은 어떤 대단한 모습으로 등장하는 악마나 광인 같은 형태를 띠는 것이 아니라, 타인의 언어를 이해하지 못하고, 그것을 제대로 번역하지 못하는데서 온다고 볼 수 있다. 타인의 말, 입장, 태도를 알아보지 못하고, 알아듣지 못하는, 즉 그것을 번역하지 못하면 악이 되는 것이다.

타자의 그 어떤 말이, 처지가, 태도가 제대로 번역되지 못하고 이해되지 못하는 사례가 타자로서의 유대인에 국한된 이야기일까? 우리가 타인을 번역하지 못해 평범하게, 일상적으로 그리고 아무렇지도 않게 저지르는 악의 행태가 우리와 같은 얼굴을 한 인간인 타인이 아니라, 우리가 거의 매일 먹는 고기를 제공하는 가축들에게 이루어지는 매일의 일상적 일이라고 누가 말한다면 어떨까? 그렇게 논증하는 윤리학자가 바로 『동물해방』의 저자 피터 싱어(Singer)이다. 아렌트가 인종차별주의에 반대하는 것이라면 싱어는 종(種)차별

5 *Ibid.*, p. 177.

주의에 반대한다. 인간을 포함한 모든 동물들은 평등하다는 것이다. 인간과 동물 사이의 끝없는 구별[6]에 의해 전자를 고유하게 특징지어 오던 사상/문화/세계관에 익숙한 우리에게 싱어는 단 한 가지 관점에서 종들간의 차이나 차별은 더 이상 용납될 수 있는 것이 아니라고 말한다. 그 한 가지란 무엇인가? 사람과 동물이 공히 "쾌고 감수(感受)의 능력(limit of sentience)",[7] 다시 말해 "고통이나 즐거움을 향유할 수 있는 능력"을 가지고 있는 한,[8] 각 존재/각 종(種)은 이익(interests)을 가지는 것이며, 이 이익은 동등하게 고려되어야 한다는 것이다.[9] 쥐가 도로 위에서 고통을 겪는 한, "쥐가 차에 치여 길에 굴러다니지 않을 이익"이 우리의 이익보다 작다고 할 수 없다는 것이다.[10] 싱어는 가축이나 비(非)가축 모두를 포함해서 동물들이 산업식 사육이나 다양한 실험들에서 고통받는 사례들에 대한 어마어마한 인용과 연구를 통해 우리가 종차별주의로부터 벗어나야 한다고 말한다. 흥미로운 것은 그의 논증과 예들 속에는 아이히만에 대해 아렌트가 비판했던 언어습관/언어규칙에 대한 언급을 떠올리게 하는 "용어적 기만"에 대한 구절이 있다: "우리는 쇠고기(beaf)를 먹는다고 하지 황소(bull), 거세황소(steer) 또는 암소(cow)를 먹는다고 하지 않으며, 돼지고기(pork)를 먹는다고 하지 돼지(pig)를 먹는다고 하지 않는다."[11] 다소 과장된 주장

---

6 예를 들어, 이성, 자율성, 정의감 등등이다.

7 P. 싱어, 『동물해방』, 김성한 옮김, 인간사랑, 1999, p. 45.

8 *Ibid.*, p. 43.

9 *Ibid.*, p. 42.

10 *Ibid.*, p. 43.

11 *Ibid.*, p. 174.

일지는 모르나, 우리 인간도 동물들의 처절한 현실과 생생한 실재로 다가가는 것을 가로 막는 기만적 언어의 철벽 안에 갇혀 있는지도 모른다. 그래서 싱어는 "생물을 대하는 태도에 관한 한 모든 사람들은 나치"라는 한 유대인 작가의 지적을 자신의 입장을 대표하는 것으로 삼는 데 주저함이 없다.[12]

3. 동물을 번역하자: 크로닌

번역담론에서 타자의 형상을 탐구하고자 하는 우리의 의도에서 보자면, 아렌트와 싱어의 논의는 크로닌[13]에 대한 예비적 논의의 성격을 가진다. 다시 말해, 우리가 앞서 논의했던 바와 같이, 번역활동과 번역담론에서 이제 우리와 같이 인간의 얼굴을 한 채로 제대로 말하지 않거나 말하지 못했던 취약한 타자뿐만 아니라, 크로닌이 주장하듯, 동물 일반과 환경까지도 번역의 담론에 포함시켜야 하는 시대가 왔다는 것이다. 크로닌의 2017년의 이 저작이 가진 아주 풍부한 시사점이나 아이디어를 전부 다 논하기는 어려우므로, 여기서는 그에게서 타자의 형상이 새롭게 전재되고 드러나는 측면에서만 접근하고자 한다.

2010년에 우리나라에 소개된 『번역과 정체성』의 3장("통역과 정체성")의 마지막을 보면, 크로닌은 다양한 갈등과 불화의 상황에서 통역이 멈추게 되는 순간에 "즉, 사람들의 이름이 더 이상 거명되지 않고 그 목소리들이 침묵하게

---

12 *Ibid.*, p. 156.

13 M. Cronin, *Eco-translation: translation and ecology in the age of Anthropocene*, Routledge, 2017.

되는 순간에, 진실(the truth)이 포탄과 군대의 가장 극적인 희생자가 된다"고 말한 적이 있다.[14] 2017년 이후 크로닌은 그 "사람들의 이름" 자리에, "목소리"의 자리에 동물의 이름과 목소리를 갖다 놓으며, "희생자"의 자리에는 지구환경/세계를 갖다 놓는다. 도대체 그에게서 무슨 일이 일어난 것인가? 우리의 주제와 관련해서 크로닌의 가장 근본적인 착상들이 있다면 그것은 바로 다음의 세 가지이다.

1. 모든 것은 연결되어 있다. (상호연결성, interconnectedness)[15]

2. 우리는 지금을 '인류세'(人類世, Anthropocene)[16]로 규정할 수 있다.

3. (따라서) 번역학도 단지 인간 세계를 넘어서 더 많은 존재자들의 세계(post-human, post-anthropocentric, the more-than-human world)[17]를 고려해야 하며, 인간 아닌 존재자와의 상호연관성(reatedness to the non-human)에 기반해서 동물 및 자연환경을 번역하는 기호계 상호적 소통(intersemiotic communication)을 자신의 연구 안으로 가져와야 한다.[18]

---

14 M. 크로닌, 『번역과 정체성』, 김용규·황혜령 옮김, 동인, 2010, p. 247. 원문을 참고하여 약간 다르게 번역하였다.

15 Cronin, *Eco-translation*, p. 1.

16 1995년 노벨 화학상을 받은 네덜란드의 크뤼천(Paul Crutzen)이 2000년에 처음 제안한 용어로서, 새로운 지질학적 시대 개념이다. 인류의 자연환경 파괴로 인해 지구의 환경체계는 급격하게 변하게 되었고, 그로 인해 인류는 기후변화, 환경재해, 다양한 생물종의 멸종 등의 대가를 치르게 된 시대를 가리킨다.

17 *Ibid.*, pp. 10, 12-13.

18 *Ibid.*, p. 19.

크로닌이 야콥슨이 말한 기호간 번역이라는 테마를 인간언어-동물언어 사이의 번역으로 곧장 가지고 가지는 않는다. 크로닌은 아주 창의적 아이디어를 제시하는데 인간의 언어, 그의 삶이 뿌리 내린 장소(place), 그 지역의 산물로서의 음식재료, 그리고 문화적 노하우로서의 레시피 등의 결합물로서의 음식(food)에 대한 번역의 문제를 제기한다. 왜 음식(혹은 요리)인가? 또 왜 그것의 번역 문제인가? 크로닌이 보기에 "물, 공기, 기후, 전통적 지식과 노하우"[19]의 창의적 결합물로서의 음식은 인간, 동물, 식물 심지어 자연환경 전체와의 "생태학적 재생에 근거한 원순환적 논리"(cyclical logic of ecological regeneration)의 산물이기 때문이다.[20] 이미 음식은 인간이 자연 전체를 잘 번역한 대표적 인간적 상징이자 기호인 것이다. 신토불이(身土不二)의 번역학적 버전에 가깝다고 할 수 있다. 이미 인간과 자연이 에코시스템(ecosystem) 안에서 분리불가능함을 보여주는 가장 극명하고 일상적 사례가 음식이라는 것이다.[21] 이런 (인간-자연의) 원순환적 논리는 진보와 발전의 단순한 직선적 논리(linear logic)에도 반대될 뿐만 아니라, 언어 간의 번역을 "정보의 직선적인 전달과정"(a process of straight information transfer)으로,[22] 즉 "일종의 운송"(a form of transport)으로 파악하는 전도(顚倒)의 논리(logic of inversion)와도 반대된다. 전도란 다름 아니라 본래 자연환경과 분리될 수 없는 "어떤 대상을 스스로 안으로 접어서 가두게

19 *Ibid.*, p. 29.
20 *Ibid.*, p. 35.
21 *Ibid.*, p. 7.
22 *Ibid.*, p. 29.

하여 주변 환경 세계에 맞서게 하는 논리"라는 것이다.[23] 크로닌 스스로가 인용하는 아리스토텔레스의 질료형상설에 입각해서 그가 음식에 주의를 기울이는 이유를 들어보자.[24] 음식이란 "수동적이고 무기력한 질료(matter)에다가 마음속에 간직한 어떤 특별한 디자인을 강하게 새겨 넣는 방식으로 행위자가 만들어내는 창조물"이 아니라,[25] 다시 말해 질료에 형상을 강요하는(물질에 형태를 강요하는) 것이 아니라, "다양한 재료들을 서로 함께 모아서, 이 재료로부터 무엇이 나타날 수 있는지를 고대하면서, 이 재료들이 가진 흐름들(flow)을 조합하거나 새로이 전용(轉用)함으로써" 만들어낸 산물인 것이다.[26] 이런 의미에서 요리사는 건축가, 정원사, 연금술사 그리고 화가와 비슷하고, 번역자도 언어의 재료들을 버무려 조합하고 전용한다는 점에서 요리사와 같은 일을 한다는 것이다.[27] 프랑스의 특정한 장소나 지역에 연관되지 않는다면 우리는 와인에서 A.O.C(appellation d'origine contrôleé)라는 개념을 이해할 수 없을 뿐만 아니라, 마찬가지로 일종의 생선 스튜인 부이아베스(bouillabaisse)는 마르세이유라는 항구도시와 생태적으로 연결되어 있는 것이다.[28] 샴페인이 전 세계적으로 소비되는 것은 어쩌면 그것이 전 지구상에 특정의 한 지역에서만 생산되

---

23 *Idem.*
24 이 책 1장의 제목이 "paying attention"(주의를 기울이기)이다.
25 *Ibid.*, p. 45.
26 *Ibid.*, p. 46.
27 *Idem.*
28 *Ibid.*, p. 47.

기 때문이라는 것이다.[29] 그렇다고 이런 독특한 지역성이 분명 이런 음식의 번역에 저항, 심지어 불가능성을 어느 정도 보여주는 것이기도 하지만, 오히려 "그것의 번역가능성(번역됨직함, translatability)의 조건 자체"라고 크로닌은 주장한다.[30] 음식과 언어와 생태(적 환경)가 하나로 결합되어 있는 음식의 이름이 자신의 기원이나 출발 혹은 발생에 대한 통제적 관리를 벗어나서, 즉 다른 나라와 문화로 이주나 수출되어, 다른 이름이 되는 것에 대한 거부나 저항은 오히려 그것이 다른 문화, 다른 나라로 이주해 가는 전제 조건일 수 있다는 것이다.[31] 지역성에 기반을 두기에 번역에 저항하면 할수록 그런 음식의 이름이나 음식의 언어들은 그 만큼이나 더 번역을 요구하고 번역에로 초대될 수밖에 없다는 것이다.[32] 결국, 크로닌은 새로운 음식의 유입, 새로운 음식 이름의 도래, 그리고 새로운 커뮤니티의 이주가 통약 불가능한 것의 창조적 잠재성(the creative potential of the incommensurable)을 드러내는 것이며, 이는 더욱 더 많은 번역의 요청으로 이어진다는 것이다.[33]

음식과 그 이름 그리고 이를 가능케 한 생태 환경에 대한 크로닌의 번역 생태학 또는 생태학적 번역학은 여기서 그치지 않는다. 그가 잘 설명하는 대로 "지구라는 행성에 우리 인간만이 사는 것은 아니며 우리는 전례 없는 규모

---

29 *Ibid.*, p. 48. 프랑스의 예만을 들었지만, 크로닌은 이탈리아의 다양한 커피들, 마키아또, 시나몬 돌체, 프라푸치노 등의 예도 곁들인다.

30 *Ibid.*, p. 48.

31 *Idem.*

32 *Ibid.*, p. 53.

33 *Idem.*

의 종(種) 파괴에 책임이 있다."[34] 우리가 먹는 음식과 그 음식을 재배하는 관행이나 실천의 양태들은 지구상에 존재하는 수많은 식물종과 동물종의 이동과 이주에 영향을 끼치게 마련이다. 이런 사정은 아마존의 숲이 없어지는 이유를 설명하기도 하며, 중국 우한에서 벌어진 야생 동물의 섭생이 코로나 바이러스 19를 발병시켜서 우리의 건강에 큰 위협을 주는 사건을 설명하기도 한다. 크로닌의 말대로, 이렇게 종(種) 상호 간의 연결성(inter-species relatedness)은 우리에게 새로운 윤리적 행위를 요구한다.[35] 자연 환경으로서의 공기, 물, 기후만을 고려할 것이 아니라 "동물들을 번역"(translating animals)해야 하는 것이다.[36] 공기, 물, 토양, 심지어 석탄과 기름(oil) 등이 어쩌면 번역이 고려해야 할 비감각적 존재자들(non-sentient beings)[37]이라면,[38] 이제 번역담론은 이제 그동안 우리에게는 우리의 말을 할 줄 모르는 존재로 이해되어 온 "쾌고 감수(感受)의 능력을 가진 다른 (인간 아닌) 존재들"(other sentient beings)[39]을 어떻게 사유할지

34 *Ibid.*, p. 53. 인류세 시대를 가장 잘 명료하게 담은 문장이다.

35 *Idem.*

36 이 책 3장의 제목이 이것이다.

37 마치 성층권(statopshere)이라는 용어가 있듯이, 이 페이지에서 크로닌은 'tradosphere'(번역권, 飜譯圈)이라는 개념을 만들어 사용한다. 이는 지구상에 존재하는 모든 번역(적) 시스템의 전체를 가리키는 것으로서, 이 안에서 생물 존재와 비생물적 존재 사이의 정보가 순환되어 돌아다니고, 정보들은 그것을 수용하는 존재자에게 그들의 언어로 번역되거나 코드로 번역되는 그런 곳이다. 여기서 크로닌은 흥미로운 설명을 하는데, 석탄이나 오일 자체가 에너지가 아니며 오히려 이런 재료들에 인간의 노동 활동이 가해져야 결국 에너지가 된다는 것이다. 결국 소위 '에너지'는 자연과 인간 노동(labour)의 공동 생산물이라는 것이다. 석탄과 오일 자체는 여전히 인간의 가공이나 노동에 저항하는 타자들인데, 이런 물질적 타자들을 인간이 이해하고 사용가능하도록 번역해 주는 활동이 바로 노동이라는 것이다. 자연 자체에 대한 인간의 번역 과정이 바로 노동이라는 것이다.

38 *Ibid.*, p. 71.

39 *Ibid.*, pp. 19, 53.

를 고민해야 한다는 것이다. 이것이 바로 크로닌이 제안한 번역생태학이 우리에게 보여주는 타자 유형의 결정판이다. 인간과 다른 동물 그리고 자연 사이에 존재하는 차이나 변별적 특징을 강조하는 사유만으로는 생태학적 실패와 절망을 피할 수 없을 것이다. 그들 사이에 공통으로 존재하는 것이 무엇인지를 탐색하는 것이야말로 공동생존의 전략인 것이다.[40]

크로닌이 생각하는 공동의 생존전략이란 다름 아닌 번역의 전략이다. 다른 언어를 사용하는 피지배자들이 통번역사를 통해서 자신의 세계관을 표현하고 전달할 수 있을 때라야 비로소 하나의 도구나 사물에서 벗어날 수 있듯이, 우리가 (동물인) 타자를 듣고 이해할 수 있을 때라야 그들은 인간들의 식민지배적 실험의 대상에서 벗어나 "탈-식민지적 표현의 해석학적 주체"(the hermeneutic subject of post-colonial expression)가 될 수 있는 것이다.[41] 타자인 동물들에게 침묵을 강요하며 그들의 목소리를 내지 못하게 해서는 타자의 생존, 타자와 우리와의 공동의 생존과 지속은 불가능하다는 것이다. 우리는 매일, 너무나 평범한 악을 동물들에게 저지르고 있는지도 모른다.

이런 번역학적 패러다임의 변화 속에서 인간-동물 간의 소통을 번역적으로 탐구하는 방향성을 크로닌은 다음의 세 가지로 규정한다. 1. 동물 주체의 복권(주체로서의 동물의 복권, the rehabilitation of the animal subject) 2. 차이를 담보하기(engaging difference) 3. 종(種) 횡단적 행위능력(cross-species agency)

40 *Ibid.*, p. 69.
41 *Ibid.*, p. 74.

3.1. 동물적 주체성이란 무엇인가?

그것의 회복은 무엇인가? 동물에게 주체성이라니? 그들에게 이성의 능력, 판단의 능력, 행위와 책임의 능력을 주자는 주장인가? 필자가 열거한 이 능력들은 대개 서양근대 철학 담론에서 인간인 주체성에게 부여하든 능력들이다. 하지만 크로닌은 우리와 함께 이 지구를 공유하는 다른 생명적 존재들인 동물이 "치명적인 대상화/사물화"의 위협에 놓여 있기에, 여기에 대항하는 동물적 주체성 개념을 등장시킨다.[42] 동물의 사물화가 무엇인가? 피터 싱어가 말한 것과 다르지 않다. 기업식 및 공장식 농장에서는 동물들을 작은 케이지에 넣고서 그들이 도살될 때까지 가둔다. 다름 아닌 인간 중심적 질서의 강요이다. 동물적 주체화란 우선 동물들이 다양하게 자신을 표현하고 있는 바를 번역하는 것이다. 그 다음 이 번역을 통해 감수성을 지닌 존재로서 동물들에게 그에 걸맞은 대우를 해 주는 것이다. 크로닌에 의하면, 억압받고 지배당하는 인간들에게 그 자신의 언어를 돌려주는 것이 해방이듯, 동물들에도 그 자신의 언어를 돌려주는 것, 다시 말해 그 언어의 번역을 통해 종(種) 상호 간 소통을 확보하는 것, 이것이 바로 동물적 주체성의 회복이라는 것이다.[43]

3.2. 차이를 담보하기(engaging difference)

이것은 무엇인가? 동물적 주체성의 회복이라는 착상은 우리 인간이 동

42 *Ibid.*, p. 78.
43 *Ibid.*, p. 77.

물의 언어를 이해하고 번역해야 한다는 데 초점이 맞춰져 있다. 하지만 여기서 번역한다는 것이 타자인 동물들을 마치 우리의 언어를 우리가 이해하듯이 번역하는 것을 의미하지는 않는다는 점을 이해하는 것이 중요하다. 크로닌은 Katmai 국립공원에서 회색곰과 13년간 특별한 신뢰관계를 가진 티모시 트레드웰(Timothy Treadwell)이 결국 그 곰에 의해 죽게 된 사건을 언급하면서 "적절하게 차이를 담보하는 탈-인간중심적 번역 윤리"가 필요함을 주장한다. 동물들에 대한 이해도 중요하고 번역도 중요하지만, 그들과의 넘어설 수 없는 차이도 그만큼 중요하다는 것이다. 타자의 타자성은 그것의 번역이나 이해 여부와 상관없이, 그것과 다른 것에 의해 동화되거나 흡수되지 않으며 또 그래서도 안된다는 것이다. 그것을 크로닌은 "생명적 실재가 가진 다원적 관점"(the multi-perspectives of lived reality), "차이 유지적 관점"(differing perspective)이라고 부른다.[44] (동물의 번역이든, 사물의 번역이든 오히려) 진정한 번역은 오히려 인간-동물 사이에, 인간-동물-사물 사이에, 아니 지구에 존재하는 모든 존재자들 사이에 존재하는 차이들을 환원시키지 않고 유지하는 "관계 맺기"(relationship)라는 것이다.[45] 크로닌이 인용하는 동물과학자의 주장을 그대로 옮겨보자. "말을 타는 것은 보이는 것과는 달라요. 말의 고삐를 잡아당긴 채 (말 위에서) 무엇을 할지 사람들에게 말을 건네면서 말의 안장에 앉아 있는 사람과는 거리가 멀어요. 오히려 진정 말을 타는 것은 상대방과 한 조를 이루어

44 *Ibid.*, p. 80.
45 *Idem.*

무도회 춤을 추거나 피겨 스케이팅을 하는 것과 많이 비슷해요. 그건 (상대방과) 관계를 맺는 거예요."[46]

3.3. 종(種) 횡단적 행위능력(cross-species agency)

지구가 인간만을 위한 집이 아니라는 점은 생물학적/생태학적으로나 명백하지만, 인류세 시대에 이런 사실은 인류가 그 스스로에게, 또 지구상의 다른 생명체들과 환경 자체에게 어떤 태도와 어떤 책임감을 보여야 하는지에 대한 중대한 물음을 던진다. 번역담론에서 타자의 출현과 그 유형에 관심을 가진 본 연구의 관점에서 보자면, 크로닌의 기여는 결정적이고 전환적이다. 그 성격은 생태학적이고 환경친화적인 타자의 유형을 제시하는 것이다. 동물과 환경을 번역해야 하며 그것들에게 "주체"로서의 자신의 목소리를 찾아줘야 한다고 말하며, 또 동물과 우리 사이의 차이를 간과할 것이 아니라 오히려 간직하고 지켜서 각자의 정체성이 서로에게 유익한 방향으로 "관계 맺고" 지속되어야 한다고 말하고 있다. 마지막으로 종(種)서로 간에, 이종(異種)간의 번역을 통해 "종(種) 횡단적 연대감"(a sense of cross-species solidarity) 과 "새로운 종류의 횡단적 주체성"(a new kind of transversal subjectivity)을 만들어 내고 이는 결국 "지구를 변화시키는 능력에 대한 자각"(a sense of transformative planetary agency)을 가지도록 기여해야 한다는 것이다.[47]

---

46 *Ibid.*, p. 81.
47 *Ibid.*, p. 86.

전통적 의미의 번역학이나 번역담론은 물론이고 최근에 급속도록 발전하고 있는 번역테크놀로지(translation technology)가 가장 의미 있게 생태학적 번역의 전환에 개입할 지점이 바로 종(種) 횡단적 행위능력의 발굴과 자각에 있다고 크로닌은 판단하는 것으로 보인다. 아직 지구 외에 거주 가능한 새로운 대륙은 발견되지 않았다. 하지만 그 대륙을 사유할 새로운 방식과 관점이 필요한 때다. 기후에는 국경이 없고, 병원균이나 바이러스는 국경을 가리지 않는다. 생태학적 위기나 동식물적 다양성의 절멸에도 국경은 없다. 크로닌에 따르면, 인간이 호주로 배를 띄우기 이전, 즉 45,000년 전에는 지금보다 훨씬 거대한 다양한 동물들이 호주 대륙의 지배자였다.[48] 인간이 정착하고 그 후 농업혁명을 겪으며 큰 포유류의 절멸은 가속화 되었고, 많은 다른 동물들이 가축화(domestication) 되어, 오늘날에 이르러서는 "음식(고기, 우유, 계란), 원자재(가죽, 양모), 근력과 그리고 에너지"를 인류에게 공급하고 있다.[49] 하지만 이 긴 역사는 인간을 위해 그들이 착취당하고 예속당하는 역사에 다름 아닌 것이다. 그 과정에서 번역담론은 동물들에게 "목소리를 부여"하기보다는 그들의 "고통을 침묵하게" 하는데 오히려 기여했다고 볼 수 있다.[50] 크로닌은 현대의 인류가 기업식 농업에서 벌어지는 "동물의 생존 조건과 체험"과는 거리가 먼 "추상적이고 도구적이며 기술관료적 언어"로 그들을 번역함으로써 윤리적으로 유리

---

48 *Ibid.*, p. 83.
49 *Ibid.*, pp. 83-84.
50 *Ibid.*, p. 84.

되고 격리되는 위험에 빠졌다고 비판한다.[51] 반면, 크로닌은 최근의 동물언어를 연구자를 인용하면서, 북미초원의 다람쥐과 동물들(prairie dogs)이 내는 소리를 그것들이 발화되는 맥락과 상황에 따라 녹음하여 데이터화 한 다음, AI 기술을 통해 해독하고 번역하는 번역기술(translation technology)을 옹호하며 소개한다. 이는 결국 우리 주변에서 살며 숨 쉬고 심지어 유의미한 소통을 하며 생각하는 동물들이 존재함을 알리는 것이며, 그들과 "파트너십을 형성"해야 하는 우리의 종(種) 횡단적 능력의 제고를 요구하는 것으로 드러난다.[52]

4. 나오는 말: 타자의 유형들과 통번역자 역할의 상관성

번역활동과 번역담론, 결국 번역체험과 활동에 대한 이론적 성찰로서의 번역학에서 타자의 등장과 그 유형을 아주 대략적으로 살펴보는 것을 목적으로 하는 본 연구는 번역사와 번역담론사에서 여러 굵직한 타자의 유형을 구분해 보았다. 그 결과 시대와 장소 그리고 환경의 변화에 따라 상당히 다양하고 다면적인 타자의 모습이 등장했다는 것을 확인할 수 있었다. 우리 논의의 결말에 왔다고 해서 이런 확인과 관찰, 기술로부터 어떤 반박 불가능한 논리적 결론을 도출하고자 하는 것은 아니다. 다만, 다양한 타자의 유형을 거론하고 정리하면서 다음과 같은 몇몇 직관을 가지지 않을 수 없다.

타자는 번역/번역자를 필요로 하고 요구한다. 그 타자가 폭력적일수록

51 *Ibid.*, pp. 84-85.
52 *Ibid.*, p. 86.

통번역자는 그 만큼 수동적이고 피해자에 가깝다. 하지만 그 타자가 우월할수록 통번역자는 능동적 수용자가 되려고 하며 심지어 자기변형과 자기변신을 꿈꾸기도 한다. 경험과학으로서 번역학에는 보다 객관적이고 대등한 비교와 접촉과 중재의 대상으로서 타자가 등장하게 된다. 이런 유형의 타자일수록, 이에 대응하는 통번역자는 타자에 대해 윤리적이거나 정치적 태도 전환을 취하기보다는 경험적 인식의 축적 대상으로 파악하고, 비교적 등거리적 관계를 유지하려고 노력하며 또 그것이 가능하다고 믿는다.[53]

한편 윤리적 배려의 대상이 되는 타자가 문제가 될수록, 또 정치적 및 사회적 상황에서 발견되는 타자가 등장할수록 통번역자에게 요구되고 요청되는 책임과 자각의 차원은 전례 없이 개방되고 확장된다. 앞서 살펴보았듯이, 윤리적 차원의 타자일 경우 그 타자의 현재적 존속과 미래의 안녕까지도 고려해야 하는 응대가 요구된다. 정치적/사회적 차원의 타자가 등장할 경우, 통번역자의 언어적 개입이나 참여는 단지 언어적인 것이 아니라, 타자가 처한 현실이나 실재에 대한 생생한 묘사, 환기 그리고 고발로까지 이어진다. 통번역자는 타자의 언어를 번역함으로써 타자의 상황을 해석하며 타자의 취약한 입장에 침묵하지 못하게 된다. 어찌 보면, 이는 통번역자를 누가 고용하고, 누가 그 비용을 지불하느냐의 문제와 별도로, 정치적 및 사회적 타자가 요구하는 권리상의 동등성의 문제를 제기하는 것이다.

---

53 각주 1에 등장하는 간추린 타자 유형의 흐름을 참조할 것.

다른 한편, 현 논의 단계에서 윤리적 배려의 가장 진보적이면서도 가장 극단적인 형태라고 할 수 있는 생태학적 타자로서의 동물 그리고 자연 그 자체는 통번역자에게는 그 만큼이나 폭넓고 광범위한 인식의 전환, 즉 상호관련성의 통찰을 요구함은 물론이고, 그런 타자와 그것을 읽어내고 번역해 내는 통번역자 사이에서 "존재론적 동등성"(ontological equality)을 요구한다.[54] 타자의 존재론적 변신만큼이나 읽어내는 주체의 존재론적 변신도 전환적이고 전회(轉回)적이다.

---

54 *Ibid.*, p. 13.

참고문헌

가다머, H.-G., 『진리와 방법』, 제2권, 임홍배 옮김, 문학동네, 2012.

김영옥, 「벤야민의 경험이론: 언어철학과 역사철학이 만나는 곳」, 『현대비평과 이론』, 4(1)(통권 7호), 1994.

김윤경, 「코르테즈의 통역사, 말린체: '민족의 반역자'인가 '건국의 어머니'인가?」, 『이베로아메리카연구』, 21(2), 2010: 57-82.

데꽁브, V., 『동일자와 타자: 현대 프랑스 철학 (1933~1978)』, 박성창 옮김, 인간사랑, 1993.

네리나, J., 『글쓰기와 차이』, 남수인 옮김, 동문선, 2001.

들뢰즈, G., 「플라톤과 시뮬라크르」, 『의미의 논리』, 이정우 옮김, 한길사, 1999: 405-422.

들뢰즈, G., 『니체와 철학』(신장판), 이경신 옮김, 민음사, 2001.

들뢰즈, G., 『차이와 반복』, 김상환 옮김, 민음사, 2004.

들뢰즈, G., 『프루스트와 기호들』, 서동욱·이충민 옮김, 민음사, 2004.

들뢰즈, G. & 가타리, F., 『천개의 고원』, 김재인 옮김, 새물결, 2001.

라이스, K. & 페어메어, H. J., 『일반 통번역 이론 기초: 스포코스 이론』, 안인경·정혜연·이정현 옮김, 한국외국어대학교 출판부, 2010.

리쾨르, P., 『악의 상징』, 양명수 옮김, 문학과지성사, 1999.

리쾨르, P., 『텍스트에서 행동으로』, 박병수·남기영 편역, 아카넷, 2002.

리쾨르, P., 『성서의 새로운 이해: 주석학과 해석학의 대화』, 김창주 옮김, 살림, 2006.

리쾨르, P., 『번역론: 번역에 관한 철학적 성찰』, 윤성우·이향 옮김, 철학과 현실사,

2006.
매킨타이어, A., 『덕의 상실』, 이진우 옮김, 문예출판사, 1997.
먼데이, J., 『번역학 입문: 이론과 적용』, 정연일·남원준 옮김, 한국외국어대학교출판부, 2006.
박소영, 「식민지 여성 통역사: 말린체와 배정자」. 『통번역학연구』, 19(1), 2015: 127-146.
베누티, L., 『번역의 윤리: 차이의 미학을 위하여』 임호경 옮김, 열린책들, 2006.
베르만, A., 『낯선 것으로부터 오는 시련: 독일 낭만주의 문화와 번역』, 윤성우·이향 옮김, 철학과현실사, 2009.
베르만, A., 『번역과 문자: 먼 것의 거처』, 윤성우·이향 옮김, 철학과현실사, 2011.
벤야민, W., 「번역가의 과제」, 『발터 벤야민의 문예이론』, 반성완 편역, 민음사, 1983.
벤야민, W., 「번역가의 과제」, 황현산·김영옥 옮김, 『번역비평』, 창간호(2007년 가을), 고려대학교출판부, 2007.
벤야민, W., 『기술복제시대의 예술작품/사진의 작은 역사 외』, 최성만 옮김, 길, 2007.
벤야민, W., 「번역자의 과제」, 『언어 일반과 인간의 언어에 대하여/번역자의 과제 외』, 최성만 옮김, 길, 2008: 129-142.
서동욱, 「들뢰즈 문학론은 일관성을 가지고 있는가?: 프루스트론과 카프카론을 중심으로」, 『철학과 현상학 연구』, 38, 2008: 101-124.
손디, P., 『문학해석학이란 무엇인가』, 이문희 옮김, 아카넷, 2004.
싱어, P., 『동물해방』, 김성한 옮김, 인간사랑, 1999.
아렌트, H., 『인간의 조건』, 이진우·태정호 옮김, 한길사, 1996.
아렌트, H., 『예루살렘의 아이히만: 악의 평범성에 대한 보고서』, 김선욱 옮김, 한길사, 2006.
요나스, H., 『책임의 원칙: 기술 시대의 생태학적 윤리』, 이진우 옮김, 서광사, 1994.
윤성우, 『폴 리쾨르의 철학』, 철학과 현실사, 2004.

윤성우, 「번역(학)과 해석(학): 철학적 접근 가능성에 대한 한 연구」, 『프랑스연구』, 37, 2006: 171-195.

윤성우, 「발터 벤야민의 번역론 소고」, 『번역학 연구』, 8(1), 2007.

윤성우, 「'윤리'개념과 '도덕' 개념의 구분을 통해서 본 번역윤리」, 『통역과 번역』, 17(3), 2015: 101-118.

윤성우·이향, 『번역학과 번역철학』, 한국외국어대학교 출판부, 2013.

이향, 「번역윤리 논쟁: 베이커 vs 핌을 중심으로」, 『번역학연구』 18(3), 2017: 207-226.

최신한, 「이해의 한계와 번역불가능성의 문제」, 『해석학 연구』, 19, 2007: 29-56.

크노트, M. L., 『탈학습, 한나 아렌트의 사유방식』, 배기정·김송인 옮김, 산지니, 2016.

크로닌, M., 『번역과 정체성』, 김용규·황혜령 옮김, 동인, 2010.

하이데거, M., 『사유란 무엇인가』, 권순홍 옮김, 고려원, 1993.

하이데거, M., 『존재와 시간』, 이기상 옮김, 까치, 1998.

하이데거, M., 『언어로의 도상에서』, 신상희 옮김, 나남, 2012.

헤겔, G. W. F., 『헤겔 미학 III: 개별 예술들의 변증법적 발전』, 두행숙 옮김, 나남, 1998.

후설, E., 『순수 현상학과 현상학적 철학의 이념들』, 최경호 옮김, 문학과 지성사, 1997.

Arendt, H., *The Human Condition*, University of Chicago Press, 1958.

Arendt, H., *The Life of the Mind, vol. 1: Thinking*, Harcourt Brace Jovanovich, 1978.

Arendt, H., *The Promise of Politics*, Schocken Books, 2005.

Auestad, L., 'Plurality and Human Dignity', *Nordic Journal of Human Rights*, 3, 2005: 262-275.

Augustine, *City of God*, tr. J. O'Meara, Penguin, 1984.

Cronin, M., Translation and Identity, Routledge, 2006.

Baker, M., *Translation and Conflict: a Narrative Account*, Routledge, 2006.

Baker, M., 'Reframing Conflict in Translation', *Social Semiotics*, 17(2), 2007: 151-

169.

Baker, M., 'Ethics of renarration: Interviewed by A. Chesterman', *Cultus*, 1(1), 2008: 10-33.

Baker, M., 'Interpreters and Translators in the War Zone: Narrated and Narrators', in M. Inghilleri & S.-A. Harding eds., *Translation and Violent Conflict*, Special Issue of The Translator, 16(2), 2010: 197-222.

Benjamin, W., 'La tâche du traducteur'[1921], in *Oeuvres I. Mythe et violence*, tr. M. de Gandillac, Gallimard, 2000: 244-262.

Benjamin, W., 'The task of the translator: An introduction to the translation of Baudelaire's Tableaux Parisiens', in *The Translation Studies Reader*, ed. L. Venuti, Rouledge, 2000: 15-23.

Berman, A., *L'épreuve de l'étranger: Culture et Traduction dans l'Allemagne Romantique*, Gallimard, 1984.

Berman, A., 'L'essence platonicienne de la traduction'. *Revue d'esthétique*, 12, 1986: 63-73.

Berman, A., 'La traduction et ses discours', *Meta*, 34(4), 1989: 676-679.

Berman, A., *The Experience of the Foreign: Culture and Translation in Romantic Germany*, tr. S. Heyvaert, State University of New York Press, 1992.

Berman, A., *Pour une critique des traductions: John Donne*, Gallimard, 1995.

Berman, A., *La traduction et la lettre. Ou l'Auberge du lointain*, Seuil, 1999[19861].

Berman, A., *L'age de la traduction: 'La tache du Traducteur' de Walter Benjamin, un commentaire*, Presses Universitaires de Vincennes, 2008.

Chesterman, A., 'Proposal for a Hieronymic Oath', *The Translator*, 7(2), 2001: 139-154.

Chesterman, A., 'Translation ethics', *Benjamins Translation Library*, 142, 2018:

443-448.

Cronin, M., *Eco-translation: translation and ecology in the age of Anthropocene*, Routledge, 2017.

Descombes, V., *Le même et l'autre. Quarante-cinq ans de philosophie française(1933–1978)*, Minuit, 1979.

Deleuze, G., Différence et Répétition, PUF, 1968.

Deleuze, G., *Difference and Repetition*, tr. P. Patton, Columbia University Press, 1993.

Deleuze, G., *Critique et clinique*, Minuit, 1993.

Derrida, J., 'Des tours de Babel and trans.' in Joseph F. Graham ed., *Diffference in Translation*, Cornell University Press, 1985.

Derrida, J., *L'Ecriture et la Différence*, Seuil, 1967.

Dolmaya, J. M., 'Moral ambiguity: Some shortcomings of professional codes of ethics for translators', *The Journal of Specialised Translation*, 15, 2011: 28-49.

Drugan, J., 'Ethics and Social responsibility in practice: interpreters and translators engaging with and beyond the professions', *The Translator*, 23(2), 2017: 126-142.

Drugan, J. & Tipton, R., 'Translation, ethics and social responsibility', *The Translator*, 23(2), 2017: 119-125.

Escoubas, E., 'Traduction et Histoire de la verité', in *Questions heideggeriennes-Stimmung, logos, traduction, poésie*, Herman, 2010.

Gadamer, H.-G., *Wahrheit und Methode*, eds. J. C. B. Mohr and P. Siebeck, 1990[19601].

Gadamer, H.-G., *Verité et méthode*, tr. P. Fruhcon, J. Grondin et G. Merlio, Seuil, 1996.

Harr, M. ed., *Les Cahiers du l'Herne: Martin Heidegger*, L'Herne, 1984.

Heidegger, M., *Gesamtausgabe*, Band 55. Heraklit: 1. Der Anfang des abendländischen Denkens; 2. Logik. Heraklits Lehre vom Logos, Vittorio Klostermann, 1979.

Heidegger, M., *Acheminement vers la parole*, tr. F. Fédier, Gallimard, 1984.

Hénaff, M., 'La condition brisée des langues: diversité humaine, altérité et traduction', in *Esprit*, 323, Mars-Avril 2006.

Husserl, E., *Idées directrices pour une phénoménologie*, Gallimard, 1985[19501].

Inghilleri, M., 'The ethical task of the translator in the geo-political arena From Iraq to Guantánamo Bay', *Translation Studies*, 1(2), 2008: 212-223.

Knott, M. L., *Unlearning with Hannah Arendt*, tr. D. Dollenmayer, Other Press, 2014.

Koskinen, K., *Beyond Ambivalence: Postmodernity and the Ethics of Translation*, University of Tampere, 2000.

Ladmiral, J.-R., 'Sourciers et ciblistes', *Revue d'esthétique*, 12, 1986: 33-42.

Lambert, J., 'How ethical are codes of ethics? Using illusions of neutrality to sell translations', *The Journal of Specialised Translation*, 30, 2018: 269-290.

Larkosh, C., 'Levinas, Latin American Thought and the Futures of Translational Ethics', *TTR*, 17(2), 2004: 27-44.

Laygues, A., 'Le traducteur semeur d'éthique: pour une application de la pensée d'Emmanuel Lévinas à la traduction', *TTR*, 17(2), 2004: 45-56.

Levinas, E., *Totalité et infini: essai sur l'extériorité*, M. Nijhoff, 1961.

Levinas, E., *Totality and Infinity: an essay on Exteriority*, tr. Alphonso Lingis, Duquesne University Press, 1969.

MacIntyre, A., *After virtue: a study in moral theory*, University of Notre Dame

Press, 2007[19811, 19842].

Pym, A., *Epistemological Problems in Translation and Its Teaching: a Seminar for Thinking Students*, Caminade, 1993.

Pym, A., *Pour une éthique du traducteur*, Artois Presses Université/Presses de l'Université d'Ottawa, 1997.

Quine, W. V. O., 'Translation and Meaning', in *World and Object*, MIT Press, 1960.

Rafael, V. L., 'Translation and the US Empire: Counterinsurgency and the Resistance of Language', *The Translator*, 18(1), 2012: 1-22.

Ricoeur, P., *Philosophie de la volonté I*, Aubier, 1950.

Ricoeur, P., *La symbolique du mal. Philosophie de la volonté II-2*, Aubier, 1960.

Ricoeur, P., *De l'interprétation: essai du Freud*, Seuil, 1965.

Ricoeur, P., *Freud and Philosophy: An essay on Interpretation*, tr. D. Savage, Yale University Press, 1970.

Ricoeur, P., *Cours sur L'Herméneutique*, 1971. http://fondsricoeur.fr/fr/pages/editions-digitales.html

Ricoeur, P., *Du texte à l'action: essai d'herméneutique II*, Seuil, 1986.

Ricoeur, P., *Soi-même comme un autre*, Seuil, 1990.

Ricoeur, P., *From text to action*, tr. K. Blamey & J. B. Thompson, Northwestern University press, 1991.

Ricoeur, P., *Réflexion faite: autobiographie intellectuelle*, Editions Esprit, 1995.

Ricoeur, P., 'Architecture et narrativité', *Urbanisme*, 303, novembre-décembre 1998: 44-51.

Ricoeur, P., *Sur la traduction*, Bayard, 2004.

Ricoeur, P., *On translation*, tr. E. Brennan, Routledge, 2006.

Ricoeur, P., Le *conflit des interprétations: essais d'herméneutique*. Seuil, 2013[19691].

Ricoeur, P. & Lacocque, A., *Penser La Bible*, Seuil, 1998.

Ricoeur, P. & Lacocque, A., *Thinking biblically: exegetical and hermeneutical studies*, The university of Chicago Press, 1998.

Robinson, D., *Western translation theory: from Herodotus to Nietzsche*, St. Jerome Pub., 2002.

Schleiermacher, F., 'Methoden des Vbersezens', in H.-J. Störig ed., *Das Problem des Übersetzens*, Darmstadt, 1973: 38-70.

Schleiermacher, F., *Des différentes méthodes du traduire et autre texte* [1813], tr. A. Berman, Seuil, 1999.

Steiner, G., *After Babel: aspects of language & translation*, 3rd ed., Oxford University Press, 1998[19751, 19922].

Steiner, G., *Après Babel: Une poétique du dire et de la traduction*, Albin Michel, 1998.

Szondi, P., *Poétiques de l'Idéalisme allemand*, Minuit, Paris, 1975: 291-315.

The Return to Ethics, Special Issue of T*he Translator: Studies in Intercultural Communication*, 7(2), 2001.

Tymoczko, M., 'Translation and political engagement', *The Translator*, 6(1), 2000: 23-47.

Venuti, L., *The Translator's Invisibility: A History of Translation*, Routledge, 1995.

Venuti, L., *The Scandals of Translation: Towards an Ethics of Difference*, Routledge, 1998.

Venuti, L., *Translation Changes Everything: Theory and Practice*, Routledge, 2013.

Vermeer, H. J., *A skopos theory of traslation (Some arguments for and against)*, TextconText vrlg., 1996.

Yun, S.-W. & Lee, H., 'Antoine Berman's Philosophical Reflections on Language and Translation: The Possibility of Translating without Platonism', *Filozofia*, 66(4), 2011: 336-346.

Yun, S. W. & Lee, H., 'How can we improve the code of ethics for translators?', Paper presented at the 9th Asia-Pacific Translation and Interpreting Forum (APTIF 9), July 2019.

Wittgenstein, L., *Tractatus Logico-Philosophicus*. tr. D. F. Pears and B. F. McGuinness, with an intro. by B. Russell, Rouledge, 2003.

Wood, G. & Rimmer, M., 'Codes of Ethics: What Are They Really and What Should They Be?', *International Journal of Value-Based Management*, 16(2), 2003: 181-195.

번역철학

초판 인쇄 2022년 4월 15일
초판 발행 2022년 4월 20일

지은이 윤성우
발행인 고윤성 **Director, University Knowledge Press**
편집장 신선호 **Executive Knowledge Contents Creator**
도서편집 이근영 **Contents Creator**
장혜정 **Contents Creator**
디자인 한 지 **Designer**
우승민 **Designer**
재무관리 조아라 **Managing Creator**
정예찬 **Managing Creator**
사전·홍보물 장지혜 **Contents Creator**
발행처 한국외국어대학교 지식출판콘텐츠원
02450 서울특별시 동대문구 이문로 107
전화 02)2173-2493~7
FAX 02)2173-3363
홈페이지 http://press.hufs.ac.kr
전자우편 press@hufs.ac.kr
출판등록 제6-6호(1969. 4. 30)
인쇄·제본 (주)트윈벨미디어 02)2088-1810

ISBN 979-11-5901-899-2 [93130] 정가: 19,000원

* 잘못된 책은 교환하여 드립니다.

HU:NE 은 한국외국어대학교출판부의 어학도서, 사회과학도서, 지역학 도서 Sub Brand이다. 한국외대의 영문명인 HUFS, 현명한 국제전문가 양성(International+Intelligent)의 의미를 담고 있으며, 휴인(携引)의 뜻인 '이끌다, 끌고 나가다'라는 의미처럼 출판계를 이끄는 리더로서, 혁신의 이미지를 담고 있다.